성경공부 4

성경의 예언

성경에 미리 기록된 세상 역사
미국에 대한 예언
공산권, 교황권, 미국
계시록의 짐승, 용, 그리고 여자
세상을 움직이는 비밀조직

11TH HOUR

성경공부 4

성경의 예언

편 집 인 11HN 네트워크
발 행 인 손계문
발 행 일 2018년 9월 1일
출판등록 2007년 7월 4일
전 화 1544-0091, 010-9543-0091
이 메 일 11hnnet@gmail.com
웹사이트 www.11hn.net

ISBN : 979-11-6324-010-5 (세트)
ISBN : 979-11-6324-014-3 04230
값 8,000원

11HN(11th Hour Network : 열한시 네트워크)는
성경의 진리와 참된 복음을 회복하기 위해 힘쓰고 있으며 값싼 구원론과 교회성장, 기계적인 신앙으로 전락해버린 교회를 흔들어 깨우기 위해 회개운동, 거룩운동, 재림운동을 하는 신앙 운동체입니다.
예수 그리스도의 마음을 품은 예수님의 증인들이 세상 곳곳에서 일어나기를 소망합니다.

차　례

먼저 이것을 알지니,
성경기록의 예언 중에 어떤 것도
사적인 해석으로 된 것이 없나니
이는 예언이 언제나
사람의 뜻으로부터 나온 것이 아니요,
오직 하나님의 거룩한 사람들이
성령님으로부터 감동을 받아
말하였기 때문이라

벧후 1:20,21

성경공부
성경의 예언

1장

성경에 미리 기록된 세상 역사

기독교 역사를 움직여 온 하나님의 손

Daniel · Chapter2

다니엘서 2장 연구

다니엘 1장, 2장 그리고 7장을 먼저 개인적으로 정독하신 후에
계속해서 읽어 주시기를 권해 드립니다.

제1부 역사와 예언

1. 성경 예언의 확실성

요즈음 지구 환경학을 연구하는 과학자들의 발표에 의하면 우리가 살고 있는 이 지구가 현재 점점 올라가는 기온의 상승 때문에 남북극의 빙하들이 녹아 내리게 되어 모든 대륙이 물에 잠기게 되어 자멸할 수밖에 없는 형편이 될 것이라고 역설하고 있습니다. 그러나 다른 한편에서는 정 반대로 이 지구가 다시 빙하 시대로 돌아가(진화론자들의 가정) 모든 생태계가 완전히 멸종 당하게 될 것이라는 학설을 발표하고 있습니다.

또한 어떤 천문학자들은 우리 지구가 하늘을 떠다니는 혜성과 부딪치게 될 확률이 점점 커지면서 언젠가 가까운 장래에 혜성과의 충돌 때문에 옛날 공룡들을 멸종시켰던 똑같은 위기가 다시 한 번 이 지구를 흔들 것이라고 예언하고 있습니다. 할리우드에서 만들어내는 공상 과학 영화들에서는 핵폭탄으로 자멸된 지구 위에 소수의 생존자들이 연명하는 장면들이 흔히 등장하는가 하면 외계인의 침입에 의하여 지구가 시달리는 이야기들이 인기의 가도를 달리고 있습니다. 과연 우리가 살고 있는 지구의 장래는 어떻게 되는 것일까요?

지금도 이 지구는 엄청난 속도로 우주를 질주하고 있습니다. 우리는 지금 어디로 가고 있는 것일까요? 과연 이 지구는 운전기사 없이, 정처 없이 어디론가 달려만 가고 있는 외로운 항성일까요? 아니면 창조주께서 계획을 가지시고, 섭리대로 지구의 역사를 정확한 목표를 향하여서 운행하시고 계신 것일까요? 누가 이 세상의 역사를 주관하고 있습니까? 100년 후에 이 세상은 어떻게 될까요? 10년 후에 우리는 어떠한 세상에서 살게 될까요? 과연 우리의 후세대에 미래에 대한 희망이 있을까요?

우리는 이 질문에 대한 정확하고 확실한 해답을 성경에서 발견하게 됩니다. 성경이 말씀하고 있는 바로 그 기독교의 하나님께서 이 지구의 역사를 당신의 뜻을 따라 주관하고 계시다는 사실을 이해하게 만들어 주는 것이 바로 성경 속에 들어있는 예언들입니다.

예언이 그 말씀 그대로, 정해진 시기와 사건 속에서 정확하게 이루어져 나가는 사실을 목격하게 될 때에, 인생의 한치 앞도 내다보거나 예견할 수 없는 인간들로서 하나님의 존재와 그분의 무한하신 능력, 그리고 우리에 대한 깊은 관심과 사랑을 발견하게 되는 것입니다. 우리가 사는 이 지구는 광대한 우주 속에 내팽개쳐진 고아가 아니라, 하나님께서 이 지구의 역사를 운영하고 계시며 당신의 뜻을 따라 끝마치실 것이라는 사실을 발견하게 되는 것입니다.

자, 그러면 이제부터 성경에 있는 한 가지 예언 즉, 지구의 역사의 흐름에 대하여 미리 계시하여 주신 하나님의 예언의 말씀을 한 가지 연구해 보도록 하십시다. 그 예언은 다니엘서 2장과 7장에서 발견할 수가 있습니다. 성경은 하나님께서 이 만물을 잘 디자인하셔서 창조하셨을 뿐만 아니라, 이 지구상의 역사의 흐름도 당신의 구원의 역사에 따라 잘 계획 되어서 움직이고 있다는 사실을 우리에게 알려 주고 있습니다. 아모스 3장 7절은 다음과 같이 말씀합니다. "주 여호와께서는 자기의 비밀을 그 종 선지자들에게 보이지 아니하시고는 결코 행하심이 없으시리라."

2. 왕의 꿈을 알아 맞히는 선지자 다니엘

다니엘 2장은 흥미진진한 예언을 담고 있습니다. 그 예언은 아주 단순한 것처럼 보이지마는 연구하면 할수록 하나님의 머리에서만 나올 수 있는 지혜인 것을 보게 됩니다. 지면 관계상 다니엘 2장을 여기에 기록할 수가 없기 때문에 독자 여러분들께서 다니엘 1장~2장, 그리고 7장을 개인적으로 정독 하신 후에 이 기사를 계속해서 읽어 주시기를 바랍니다. 예언 연구에 들어가기 전에 먼저 그 역사적인 배경부터 잠깐 설명하도록 합시다.

다니엘은 유대 왕국의 왕족에 속했던 유수하고 탁월한 청년으로서 바벨론의 왕 느부갓네살의 공격 때 포로가 되어 바벨론으로 잡혀가게 됩니다. 그러나 그는 거기에서도 하나님께 대한 충성을 버리지 않고 가정에서 배운 교육 그대로 진실하게 신앙을 지키며 하나님을 기쁘시게 하는 믿음의 생활을 살게 됩니다. 그는 같이 끌려간 그의 세 친구들과 함께 바벨론의 최고의 대학에서 교육을 받게 되는데, 그 이유는 그들을 바벨론 식의 교육을 시키어 다시 유대로 되돌려 보내면 자기들의 속국으로 다스리기가 훨씬 쉬울 것이라는 바벨론 왕의 계획 때문이었습니다.

그러나 그 학교에서도 신실하게 하나님의 법과 말씀에 따라 생활하였고 술 취하거나 방탕한 식생활 대신 채소를 먹으며 모범적인 생활을 한 나머지 다른 바벨론 학생들보다 훨씬 더 뛰어난 지혜를 가지게 되었으며, 바벨론 학자들에게까지 인정받는 사람들이 되었습니다. 그런데 하루는 이상한 일이 바벨론 왕 느부갓네살에게 일어났습니다.

느부갓네살 왕이 하루는, 자기가 세우고 또한 세계 최강의 나라로 부각시킨 바벨론 나라가 과연 앞으로 어떻게 될 것인지에 대하여 염려하게 되었습니다. 자기가 키운 이 나라가 과연 영원히 지속될 것인지, 과연 이 세상 역사가 어떻게 진행될 것인지에 대하여 염려하면서 잠자리에 들었습니다. 그날 밤에 그는 한 꿈을 꾸게 되었습니다. 이 꿈은 보통 예사로운 꿈이 아니었습니다. 그는 이 꿈, 아니 이 계시가 하늘의 하나님께로부터 왔다는 사실을 알았습니다.

그 꿈은 이 지구 역사의 줄거리를 보여 주는 것으로서 이 세상 역사의 강대국들의 흥망성쇠가 미리 예언된 꿈이었습니다. 그에게 가장 큰 감명을 준 대목은 이 지구의 역사가 어떻게 끝마쳐질 것인가에 대한 그 꿈의 마지막 부분이었습니다. 그는 깜짝 놀라서 잠을 깨었습니다. 그런데 이상한 사실은 그가 그 꿈을 깨자마자 그 계시에 대하여 까맣게 잊어버린 것입니다. 아무리 생각해 내려고 해도 도저히 기억할 수가 없는 것이었습니다. 이렇게 중요한 계시를 잊어버리다니. 그는 도저히 답답해서 참을 수가 없었습니다.

그 꿈을 주신 하나님께서 꿈을 깬 후에 느부갓네살이 기억하지 못하도록 만드신 것이었습니다. 그 이유는 누가 참 하나님이며, 누가 이 지구상의 역사를 주관하고 있는지를 확실하게 밝혀 주시기 위해서였습니다. 세계를 주장하는 제국의 왕인 그가 참 하나님에 대한 지식을 알게 되면 하나님의 복음을 세상에 전하는 일에 큰 유익이 될 것이기 때문이었습니다. 그러나 바벨론의 술객들과 이교 학자들이 그 꿈을 마음대로 해석하거나 혼돈 시켜 놓을 가능성이 있기 때문에 그 꿈을 잊어버리도록 하셨던 것입니다. 그리하여 하나님의 종인 다니엘을 통해서 올바른 해석을 듣도록 하시기 위해서 말입니다.

너무나 궁금한 느부갓네살은 바벨론의 모든 종교 지도자와 최고의 학자를 다 불러들인 후에 자기가 지난 밤에 아주 중요한 꿈을 꾸었는데 그만 그 꿈을 기억해 낼 수가 없다고 말하였습니다. 그리고는 그 꿈이 무엇인지를 알아내라고 호령을 치기 시작하는 것이 아닙니까! 그는 이러한 식으로 말하였을 것입니다. "너희들은 항상 내게 모든 것을 다 안다고 장담하여 왔다. 무엇이든지 다 해석할 수 있다고 말하여 왔다. 이 세상의 역사의 흐름을 예견 할 수 있다고 내게 말들을 해왔다. 또한 너희가 섬기는 이 말둑 신(바벨론의 신)이 참 하나님이며 이 하나님이 세상의 역사를 주관하여 오는 것이라고 말하여 왔다. 내가 어젯밤 꿈에 하나님이 보내 준 꿈을 꾸었는데, 만약에 너희가 섬기고 나에게 늘 소개해 주던 그 신이 참 하나님이라면 그 신이 너희에게 내가 잊어버린 그 꿈을 다시 알려 주시지 않겠느냐. 그러니 빨리 당장 그 꿈을 알아내어 내게 말을 하렸다!"

그때에 바벨론의 학자들과 종교 지도자들의 난처한 입장을 이해하시겠습니까? 이러한 생떼가 또 어디 있겠습니까? 당황한 그들은 이렇게 말합니다. "왕이시여, 진정하시옵소서. 이 일은 불공평하옵니다. 왕께서 그 꿈을 저희에게 말씀해 주셔야 우리가 해석을 드릴 것이 아닙니까? 꿈도 모르고서야 어떻게 해몽을 할 수가 있겠습니까?" 그때 왕은 더욱 더 노를 발합니다. "너희들은 지금 시간을 끌려고 하는 수작들이지. 꿈을 이야기해주면 누군들 해석을 못 하겠느냐? 아무렇게나 엉터리로 해석을 한들 내가 어떻게 알겠느냐? 그러므로 너희가 진짜 신을 섬기고 있으며 최고의 학자들일 것 같으면 빨리 그 꿈부터 먼저 알아내고 그 후에 해석까지 알아내야 한다. 그렇지 못할 때에는 너희들은 다 가짜들이기 때문에 너희들의 목을 칠 것은 물론이요, 너희의 모든 가문도 다 처형하여 너희 집들을 거름더미로 만들겠노라!"

이러한 긴급한 왕의 명령이 하달되자 온 궁궐 안은 험악한 분위기로 휩싸이게 되었고, 그 당시 학자들의 그룹에 속하고 있던 다니엘과 세 친구들에게도 그 영향이 미치게 되었습니다. 그때, 참 하나님, 성경의 하나님의 종이었던 지혜 있는 다니엘은 왕의 명령을 수행하고 있던 아리옥 장군에게 나아가서 자기를 왕의 앞으로 인도해 달라고 부탁을 합니다.

다니엘은 왕에게 삼일의 여유만 주시면, 이 세상의 참 신이신 이스라엘의 하나님께 기도하여 그 꿈을 알아내고 또한 그 해석을 알게 해 드리겠다고 말하고는 그 허락을 얻어내게 됩니다. 그 후에 다니엘은 자기 세 친구들을 불러 모으고 넷이서 간절하게 하나님께 기도하기 시작했습니다. 그러자 하나님께서는 느부갓네살 왕에게 보여 주셨던 같은 계시를 다니엘에게 보여 주셨습니다. 다니엘은 다음과 같이 하나님을 찬양하였습니다.

"이에 이 은밀한 것이 밤에 이상으로 다니엘에게 나타나 보이매 다니엘이 하늘에 계신 하나님을 찬송하니라. 다니엘이 말하여 가로되 영원 무궁히 하나님의 이름을 찬송할 것은 지혜와 권능이 그에게 있음이로다. 그는 때와 기한을 변하시며 왕들을 폐하시고 왕들을 세우시며 지혜자에게 지혜를 주시고 지식자에게 총명을 주시는도다. 그는 깊고 은밀한 일을 나타내시고 어두운데 있는 것을 아시며 또 빛이 그와 함께 있도다"(단 2:19-22).

이에 다니엘은 다시 아리옥 장군을 불러 자기를 유대에서 끌려온 포로라고 무시하고 또한 시기와 질투로 자기를 못살게 굴던 그 바벨론의 학자들을 오히려 살려 달라고 호소합니다. 이 장면에서 우리는 다니엘이 참 하나님의 종으로서의 아름다운 품성을 가진 참된 신자이었음을 보게 됩니다. 다니엘은 곧 느부갓네살 왕에게로 인도되고 왕은 다음과 같이 물었습니다. "그래, 네가, 내가 본 꿈과 그 해석을 능히 내게 알게 하겠느냐?" 다니엘 2장 27-30절을 읽으세요. 하나님의 영감을 받은 다니엘은 다음과 같이 말을 계속합니다. 다니엘 2장 31-35절을 계속 읽으세요.

그때에 느부갓네살 왕은 무릎을 치며 소리를 지릅니다. "그래! 맞다! 맞어! 내가 바로 그 꿈을 꾸었다. 이제 생각이 나는구나! 그래 어서 빨리 그 의미를 내게 알게 하렸다!" 여기에서 우리는 잠깐 동안 예언을 해석하는 기본 원칙에 대하여 생각하고 지나가도록 합시다.

이제 다음의 기사에서 우리는 흥미진진한 느부갓네살 왕의 꿈의 그 해석과 역사상의 놀라운 성취에 대하여 연구해 보도록 하겠습니다. 그리스도인들 가운데 아직도 점쟁이나 역술가들에게 장래에 대하여 물으러 다니는 사람들이 있습니다. 그들에게는 장래를 내다보는 지혜가 없습니다. 그 지혜는 이 지구 역사를 주관하시는 하나님께만 있습니다. 성경은 우리에게 확신을 가지고 미래를 직면하도록 만들어 줍니다. 자, 그러면 이 세상의 역사가 어떻게 꼴 지워져 내려왔으며, 또한 과연 어떻게 그 역사를 끝마치게 될지에 대하여 다음 기사에서 연구해 보도록 하십시다!

3. 예언 해석의 세 가지 원칙

여러분이 성경 예언을 이해하시려면 다음과 같은 성경을 읽는 세 가지 원칙을 아셔야만 합니다.

첫 번째로,

먼저 그 성경 예언의 본문 자체를 잘 정독하여 읽으십시오.

두 번째는,

그 예언을 성경 자체가 어떻게 해석해 주고 있는지를 잘 살펴보십시오. 우리가 인간들이 마음대로 해석하는 해석들 중에 누구의 것이 옳은지 어떻게 알겠습니까? 그러므로 우리는 성경 자체가 성경을 해석하도록 하여야 합니다.

세 번째로는,

하나님께서 성경 가운데 주신 그 예언에 대한 해석이 세상 역사 가운데서 어떻게 성취되었는지에 대하여 살펴보십시오. 그럴 때에만 우리는 안전한 해석을 가질 수가 있습니다.

제2부 2500년의 역사를 요약해 준 예언

1. 바벨론 (금 나라)

▶ 다니엘 2장 37-39절을 읽으세요.

다니엘이 이제 느브갓네살 왕에게 꿈에 대하여 다음과 같이 설명하기 시작합니다. 성경의 예언들의 적용은 대부분 바로 그 계시를 받은 선지자의 시대에서부터 시작됩니다. 다니엘이 설명한 이 예언은 다니엘 시대로부터 시작해서 약 2500년이 넘는 지구상의 역사를 요약해서 한눈으로 설명해 주고 있습니다. 아주 간단하지만 정확하고 요점이 분명한 줄거리를 가지고 역사를 미리 예언하여 준 것입니다. 우리가 요한 계시록을 공부하여 보면 계시록은 사도 요한이 살던 시대 즉, 로마 시대부터 세상 종말까지에 있을 중요한 사건에 대하여 예언해 주고 있는 사실을 보게 되는 것입니다.

다니엘은 느부갓네살 왕에게 "금 머리는 왕이 다스리는 바벨론 나라를 상징합니다." 라고 설명하기 시작합니다. 얼마나 정확한 묘사입니까? 바벨론 나라는 유프라테스 강이 가운데로 흐르고 있던 강력한 제국으로서 그 성벽의 높이가 200피트에 달하였고 성벽은 그 위에서 마차 세 대가 지나갈 수 있는 넓은 두께를 가지고 있었으며, 역사가 헤로도투스에 의하면 바벨론은 엄청난 양의 금을 사용하였다는 것입니다. 장식품들에는 물론이요, 특히 신전을 꾸미는데 있어서 신상이나 그 보좌, 제단들 그 모두를 순금으로 장식하였으며 그 어느 나라도 바벨론만큼이나 금을 많이 사용한 나라는 없었다는 것입니다. 그 부유한 나라 바벨론을 금나라로 상징한 것은 얼마나 잘 맞는 상징입니까!

고고학자들의 발견에 의하면 느부갓네살 왕은 바벨론 나라의 성벽의 벽돌 하나하나마다 자기의 이름을 새겨 두었고, 한 비석에 다음과 같은 글을 적어 놓았습니다. "오! 바벨론이여, 내 눈을 기쁘게 하는 바벨론 왕국의 영광이여! 너는 영원히 지속될지어다!"라고. 자기의 나라가 영원히 존재하게 되는 것이 그 왕의 꿈이요 포부였습니다. 그러나 다니엘은 다음과 같이 말합니다.

2. 메데 페르시아 (은 나라)

"왕의 후에 왕만 못한 다른 나라가 일어날 것이요"(단 2:39). 느부갓네살 왕이 본 꿈의 신상은 전체가 금으로 만들어진 것이 아닌 것처럼 한 나라가 세상을 계속적으로 지배할 것이 아니요, 나라들의 권세가 뒤바뀌면서 결국에는 인간 나라들의 권력들이 이 세상 역사를 주관하는 것이 아니라 하늘의 하나님께서 주관하신다는 사실을 보게 됩니다. 금으로 상징된 바벨론은 이제 곧 쓰러지게 되고 그만 못한 은으로 상징된 메데 페르시아 나라가 그 뒤를 이을 것이라고 다니엘은 설명해 주고 있는 것입니다.

바벨론은 B.C. 605년부터 B.C. 539년까지 세상을 지배하였었는데, 느부갓네살 왕이 죽은 지 여러 해 후인 B.C. 539년에 바벨론의 벨사살 왕이 잔치를 베풀고 있는 동안 밤에 몰래 페르시아의 고레스 왕이 거느리는 군대가 유프라테스 강을 빼돌린 후 수문 밑으로 군대들을 들여보내어 난공불락의 성채였던 바벨론을 점령하게 되었습니다.

그날 밤, 벨사살 왕이 잔치를 즐기며 하늘의 하나님을 무시하는 말들을 하는 동안 한 손이 나타나 벽에 글씨를 썼습니다. 떨고 있는 왕 앞에 다니엘이 들어와 그 의미를 해석하여 준 사실이 다니엘 5장에 기록되어 있습니다. 다니엘 5장 25-28절을 읽으세요.

성경의 예언에 의하여 B.C. 539년에 메데와 페르시아의 동맹군에 의하여 바벨론이 멸망을 당하였는데, 페르시아의 고레스 왕이 바벨론을 점령하기 150년 전에 벌써 선지자 이사야는 고레스 왕에 대하여 예언해 두었으며 고레스가 자기에 대한 예언이 기록된 성경을 보자 깜짝 놀라서 그는 다니엘과 유대나라를 선대하고 예루살렘의 무너진 성전을 다시 건축하도록 허락하게 되었던 것입니다. 이사야는 다음과 같이 예언해 두었습니다(대하 36:23; 슥 1:2; 사 44:28-45:1을 읽으세요).

성경은 인간이 기록한 책이 아닙니다. 이 책은 하나님의 영감으로 기록된 하나님의 말씀입니다. 이 말씀들을 믿고 받아들이는 자들에게 영생의 문이 열리는 것입니다. 성경의 예언들은 장래들을 미리 말하여 주고 심지어는 사람의 이름까지 150년 전에 기록해 두었습니다. 이 세상의 역사의 흐름은 하나님의 계획 속에서 움직여 나가고 있습니다. 그러면, 가슴과 팔 부분인 은으로 상징된 메데 페르시아가 다시 세상을 영원히 지배할 것인가요? 다시 다니엘 2장으로 돌아가 보십시다.

3. 그리스-헬라 (놋 나라)

다니엘은 두 번째 나라인 페르시아도 영원히 지속되지 못하고 B.C. 331년에 세 번째 제국인 헬라에 의하여 정복되게 될 것인데 그 세 번째 나라는 배와 넓적다리 부분으로서 놋으로 표현되었다고 설명하였습니다.

우리가 잘 아는 헬라 왕 알렉산더는 25세 때에 왕이 되어서 33세 때에 그 당시의 온 세계를 점령하였으며, 인도 갠지스 강까지 가서 더 이상 정복할 나라가 없다고 하여서 울었다는 이야기는 유명한 전설 중의 하나입니다.

잘 알려진 역사가 아리안은 알렉산더대왕에 대하여 기록하기를 "그가 영향을 미치지 아니한 나라나 도시들이나 사람들은 없을 것이다. 그의 행적과 사업에는 마치 하나님의 손이 함께 하신 것 같은 느낌이 든다."라고 말하였습니다.

이 예언 가운데서 한 가지 괄목할만한 흥미 있는 점은 금속의 가치가 금신상의 아래로 내려가면서 떨어지지마는 그 금속의 강도는 점점 더 강하여져 간다는 것입니다. 다시 말을 바꾸어 보자면, 잇따라 일어나는 제국들의 부유함이 점점 약해질는지는 모르지마는 무력의 힘은 점점 더 커져 간다는 뜻이 되겠습니다. 그러면, 세 번째 놋의 나라인 그리스가 영원히 지속 될까요? 아니지요. 네 번째 나라가 등장합니다.

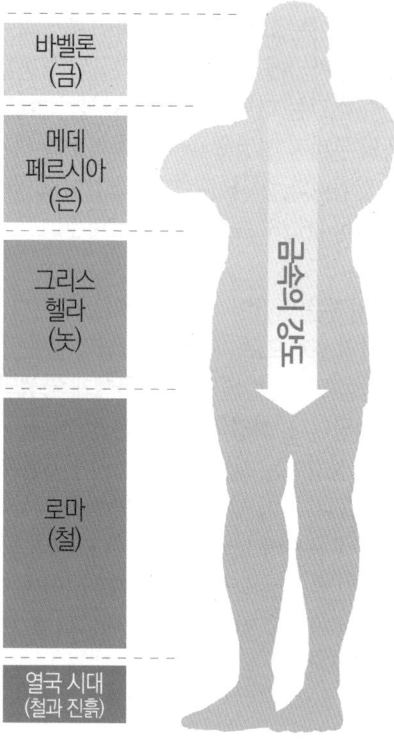

4. 로마 (철 나라)

▶ 다니엘 2장 40절을 읽으세요.

다니엘은 다시 이렇게 설명해 나갑니다. 네 번째 나라는 가장 주목할 만한 나라입니다. 네 번째 등장할 세력도 성경은 예언하고 있습니다. 그리스를 뒤엎은 나라가 어느 나라입니까? 어느 나라가 예수 그리스도께서 이 땅에 사실 당시에 세계를 지배하고 있었습니까? 바로 로마 나라입니다. 로마 제국은 B.C. 168년부터 A.D. 476년까지 세상을 지배하였습니다. 로마가 바로 느부갓네살 왕의 꿈속의 신상의 네 번째 나라입니다. 그 나라는 다리 부분의 철로 상징되고 있습니다. 바로 이 로마의 명령으로 예수님의 부모인 요셉과 미리아가 호적 하러 베들레헴으로 가게 되었고, 바로 이 로마의 군인들의 못에 의하여 예수 그리스도께서 십자가에 못 박혀 돌아가셨습니다. 예수님의 무덤도 로마의 인으로 봉하여졌었습니다.

대영 백과사전 40권 631쪽에서 유명한 역사가 "에드워드 기본"씨는, "다니엘서 2장의 신상은 인간 역사의 제국들의 흥망성쇠를 묘사하는 것"이라고 말하고 있습니다. 심지어는 그리스도인이 아닌 역사가들도 그 사실을 인정하고 있습니다. 실로 철로 상징된 로마는 강력한 군대를 가진 제국으로서 많은 나라를 잔인하게 부수고 짓밟는 일을 자행한 사실을 보게 됩니다. 우리가 세상 역사의 패턴을 지켜보면서, 한 나라가 일어나면 또 다른 나라가 그 뒤를 이어 일어나 세상을 지배하고 또 다시 다른 나라가 일어나서 이전 나라를 패망케 하면 곧 다시 다른 나라가 뒤이어 일어나는 흥망성쇠의 네 번의 연속을 바라볼 때에, 우리는 그 뒤에 다섯 번째의 나라가 일어나게 될 것으로 생각하는 것은 당연한 일일 것입니다. 그러나 놀랍게도 성경은 그렇게 예언하지 않았습니다. 그 놀라운 예언의 국면을 살펴보도록 합시다. 별들과 항성들을 만드시고 운행하시는 하나님께서 세상의 역사도 지배하고 계십니다.

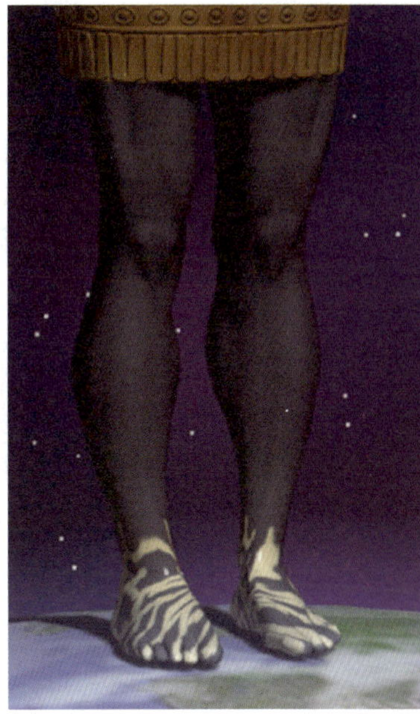

5. 열국 시대 (철과 진흙 나라)

▶ 다니엘 2장 41-43절을 읽으세요.

다니엘 2장 41절부터 43절에 성경은 다음과 같이 역사를 예언하였습니다. 하나님께서는 로마 나라가 다른 다섯 번째의 나라에 의하여서 계승될 것이 아니라고 예언하여 주신 것입니다. 로마 제국은 열국으로 갈라질 것이라고 말씀하셨습니다. 신상의 발과 발가락에 철과 진흙이 섞여 있는 것으로서 상징된 것은 어떤 나라는 강하고 어떤 나라는 약한 나라들일 것이지만 이 세상은 열국으로 나뉘어 져서 공존하게 될 것이라는 사실을 상징한 것입니다.

4세기 중반부터 5세기 중반까지 북쪽에 살던 앵글로색슨, 프랑크, 알레마니, 벌건디안, 반달, 훈, 수에비 와 같은 민족들이 약해져 있는 로마 제국을 침략해 내려오면서 제국의 토지들을 각기 제 나름대로 점령해 나가기 시작하였습니다. 프랑크족은 지금의 프랑스를 이루게 되고 앵글로색슨은 영국에 머물게 되었고 수에비 족은 지금의 스위스를 점령하는 등, 지금 우리가 알고 있는 현재 유럽을 이루게 된 것입니다.

성경 예언의 정확성을 살펴보십시오. 바벨론, 메데 페르시아, 그리스, 로마가 순서대로 일어나더니, 인간의 생각대로 다섯 번째 다른 나라가 다시 일어나는 것이 아니라, 예언대로 여러 나라로 갈라진 열국시대가 되더니 어떤 나라는 철의 금속처럼 강한 나라가 되고 어떤 나라는 진흙처럼 약한 나라로 남아있게 되었습니다. 그런데 이 유럽이 다시 연합하게 될까요? 아니면 다시 세계를 제패하는 다른 한 세력이 등장하게 되는 것일까요?

다니엘 2장 43절에서 읽은 바와 같이 그들은 피차에 합하지 못할 것입니다. 로마 제국의 멸망 이후로 여러 사람들이 유럽을 통합하려고 애를 썼지마는 번번이 실패하였습니다. 샬레망 대제의 시도도 실패하였고 나폴레옹의 유럽 정복의 시도도 결국은 수포로 돌아가고 말았습니다. 그 당시 유럽 나라들은 왕자와 딸들을 결혼을 시켜 서로 주고받았기 때문에 왕권들의 피들이 다 섞이게 되었지마는 성경의 예언대로 합쳐지지가 않았습니다. 성경이 말했습니다. "피차에 합하지 아니함이 철과 진흙이 합하지 않음과 같으리라." 나폴레옹은 워털루 전쟁에서 "전능자와 싸우는 일은 내게는 너무나 큰 일이다."라고 말하였습니다.

히틀러는 온 유럽을 정복하는 일에 거의 성공한 듯이 보였을 때인 1941년 3월에 감히 다음과 같은 말을 한 적이 있습니다. "우리는 하나님의 도움이 필요 없다. 우리는 하나님 없이 우리의 무기로 이 전쟁을 싸울 것이다. 우리는 그의 도움 없이 승리를 거둘 것이다." 히틀러의 군대가 연합군을 영국 던커크 해협으로 몰고 가서 거의 물속으로 밀어 넣으려 하던 가장 긴박한 입장에 있었을 때에, 그렇게 좋던 날씨가 갑자기 흐려지더니 영국 해협에 안개가 짙게 내려앉았습니다.

그날 밤 윈스턴 처칠은 영국 국민들에게 방송으로 호소하여 모든 배를 가지고 나오도록 하였습니다. 그날 밤 연합군들은 민간인들의 배들을 타고 무사히 영국으로 피신하게 되었고, 다시 재 무장 정비하여 나아가 결국은 연합군이 세계 2차 대전을 승리로 이끌게 되었습니다. 참으로 아슬아슬한 순간이었습니다. 하나님께서 연합군을 도우셨습니다. 히틀러도 유럽을 점령하려 하였습니다. 그러나 성경의 예언은 그들이 서로 섞일 것이나 피차에 합하지 아니할 것이라고 말하였습니다.

6. 뜨인 돌의 나라 (세상 끝)

▶ 다니엘 2장 44-45절을 읽으세요.

그러면 이 세상의 장래는 어떻게 될 것인가요? 인류의 역사는 바벨론 시대를 지났습니다. 페르시아 시대도 지났습니다. 헬라 시대도 지났습니다. 로마 제국 시대도 지나갔습니다. 우리는 지금 이 세상 역사의 머리나 가슴이나 다리의 시대에 살고 있지 않습니다. 우리는 발가락 시대에 살고 있습니다. 우리는 지금 바로 세상 역사의 마지막 시대의 그 끝에 살고 있습니다. 과연 이 세상의 역사는 어떻게 끝나게 될까요? 다니엘 2장 44, 45절은 다음과 같이 예언해 주고 있습니다.

사람들은 염려합니다. 이 세상이 핵폭탄으로 멸망하던지, 아니면 환경오염이나 인구의 증가와 식량의 부족으로 자멸할지 모른다고요. 여기에 기쁜 소식이 있습니다. 이 세상은 핵폭탄으로 망하지 않을 것입니다. 식량난으로 자멸하는 것도 아닙니다. 세계 3차 대전으로 끝나든지 다시 빙하 시대가 오는 것도 아닙니다. 이 지구의 역사는 돌의 나라, 즉 인간의 손으로 만들지 아니한 왕국인 하나님의 나라가 임함으로 끝날 것입니다. 그것은 곧 그리스도의 재림을 상징하는 것입니다.

하나님께서 계획하신 때가 다 되었습니다. 이 세상 역사는 하나님의 심판과 함께 그리스도의 왕국을 이 땅에 세우심으로 종결지어질 것입니다. 이 세상 나라들은 여름 타작마당의 겨같이 될 것입니다(단 2:35 참조). 여러분은 하나님의 심판을 통과하기 위하여 마음과 성품이 준비되어 있습니까? 더 이상 겉치레의 위선적인 신앙이 우리를 보호하지 못하는 때가 곧 오고 있습니다. 신상을 쳐서 가루를 내어 버릴 돌의 나라는 하나님의 나라를 상징합니다.

언제 돌 나라가 임할까요? 그 돌의 나라는 머리를 치는 것이 아니고 가슴이나 다리를 치는 것도 아닙니다. 이 "열왕의 시대"에 하나님의 나라를 세우신다고 하였습니다. 이렇게 유럽이 아직도 분열되어 있는 지금 우리가 살고 있는 바로 이 시대를 말하고 있습니다.

지금 유럽은 다시 모종의 연합을 이루어 한 나라로 만들려는 계획을 한창 진행 중입니다. 돌의 나라의 시대가 다가오고 있습니다. 이제 곧 임할 그리스도의 나라는 영원할 것입니다. 거기에는 더 이상 슬픔과 이별이 없을 것입니다. 고통이나 질병이나 죽음도 더 이상 없습니다. 거기에는 다시는 위험이나 굶주림도 없을 것입니다. 죄의 역사가 영원히 끝날 것입니다.

여러분은 그 나라의 백성이 되기 위하여 준비되어 있습니까? 오늘 예수 그리스도를 받아들이십시오. 이미 주님을 받아들이신 분은 그분의 말씀대로 순종하는 생활을 사십시오. 주여 주여 하는 자마다 다 천국에 들어가는 것이 아니라 하늘 아버지의 뜻대로 하는 자라야 천국에 들어갈 것이라고 말씀하셨습니다.

오늘날 거짓 신자들이 너무 많습니다. 이 세상에는 해결할 수 없는 문제들로 가득 차 있습니다. 그래서 하나님의 나라가 임하는 것입니다. 먼저 하나님의 나라가 여러분의 마음을 다스리도록 하시기를 바랍니다.

하나님의 나라는 볼 수 있게 임하는 것이 아니요
또 여기 있다 저기 있다고도 못하리니
하나님의 나라는 너희 안에 있느니라
눅 17:20, 21

Daniel · Chapter7

다니엘서 7장 연구

다니엘 7장 연구는 마지막 시대를 살아가는
모든 그리스도인에게 매우 중요한 지침과 방향을 제시해 줄 것입니다.

제3부 네 짐승의 정체

1. 바다에서 나오는 네 짐승의 정체

다니엘 7장에 펼쳐져 있는 하나님의 예언을 살펴보고자 합니다. 다니엘 2장과 7장은 요한계시록의 예언을 이해하는데 있어서 결코 없어서는 안 될 기초 석과 같습니다. 그러므로 인간 역사의 종말과 예언에 관심을 가지고 있는 진실한 그리스도인이라면, 다니엘 2장과 7장에 대한 정확한 이해를 가져야만 합니다.

다니엘 7장에 대한 예언 해석을 시작하기에 앞서, 잠시 다니엘 2장에 대한 요점을 살펴봅니다. 다니엘 2장은 다니엘의 나이가 20세를 갓 넘었을 때의 이야기입니다. 하나님께서는 당시 바벨론의 왕이었던 느브갓네살 왕에게 한 꿈을 주셨습니다. 그 꿈은 매우 무섭고 괴로운 악몽이었으며, 마음을 불안하게 만드는 흉몽이었습니다. 그런데 그를 더욱 불안하게 만든 것은 그 꿈이 매우 불길한 악몽이었던 사실은 생각나는데, 그 꿈의 내용을 도무지 기억할 수 없는 것이었습니다. 하나님의 섭리를 통하여 다니엘이 왕의 앞으로 부름을 받게 되었습니다.

하나님께서는 다니엘에게 느브갓네살 왕이 꿈에 보았던 내용과 그 의미를 가르쳐 주셨습니다. 놀랍게도 그 꿈은 세계적인 대제국을 세우기 위해서 골몰해 있던 느브갓네살 왕이 그토록 알고 싶어 했던 세상의 장래에 대한 하나님의 계시였습니다. 하나님의 계시를 통하여 드러난 미래의 세계사는 느브갓네살 왕의 야망을 산산조각 내는 것이었습니다. 그가 꿈에 본 것은 바벨론의 멸망과 그것에 뒤이어 계속해서 나타날 세계적인 대제국들의 흥망성쇠에 대한 역사였습니다.

하나님께서는 세계적인 대제국들 중에서도 특별히 하나님을 믿는 백성들이 거주하는 지역을 중심으로 일어났다가 사라지는 제국들의 흥망성쇠를 보여주심으로써, 하나님의 백성들의 운명과 고난과 그들의 진로를 가르쳐 주고자 하셨던 것입니다. 바로 이것이, 인도나 중국과 같이 하나님을 믿는 백성들이 거주하지 않았던 대제국들에 대한 예언이 성경에 기록되어 있지 않는 이유입니다.

느브갓네살 왕이 꿈에 보았던 것은 4종류의 각기 다른 금속(금, 은, 동, 철)으로

된 네 부분과 철과 흙이 이상하게 섞여있는 다섯 번째 부분으로 만들어진 신상이었는데, 갑자기 하늘로부터 돌이 날아와서 거대한 신상을 산산조각 냄으로써, 신상은 사라져버리고 돌이 태산을 이루어 온 세상을 가득 채우고 영원한 번영을 누린다는 내용의 꿈이었습니다.

다니엘은 느브갓네살 왕에게 꿈의 의미를 설명하면서 "왕은 곧 그 금머리니이다."(단 2:38) 라는 말과 함께, "왕의 후에 … 다른 나라"가 일어날 것이라고 말함으로써, 왕이 꿈에 보았던 신상은 느브갓네살 왕의 바벨론 제국으로부터 시작해서 역사적으로 계속해서 이어지는 제국들의 순서를 나타낸다는 사실을 설명해 주었습니다. 또한 돌 나라가 발 부위를 쳐서 가루로 만들어 버리는 사건은 예수 그리스도의 재림 사건과 함께 끝나는 세상의 종말을 의미하였습니다.

2. 다니엘 2장과 7장의 관계

다니엘 2장은 다니엘의 젊은 시절에 바벨론 제국의 왕의 꿈을 통하여 주어진 계시이지만, 다니엘 7장은 다니엘이 70세에 가까운 노인이 되었을 때에 자신의 꿈을 통하여 본인이 직접 받은 계시입니다. 그 당시 다니엘은 금머리인 바벨론에 관한 예언이 거의 성취되어 가고 있는 모습을 지켜보고 있었습니다. 다니엘 7장은 금머리의 시대가 거의 지나가고, 은으로 표상된 가슴과 팔의 제국시대가 눈앞으로 다가오고 있었던 때의 이야기입니다.

다니엘 7장은 다니엘 2장에 나타난 대제국들의 흥망성쇠와 하나님의 백성들의 운명을 좀더 상세히 설명해 주고 있습니다. 2장은 세상 역사에 대한 전체적인 예언이 나타나고 그리스도의 재림을 강조하면서 마쳐집니다. 7장에서는 동일한 역사적 기간이 다른 표상과 상징을 통하여 반복 설명되면서, 하나님과 사탄 사이에 벌어지는 선과 악의 대쟁투로 초점을 모아가고 있습니다.

7장과 그 뒤에 계속되는 예언에서는 하나님의 백성들과 짐승으로 표상(상징)된 세상의 대제국들이 어떻게 선과 악의 대쟁투에 참여하게 되는지를 보여주며, 대제국들을 통하여 자신의 의도를 이루려고 시도하는 사탄의 계획이 적나라하게 표현되어 있습니다. 그러므로 다니엘 2장을 세계의 역사와 지구의 종말에 대한 전체적이고 개략적인 윤곽이라고 부른다면, 다니엘 7장은 2장의 장면을 더욱 구체화시키면서, 하나님과 사탄의 계획을 함께 드러내는 다니엘 2장의 속편이라고 말할 수 있겠습니다. 그러므로 다니엘 7장에 대한 연구야말로 마지막 시대를 살아가는 모든 그리스도인에게 매우 중요한 지침과 방향을 제시해 줍니다.

3. 네 짐승의 출현(단 7:3-8, 16-27)

네 짐승의 출현 이야기는 바벨론의 벨사살 왕 원년의 어느 깊은 밤에 시작됩니다(단 7:1). 그날 밤 다니엘은 꿈을 통하여 계시를 받았습니다. 먼저, 바다가 그의 시야에 들어왔습니다. 바닷가 사방에서 불어오는 바람으로 인하여 파도가 사납게 요동치고 있었습니다. 그의 눈길이 거친 파도 위를 배회하고 있을 때, 갑자기 전에 본 일이 없는 큰 짐승 넷이 하나씩 바다 위로 떠올랐습니다.

내가 밤에 이상을 보았는데,
하늘의 네 바람이 큰 바다로 몰려 불더니
큰 짐승 넷이 바다에서 나왔는데,
그 모양이 각각 다르니
단 7:2, 3

4. 계시를 통해

계시를 통하여 이상한 장면을 보고 있는 다니엘은 자신이 보고 있는 이상의 의미가 무엇인지 알 수 없었기 때문에 마음이 매우 번민케 되었습니다. 그리하여 계시의 장면을 보여주고 계신 그리스도의 곁에서 수종을 들고 있는 한 천사에게 계시의 의미를 물어보았습니다. "내가 그 곁에 모신 자 중 하나에게 나아가서 이 모든 일의 진상을 물으매 그가 내게 고하여 그 일의 해석을 알게 하여 가로되, 그 네 큰 짐승은 네 왕이라 세상에 일어날 것이로되"(단 7:16,17). 다니엘은 네 짐승은 장차 세상에서 일어날 국가들을 지배하는 왕들을 상징한다는 사실을 알게 되었습니다. 다니엘 2장에서 금신상을 통하여 계시되었던 대제국들의 역사적 순서가 7장에서 다시 반복되고 있다는 사실을 알 수 있습니다. 23절에서 다시 천사가 "네째 짐승은 곧 땅의 넷째 나라인데"라고 말한 것을 보아서도 네 짐승은 세상을 다스릴 네 제국들의 역사적 순서를 상징한다는 것을 확인할 수 있습니다. 그렇다면 네 짐승이 올라오는 배경 장면인 하늘의 네 바람과 바다는 무엇을 상징할까요?

하늘의 네 바람

성경에서 바람은 전쟁을 상징한다. 특히 인간의 야망과 이해관계가 뒤엉켜서 일어나게 되는 정치적 소용돌이와 전쟁을 상징한다.

[참고 성경절] 렘 4:11-13, 25:32-33; 슥 7:14

큰 바다

성경에서 바다는 백성 또는 나라를 상징한다. 바다는 인간들이 군집하여 바다 물결처럼 아우성치듯 살아가는 인간들의 기존 세계를 대표한다. 바다는 언제나 바람이 불고 그 결과로 파도가 높게 이는 것처럼, 세상 역사는 바다와 바람이 서로 각축을 벌이는 끊임없는 풍파의 연속이다.

[참고 성경절] 사 8:7-8, 17:12-13; 계 17:15

결론적으로, 바다로 표상된 인간 세상에서 서로의 이해관계가 뒤엉켜 한바탕의 정치적 소동과 전쟁이 휩쓸고 지나가면, 그 결과로 역사의 새로운 주인공들이 나타나서 새로운 나라가 세워지게 되는 흥망성쇠의 과정을 바람이 불고 있는 바다에서 네 짐승이 떠오르는 장면으로 묘사하였던 것입니다. 그렇다면, 바다에서 떠오르는 네 짐승은 역사적으로 어떤 국가들을 말하는 것일까요?

5. 첫 번째 짐승(사자) : 바벨론

“첫째는 사자와 같은데 독수리의 날개가 있더니 내가 볼 사이에 그 날개가 뽑혔고, 또 땅에서 들려서 사람처럼 두 발로 서게 함을 입었으며, 또 사람의 마음을 받았으며”(단 7:4). 고고학을 근거로 해서 볼 때, 바벨론은 사자를 국가의 상징물로 사용하였습니다. 2500년이 지난 지금도 바벨론의 성벽에는 사자가 조각되어 있으며, 거대한 돌사자가 앉아 있는 모양을 볼 수 있습니다. 다니엘 2장에서, 바벨론이 모든 금속 중의 왕인 금으로 표상되었던 것처럼, 7장에서는 바벨론이 모든 동물의 왕인 사자와 모든 새의 왕인 독수리로 상징되었습니다.

그러나 세월이 흐르면서 바벨론은 공격적이고 사납던 사자와 독수리의 기질을 잃어버리고, 연약한 "사람의 마음"을 지니게 된 이후, 역사에서 사라지게 되었습니다. 실제로 느브갓네살 왕 이후의 바벨론 왕들은 모두 연약한 기질을 가진 왕들이었던 사실을 역사에서 확인할 수 있습니다. 그들은 정치와 군사에 관심을 갖는 대신에 문화와 종교에 관심을 집중시킴으로써, 국가는 점점 쇠약해져만 갔습니다. 역사의 주인이 바뀌는 시간이 되자, 한 때 그토록 강력한 패권을 휘둘렀던 바벨론도 메데와 페르시아의 연합군에 의해서 힘없이 정복되고 말았습니다.

6. 두 번째 짐승(곰) : 메데와 페르시아(바사)

다른 짐승 곧 둘째는 곰과 같은데 그것이 몸 한편을 들었고, 그 입의 잇사이에는 세 갈빗대가 물렸는데 그에게 말하는 자가 있어 이르기를 일어나서 많은 고기를 먹으라 하였으며"(단 7:5). 사자의 위엄을 갖추지는 못했지만, 끈질기고 물러설 줄 모르는 용맹과 잔인한 특징을 가지고 있는 곰은 메데와 페르시아를 대표하기에 적절합니다. 한번 제정하면 영원히 변경할 수 없는 메데와 페르시아의 미련한 법의 성질은 곰의 특성에 잘 부합됩니다.

"몸 한편을 들"고 있는 곰의 모습은 이 나라가 세력의 균형이 잡히지 않은 두 나라로 이루어졌음을 나타냅니다. 2장에서 은빛 가슴과 팔로 표상되었던 메데-페르시아 왕국이 여기서는 몸의 한편을 들고 서 있는 곰으로 표상되었습니다. 메데와 페르시아는 둘 다 인도-유럽계의 형제지간의 나라였습니다. 역사의 초기에는 메데가 주도권을 잡았으나, 페르시아의 고레스가 일어나면서 메데는 페르시아에게 흡수되고 말았습니다. 곰의 "입의 잇사이에는 세 갈빗대가 물렸다"는 표현은 메데와 페르시아에 의해서 정복될 세 나라 즉, 리디아, 바벨론, 이집트의 종말을 나타냅니다. "많은 고기를 먹으라"는 명령은 페르시아가 서방나라의 대 원정에서 바벨론보다 훨씬 더 많은 살육을 저지르는 잔인한 전쟁을 치렀던 사실을 말해줍니다.

그러나 하늘에서 정해진 시간이 되자, 헬라 문화 지역에서 놀라운 맹장이 세계의 제패를 꿈꾸며 나타났는데, 그가 바로 알렉산더대왕입니다. 페르시아의 마지막 왕인 다리우스 3세는 알렉산더의 침공을 대비하여 막강한 군사를 육성했으나 알렉산더와의 치열한 전투에서 참패함으로써, 그토록 강력한 힘을 가졌던 페르시아 제국도 역사의 현장에서 사라지게 되었습니다.

7. 세 번째 짐승 (표범) : 그리스 (헬라)

"그 후에 내가 또 본즉, 다른 짐승 곧 표범과 같은 것이 있는데, 그 등에는 새의 날개 넷이 있고, 그 짐승에게 또 머리 넷이 있으며, 또 권세를 받았으며"(단 7:6). 표범은 체구는 작지만 빠르고 용맹한 맹수입니다. 게다가 신속한 행동을 표상하는 날개를 달았음은 그의 기민성이 매우 놀라왔음을 표현하고 있습니다. 이러한 기민성은 알렉산더대왕이 이끄는 마케도니아-그리스의 군대가 가장 짧은 시간에 가장 넓은 땅을 점령했던 역사적 사실과 일치합니다. 20대에 왕위에 오른 알렉산더는 삼만 오천 명의 기마부대와 70달란트

밖에 안 되는 군자금과 일개월분의 군량만을 가지고 페르시아 제국과 소아시아를 정복하였습니다. 그는 동쪽으로는 인도까지 점령하는 대제국을 이룩하였지만, 부절제한 생활과 열병으로 인하여 33세의 나이로 요절하게 되었습니다. 그는 동서남북을 새처럼 빠르게 움직이면서 가장 짧은 시간에 거대한 땅을 손안에 넣었습니다.

"머리 넷이 있"다는 표현은 무엇일까요? 머리는 성경에서 수령 또는 지도자를 나타냅니다(사 7:8,9). 이러한 표상은 실제로 알렉산더대왕의 사후에 그대로 실현되었습니다. 열병으로 임종을 앞둔 알렉산더에게 수하 장군들이 찾아와서 대제국의 장래를 물었을 때, 그는 "힘센 자가 차지하라"는 유명한 유언을 남겼습니다. 그의 유언대로 대제국은 힘센 자들의 각축장이 되었는데, 결국 네 장군 즉, 캇산더, 리시마쿠스, 셀르쿠스, 탈레미에 의해서 알렉산더의 대제국이 4개의 왕국으로 분할되고 말았습니다. 그러나 하나님께서 정하신 운명의 시간은 이번에도 어김없이 찾아왔습니다. 네 장군에 의해서 분할 통치되던 4개의 왕국은 네 번째 짐승인 로마 제국에 의해서 차례로 흡수되고 말았습니다.

▲세 번째로 나타난 짐승 : 네 날개와 네 머리를 가진 표범 – 그리스(헬라)

8. 네 번째 짐승 (무섭고 놀라운 짐승) : 로마 제국

"내가 밤 이상 가운데 그 다음에 본 네째 짐승은 무섭고 놀라우며, 또 극히 강하며 또 큰 철 이가 있어서 먹고 부숴뜨리고 그 나머지를 발로 밟았으며, 이 짐승은 전의 모든 짐승과 다르고, 또 열뿔이 있으므로"(단 7:7).

이 나라의 출현에 대해서 하늘의 해석자(천사)는 이렇게 설명합니다. "네째 짐승은 곧 땅의 네째 나라인데, 이는 모든 나라보다 달라서 천하를 삼키고 밟아 부숴뜨릴 것이며"(단 7:23). 다니엘 2장에서는 로마제국의 강력한 세력을 "철이 모든 것을 부수는 것 같이, 그 나라가 뭇 나라를 부숴뜨리고 빻을 것이"라고 묘사하며(단 2:40), 7장에서는 "철 이가 있어서 먹고 부숴뜨리고 그 나머지를 발로 밟았"다고 묘사합니다(단 7:7).

이태리 반도에서 일어난 라틴민족의 강철 같은 의지는 여러 차례의 전쟁을 통하여 당대의 모든 문명 세계 즉, 남부 유럽, 프랑스, 잉글랜드, 네덜란드, 스위스, 남부 독일, 헝가리, 터키, 소아시아 전역, 아프리카를 정복하였습니다. 그 당시, 로마의 강력한 통제와 군사력을 벗어나서 도망칠 수 있는 나라는 없었습니다. 로마에 대항하여 저항한다는 것은 곧 파멸을 의미하였습니다.

그런데, 앞에 나온 세 짐승의 경우에는 다니엘이 그 모습에 상당하는 짐승의 이름을 찾아서 묘사하였는데, 네 번째 등장하는 짐승의 특징은 곰, 사자, 표범과 같이 특정한 동물의 이름으로 표현하는 대신에 "무섭고 놀라"운 짐승으로 묘사하는 이유는 무엇일까요? 네 번째 짐승이 가지고 있는 어떤 특징이 다니엘을 그토록 무섭게 만들었을까요?

왜냐하면 로마의 못과 망치에 의해서 예수 그리스도께서 십자가에 못 박혀 돌아가신 것을 비롯하여, 야고보, 베드로, 바울 등과 같은 사도들이 로마의 탄압에 의해서 순교당했으며, 200년 이상 계속된 핍박을 통하여 수많은 하나님의 백성이 재산과 생명을 잃어버리는 참혹한 광경을 보았기 때문입니다. 하나님의 백성에게 가해지는 사탄의 핍박과 박해의 모습은 다니엘의 마음을 번민케 만들었습니다. "나 다니엘이 중심에 근심하며 내 뇌 속에 이상이 나로 번민케 한지라"(단 7:15).

다니엘은 네 번째 짐승이 이전에 나온 모든 짐승과 다르다고 말하면서, 네 번째 짐승에는 열 뿔이 달려 있다고 말하였습니다. "이 짐승은 전의 모든 짐승과 다르고, 또 열 뿔이 있으므로"(단 7:7). 24절에서, 천사는 열 뿔의 뜻을 다음과 같이 설명하고 있습니다. "그 열 뿔은 이 나라(주; 로마제국)에서 일어날 열 왕이요"(단 7:24).

앞에 나온 세 짐승은 계속해서 뒤에 나오는 짐승에 의해서 정복되었습니다. 예를 들면, 바벨론은 페르시아에게, 페르시아는 그리스에게, 그리고 그리스는 로마제국에게 멸망했습니다. 그러나 네 번째 짐승인 로마제국은 이전에 나온 짐승과는 달리 열 개의 부족국가로 분열되었습니다.

다니엘 2장에서 로마를 표상하던 철다리가 열 발가락으로 나뉜 것과 똑같이(단 2:41), 철 이빨을 가진 무서운 짐승 로마에게 열 뿔이 붙여짐으로써, 장차 로마로부터 분리되어 나올 열 개의 독립국들이 예언되었습니다. 다니엘 2장에 나온 열 발가락과 마찬가지로 열 뿔에도 다음과 같은 공통적인 특징을 가지고 있습니다.

열 발가락과 열 뿔의 공통점

01 로마 제국으로부터 분리되어 나올 독립 국가들

02 로마 제국의 영역 안에 세워질 나라들

03 로마 제국이 멸망하면서 세워질 나라들

04 세상 끝 즉, 그리스도의 재림 때까지 존속하게 될 나라들

다니엘 2장에서는, 정치가인 느부갓네살 왕에게 정치적인 면에 있어서의 세계사가 공개되었지만, 7장에서는 선지자인 다니엘에게 정치적인 면(1~7절)과 종교적인 면(8절 이후)이 함께 공개되고 있습니다. 다니엘은 열 뿔 사이에서 올라오는 한 작은 뿔을 보면서 주의를 집중하고 있는데, 그 이유는 그 작은 뿔은 정치적일 뿐만 아니라, 종교적인 특성을 나타내고 있기 때문입니다. “내가 그 뿔을 유심히 보는 중 다른 작은 뿔이 그 사이에서 나더니 먼저 뿔 중에 셋이 그 앞에 뿌리까지 뽑혔으며, 이 작은 뿔에는 사람의 눈 같은 눈이 있고, 또 입이 있어 큰 말을 하였느니라”(단 7:8).

다니엘이 보았던 이 계시의 장면은 무엇을 의미할까요? 열 뿔에 대해서 “열 뿔은 이 나라에서 일어날 열 왕이요”라고 설명해 주었던 천사가 다시 그 의미를 설명해 줍니다. “그 후에 또 하나(주: 작은 뿔)가 일어나리니, 그는 먼저 있던 자들과 다르고, 또 세 왕을 복종시킬 것이며, 그가 장차 말로 지극히 높으신 자를 대적하며 또 지극히 높으신 자의 성도를 괴롭게 할 것이며, 그가 또 때와 법을 변개코자 할 것이며, 성도는 그의 손에 붙인 바 되어, 한 때와 두 때와 반 때를 지내리라”(단 7:24,25).

우리는 지금까지 네 짐승의 정체와 그들이 출현하는 역사적 순서가 역사의 주인 되시는 하나님의 손에 의해서 정확하게 움직여졌던 사실을 확인하였습니다. 제국들이 하나님의 시간표에 맞추어서 역사 속에 등장하였다가 사라지는 모습을 보면서, 다시 한 번 역사의 주인 되신 하나님의 위대함과 정확하심에 대해서 경탄하게 됩니다. 이제, 계속되는 제2부에서는 네 번째 짐승의 말기에 나타나는 한 종교적인 세력에 대해서 면밀하게 살펴보기로 하겠습니다. 왜냐하면 그 세력(작은 뿔)이 하나님의 교회와 그분의 진리에 입힌 상처는 오늘날 현대 기독교회까지 여전히 남아 있기 때문입니다.

제4부 작은 뿔 세력

1. 성경이 말하는 작은 뿔의 9가지 특징

다니엘서 7장 연구 제1부의 후반부에서 살펴본 것처럼, 바다에서 올라온 네 짐승 중에서 다니엘의 주의를 가장 많이 빼앗은 것은 네 번째 짐승이었습니다. 다니엘서 7장은 네 번째 짐승에게서 일어나는 변화를 두 번씩이나 반복하여 묘사하고 있습니다. 7장 7,8절은 다니엘이 계시 중에 본 넷째 짐승의 모습이고, 23-25절은 다니엘이 계시 중에서 보았던 넷째 짐승과 거기에서 올라오는 작은 뿔의 정체를 설명해주는 천사의 해석입니다.

다니엘이 본 계시 : "이 짐승은 전의 모든 짐승과 다르고, 또 열 뿔이 있으므로, 내가 그 뿔을 유심히 보는 중 다른 작은 뿔이 그 사이에서 나더니 먼저 뿔 중에 셋이 그 앞에 뿌리까지 뽑혔으며, 이 작은 뿔에는 사람의 눈 같은 눈이 있고 또 입이 있어 큰 말을 하였느니라"(단 7:7,8).

천사의 해석 : "넷째 짐승은 곧 땅의 넷째 나라인데 이는 모든 나라보다 달라서 천하를 삼키고 밟아 부숴뜨릴 것이며, 그 열 뿔은 이 나라에서 일어날 열 왕이요, 그 후에 또 하나가 일어나리니 그는 먼저 있던 자들과 다르고 또 세 왕을 복종시킬 것이며, 그가 장차 말로 지극히 높으신 자를 대적하며, 또 지극히 높으신 자의 성도를 괴롭게 할 것이며, 그가 또 때와 법을 변개코자 할 것이며, 성도는 그의 손에 붙인바 되어 한 때와 두 때와 반 때를 지내리라"(단 7:23-25).

2. 로마 제국의 분열

다니엘 7장 23절에서 보는 바와 같이 "넷째 짐승은 곧 땅의 넷째 나라"를 의미하는데, 이것은 제1부에서 살펴본 것처럼, 로마 제국임이 틀림없습니다. 로마제국을 표상하였던 넷째 짐승의 머리에는 열 뿔이 달렸었는데("이 짐승은 … 열 뿔이 있으므로" 7절), 그것은 로마가 열 개의 국가로 분열될 것을 상징하는 것입니다("그 열 뿔은 이 나라에서 일어날 열 왕이요" 24절). 과연 그처럼 강력했던 로마제국도 정해진 운명의 시간이 되자, 열 조각으로 나뉘게 되었습니다.

역사를 공부한 사람이라면, 로마제국의 국력이 쇠약해지게 되자 유럽의 북쪽으로부터 게르만 계통의 부족들이 남하하여 서부 유럽을 휩쓸었으며, 그 결과 로마는 열 조각으로 분리되게 되었던 사실을 기억할 것입니다. 로마의 멸망과 함께, 다니엘 2장에 나오는 거대한 신상의 열 발가락 시대가 열리게 된 것입니다. 로마의 멸망과 함께 열 조각으로 분열된 부족들의 이름은 다음과 같습니다. 앵글로색슨, 프랑크, 알레마니, 벌건디언, 반달, 수에비, 동고트, 서고트, 헤룰리, 롬바르드.

그런데 7장 8절과 24절은 열 뿔 사이에서 작은 뿔이 일어나서 세 뿔을 뿌리째 뽑아버릴 것을 말하고 있습니다. "내가 그 뿔을 유심히 보는 중 다른 작은 뿔이 그 사이에서 나더니 먼저 뿔 중에 셋이 그 앞에 뿌리까지 뽑혔으며"(8절), "그 열 뿔은 이 나라에서 일어날 열 왕이요, 그 후에 또 하나가 일어나리니 그는 먼저 있던 자들과 다르고 또 세 왕을 복종시킬 것이며"(24절). 하나님의 예언은 다시 한 번 정확하게 성취되었습니다. 열 부족 중에서 3부족은 작은 뿔의 세력에 의하여 역사의 장에서 완전히 사라져 버렸으며, 7부족만이 오늘날까지 유럽에서 강력한 현대 국가의 형태를 이루며 존재하고 있습니다(사라진 세 부족: 헤룰리족, 반달족, 동고트족).

3. 작은 뿔 = 적그리스도 세력

다니엘은 넷째 짐승에 있는 뿔들의 동태를 유심히 살피던 중에 열 뿔 사이에서 올라오는 작은 뿔의 모습을 보게 되었습니다. "내가 그 뿔을 유심히 보는 중 다른 작은 뿔이 그 사이에서 나더니"(8절). 다니엘 7장은 네 짐승 중에서 넷째 짐승의 정체에 대해서 많이 말하고 있는데, 넷째 짐승의 열 뿔 가운데서 올라오는 작은 뿔의 정체와 그것이 하는 일에 대해서 상세하게 묘사하고 있습니다. 이제, 작은 뿔의 정체에 대해서 설명하는 성경 절들을 다시 한 번 살펴보겠습니다.

다니엘이 본 계시 : "또 열 뿔이 있으므로, 내가 그 뿔을 유심히 보는 중 다른 작은 뿔이 그 사이에서 나더니 먼저 뿔 중에 셋이 그 앞에 뿌리까지 뽑혔으며, 이 작은 뿔에는 사람의 눈 같은 눈이 있고 또 입이 있어 큰 말을 하였느니라"(단 7:7,8).

천사의 해석 : (단 7:24,25)을 읽으세요.

우리는 여기에 나오는 성경 절들을 매우 조심스럽게 살펴보아야 하는데, 그 이유는 작은 뿔은 역사 속에서 활동해 온 적그리스도의 세력을 뜻하기 때문입니다. 이 문제에 있어서 어떠한 잘못이나 실수를 범하지 않기 위해서, 2부에서는 다니엘 7장 7,8절, 그리고 24,25절에 묘사된 작은 뿔의 9가지 특징들을 하나씩 살펴보기로 하고, 다음에 계속되는 3부에서는 작은 뿔에 대한 종교 개혁자들의 견해를 찾아보기로 하겠습니다.

우리는 적그리스도의 세력에 대해서 나름의 막연한 상상이나 추측을 할 필요가 없습니다. 왜냐하면, 다니엘 7장이 묘사하는 작은 뿔의 역사와 정체는 아무도 적그리스도의 세력이 무엇인지에 대해서 반박하지 못할 정도로 분명하게 말해주고 있기 때문입니다. 또한 루터교회, 감리교회, 장로교회의 창시자이며, 종교 개혁 운동의 선구자들이었던 마틴 루터, 요한 웨슬리, 요한 칼뱅 등이 작은 뿔의 정체에 대해서 무엇이라고 말했는가를 살펴봄으로써, 이 문제에 대한 올바른 빛과 해석에서 벗어나지 않을 수 있습니다. 이제, 성경이 말하는 작은 뿔의 9가지 특징을 살펴보기로 하겠습니다.

4. 다니엘 7장이 말하는 작은 뿔의 9가지 특징

1) 서부 유럽에서 일어나는 작은 뿔

작은 뿔은 "넷째 짐승"으로부터 올라왔습니다(8,24절). 작은 뿔이 등장하는 지리적인 위치는 로마제국이 자리 잡고 있던 서부 유럽입니다. "열 뿔이 있으므로 내가 그 뿔을 유심히 보는 중 다른 작은 뿔이 그 사이에서(Among them) 나더니"(단 7:8). 앞에서 배운 것처럼, 이 예언의 의미는 로마가 열 나라로 나누어지는데, 그 가운데서 작은 뿔이 나타난다는 뜻입니다. 그러므로 작은 뿔은 반드시 서부 유럽에서 일어난 세력이어야 합니다.

2) 로마제국의 분열 이후에 강성해지는 작은 뿔

그것은 "열 뿔"이 나타난 이후에 생겼습니다(24절). 넷째 짐승(로마제국)이 열 뿔(열 나라)로 나뉜 직후에 일어납니다. 그렇다면 로마가 멸망하고 열 나라로 분열되는 사건은 언제 일어났습니까? 서기 476년, 그러므로 작은 뿔은 역사적으로 A.D. 476년 이후에 서부 유럽에서 세력을 얻으면서 부상하는 세력이어야 합니다.

3) 세 뿔을 뿌리째 뽑아 버리는 작은 뿔

작은 뿔이 강성해지면서 먼저 있던 "뿔 중 셋이 그 앞에 뿌리째 뽑혔"습니다(8절). 그러므로 작은 뿔은 서기 476년 이후에 로마제국으로부터 분열된 열 나라 중에서 세 나라를 완전히 제거해 버리는 데 강력한 영향을 미쳤던 세력이어야 합니다.

4) 국가적인 속성을 가진 작은 뿔

작은 뿔도 열 뿔과 마찬가지로 뿔이므로 국가적인 속성이 있습니다. "열 뿔은 … 열 왕이요"(24절). 즉, 작은 뿔은 왕권과 같은 조직을 가진 세력이어야 합니다. "작은 뿔에는 사람(A man)의 눈 같은 눈이 있고 또 입이 있어 큰 말을 하였느니라"(8절). 왕권과 같은 조직이 있을 뿐만 아니라, 한 사람(A man)이 작은 뿔로 상징된 세력의 지도자로서 군림한다는 뜻입니다. 그러므로 작은 뿔은 왕권과 같은 중앙집권적인 조직이 있고, 한 사람이 조직의 지도자로 군림하는 군주국가의 모습을 가지고 있어야 합니다.

5) 열 뿔과는 다른 속성을 가진 작은 뿔

다니엘은 작은 뿔이 다른 열 뿔과 다른 모습을 하고 있다고 묘사하였습니다. "열 뿔은 이 나라에서 일어날 열 왕이요 그 후에 또 하나가 일어나리니, 그는 먼저 있던 자들과 다르고"(24절). 다니엘은 무엇이 어떻게 다르기에 작은 뿔을 "먼저 있던 자들과 다르"다고 표현하였을까요? 열 뿔은 단순히 정치적인 왕권을 가진 나라들이었지만, 작은 뿔은 정치적인 왕권뿐만 아니라, 종교적인 속성을 가지는 세력인 사실이 다음의 여섯 번째 특징에서 나타납니다.

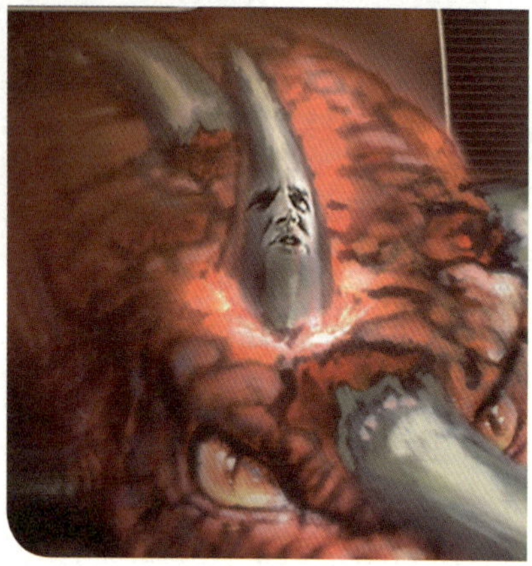

6) 종교적인 속성을 가진 작은 뿔

다니엘은 작은 뿔의 종교적 특징을 다음과 같이 두 가지로 압축하여 묘사하고 있습니다. "또 입이 있어 큰 말을 하였느니라"(8절). "그가 장차 말로 지극히 높으신 자를 대적하며"(25절). 지극히 높으신 자 즉, 하나님을 대적하고, 그 입으로 큰 말을 하는 세력이 작은 뿔입니다. 여기서 작은 뿔은 하나님을 대적하는 "큰 말"을 한다고 했는데, 어떤 말을 하는 것이 "큰 말"입니까?

요한계시록 13장에는 용(사탄)으로부터 권세를 받는 짐승으로 표상된 작은 뿔의 모습이 나오는데, 우리는 거기서 "큰 말"의 성경적 의미를 엿볼 수 있습니다. "용이 짐승에게 권세를 주므로 … 큰 말과 참람된 말하는 입을 받고"(계 13:4,5). 성경에서"큰 말"은 그 의미에 있어서 "참람된 말"과 함께 사용되는 낱말입니다. 작은 뿔이 "큰 말"을 한다는 것은, 그 세력이 "참람된 말"을 한다는 사실을 의미합니다. 그렇다면 "참람된 말"이란 어떤 것을 말할까요?

신약 성경에 "참람"이라는 단어가 다음의 두 가지 의미로 사용되는데, 첫째는 인간이 자기 스스로 죄를 용서할 수 있는 권세를 가지고 있다고 주장하는 것이고(눅 5:21), 둘째는 인간이 자신을 하나님과 동등한 위치에 올려놓는 것을 말합니다(요 10:33).

요한복음 10장에는, 예수님께서 자신과 하나님이 하나라고 말씀하시자, 유대인들이 예수께 참람되다고 말하면서 그분을 향하여 돌을 던지려고 하는 장면이 나옵니다(요 10:30-33). 또한, 마가복음 2장에는 "참람"에 대해 또 다른 정의가 나옵니다. 예수님께서 문둥병자에게 "소자야 네 죄 사함을 받았느니라."고 말씀하시면서, 당신께서 가지고 계신 죄를 사하는 권세를 말씀하시자, 유대인들이 주님을 향하여 참람되다는 말을 하였습니다(막 2:5-7).

성경이 말하는 참람됨

01 인간 스스로 죄 용서의 능력을 가지고 있다고 말하는 것(막 2:7; 눅 5:21)

02 인간이 하나님과 같다는 것(요 10:33)

물론, 예수님께서는 하나님과 동등한 분이시기 때문에 당신 자신을 하나님과 동등 되다고 말씀하실 수 있으며, 죄를 사하실 수 있는 권세를 가지고 있다고 말씀하실 수 있습니다. 그러나 예수 그리스도가 아닌 어떤 사람이나 세력이 스스로 하나님과 동등하다는 말을 하거나, 죄를 사할 수 있는 권세를 가지고 있다고 주장한다면, 그는 하나님을 대적하는 "참람된 말" 즉, "큰 말"을 하는 것입니다. 작은 뿔은 하나님을 대적하는 큰 말을 하는데, 즉 스스로 하나님과 동등함을 주장하며 죄를 사할 수 있는 권세를 가지고 있다고 주장하는 특징을 가진 세력입니다.

7) 하나님의 성도들을 핍박하는 작은 뿔

"지극히 높으신 자의 성도를 괴롭게 할 것이며"(25절). 작은 뿔은 성도들을 핍박하고 그들에게 순교의 길을 걷도록 강요한 세력이어야 합니다.

8) 때와 법을 변경시키는 작은 뿔

"그가 또 때와 법을 변개코자 할 것이며"(25절). 하나님께서는 적그리스도의 세력에 의해서 하나님의 때(시간)와 하나님의 법(십계명)이 변경되는 일이 생길 것을 예언해 두심으로써, 당신의 백성이 적그리스도의 기만에서 벗어날 길을 예비해 두셨습니다. 작은 뿔은 하나님의 법과 그분의 시간을 변경시킨 세력이어야 합니다.

9. 한 때와 두 때와 반 때 동안의 전성기를 갖는 작은 뿔

"성도는 그의 손에 붙인 바 되어 한 때와 두 때와 반 때를 지내리라" 25절. 여기서 "

한 때와 두 때와 반 때"는 예언적 기간을 나타낼 때에 사용되는 상징적인 표현으로서, 작은 뿔 세력이 지상에서 얼마나 오랫동안 전성기를 누릴 것인지를 나타냅니다. 작은 뿔은 "한 때와 두 때와 반 때" 동안 성도들을 압제하였던 세력이어야 합니다.

5. 결론

작은 뿔은 위에 열거한 9가지 특징을 모두 만족하게 하는 세력이어야 합니다. 그러므로 작은 뿔은 A.D. 476년 이후에 로마제국이 열 나라로 분열된 서부 유럽에서 올라온 정치적이고 종교적인 세력이어야 하며, 그 세력은 자신을 하나님과 동등시하고, 스스로 죄를 용서할 수 있는 권세를 가지고 있다고 공공연하게 말하며, 하나님의 법을 변경시키고 중세기 때에 성도들을 "한 때와 두 때와 반 때" 동안 박해했던 세력이어야만 합니다.

6. 한 때와 두 때와 반 때 = 1260년

"한 때와 두 때와 반 때"가 얼마나 긴 기간이라는 것을 알 수 있는 결정적인 단서가 요한계시록 12장에 나와 있습니다(살아남는 이들 제7호 참조). 요한계시록 12장 6절과 14절에는 여자로 표상된 하나님의 참 교회가 지상에 있는 사탄의 세력이 가하는 핍박을 피하여 깊은 산과 계곡으로 피신하는 장면이 다음과 같이 두 가지로 표현되어 있습니다. "여자가 큰 독수리의 두 날개를 받아 광야 자기 곳으로 날아가 거기서 그 뱀(주: 사탄)의 낯을 피하여 한 때와 두 때와 반 때를 양육 받으매"(계 12:14). "여자가 광야로 도망하매 거기서 일천이백육십일 동안 저를 양육하기 위하여 하나님의 예비하신 곳이 있더라"(계 12:6).

이 예언의 정확한 의미를 잘 모르는 사람일지라도, 이 두 성경 절이 같은 사건을 말하고 있다는 사실을 상식적으로 판단할 수 있을 것입니다. 요한계시록 12장 14절에서는 여자가 광야로 피신하여 있는 기간을 "한 때와 두 때와 반 때"라고 말하였는데, 같은 사건에 대해서 6절은 여자가 광야에 피신하여 있는 기간을 "일천 이백 육십 일"이라고 설명하고 있습니다. 그러므로 우리는 여기서 "한 때와 두 때와 반 때" 가 "일천 이백 육십 일"과 같은 기간을 의미한다는 사실을 확신할 수 있습니다(한 때와 두 때와 반 때 = 1,260일).

그런데 성경에서 예언적 기간을 나타내는데 사용되는 상징어인 "때(Time)"와 "일(Day)"은 실제적으로 얼마나 긴 기간을 의미할까요?

때(Time) : "때"에 대한 의미를 파악할 수 있는 열쇠가 다니엘 11장 13절에 담겨 있습니다. "북방왕은 돌아가서 다시 대군을 전보다 더 많이 준비하였다가 몇 때(Time) 곧 몇 해(Year) 후에 대군과 많은 물건을 거느리고 오리라." 이 성경 절에서 "때(Time)"는 "해(Year)"를 의미하는 상징적 표현이라는 사실을 알 수 있습니다. 그러므로 "한 때와 두 때와 반 때"는 "1년+2년+반년"으로 환산되어야 합니다. 그러므로 한 때와 두 때와 반 때 = 1년+2년+반년 = 360일+720일+180일 = 1,260일이 됩니다(성경에서 예언적인 기간을 상징하는 일년은 언제나 360일로 계수됨).

일(Day) : 성경에서 기간을 상징하는 예언에서 1일은 실제에 있어서 1년으로 환산되어야 한다는 중요한 원칙을 이해해야 합니다(1일=1년). 우리는 에스겔 4장 6절에서 기간적 예언을 푸는 또 하나의 열쇠를 발견할 수 있습니다. "내가 네게 사십 일로 정하였나니 일 일이 일 년이니라." 민수기 14장 34절에도 동일한 원칙이 반복되고 있습니다. "사십 일의 하루를 일 년으로 환산하여." 그러므로 1,260일이라는 예언적 기간은 실제에 있어서 1,260년으로 환산되어야 합니다.

- **때(Time) = 해(Year) : 단 11:13**
- **일(Day) = 해(Year) : 겔 4:6, 민 14:34**

한 때 = 1년	··················>	360일
두 때 = 2년	··················>	720일
+ 반 때 = 반년	··················>	+ 180일
3년 반		1260일

{ 성경에서의 1년은 360일로 계수됨 }

1,260일 ——→ 1,260년 (1일 = 1년)

결론적으로, 우리는 성경에 나오는 기간적 예언을 해석해 내는 다음과 같은 등식을 만들어 낼 수 있습니다.

한 때와 두 때와 반 때 = 1년+2년+반년 = 1,260일

이것은 모두 실제에 있어서 1,260년이라는 기간을 의미하는 상징어들입니다.

제5부 작은 뿔의 정체

1. 종교 개혁자들이 밝힌 작은 뿔의 정체

작은 뿔에 대해 성경이 묘사하는 9가지 특징에 대해서 우리는 제2부에서 살펴보았습니다. 작은 뿔의 세력이 누구 또는 무엇인가를 찾아내기 위해서는, 앞에서 살펴본 9가지 특징을 모두 완전하게 만족하게 할 수 있는 한 세력을 찾아야만 합니다. 우리는 매우 신중하고도 지혜로운 방법으로 이 중요한 문제에 접근해야 합니다. 그래서 제3부에서는, 오늘날의 현대 개신교회를 태동시켰으며, 거의 모든 그리스도인으로부터 신뢰와 존경을 받는 종교 개혁자들의 견해를 살펴보기로 하겠습니다.

가장 권위 있는 백과사전 중의 하나인 브리태니커 백과사전에는 다음과 같은 증언이 기록되어 있습니다. "이러한 사상이 루터와 다른 종교 개혁자들로 하여금 교황권에 대항하는 운동을 주도하게 한 강력한 힘의 원천이 되었다"(브리태니커 백과사전, 1962년도 판 2권 61쪽). 어떠한 사상이 종교 개혁자들로 하여금 그토록 강력한 힘으로 종교개혁운동을 추진하게 하였을까요?

그것은 다니엘 7장에 나오는 작은 뿔의 예언에 대한 깨달음이었습니다. 천 년 이상이나 계속되었던 종교 암흑시대의 종말을 가져온 종교 개혁운동. 어떻게 소수의 개혁자에 의해서 시작된 개혁 운동이 수많은 서민과 귀족에게 번져나가고, 나아가서는 로마 교황권의 천 년의 권세를 깨뜨리는 기적을 만들어 낼 수 있었을까요? 물론, 그 당시 로마 교황권의 심각한 부패상이 종교 개혁자들의 주장에 설득력을 더하게 만들었지만, 그것만 가지고는 유럽 전체에 막강한 영향력을 미치고 있던 로마 교회에 대항하여 반기를 들고 일어설 수 있는 충분한 명분이 되지 못했습니다.

중세기의 종교 개혁이 성공하게 된 두 가지 중요한 이유는 무엇일까요?

첫 번째, 종교 개혁자들이 인간의 구원에 대한 새로운 진리를 발견하였기 때문입니다. 그들은 행함과 공로와 의식을 통해서 구원을 받는다고 믿는 수많은 민중의 믿음을 로마서에서 비춰 나오는 "의인은 믿음으로 말미암아 살리라"는 빛으로 옮기기 위해서 자신의 생명과 생애를 바쳤습니다. 개혁자들이 소개하는 구원에 대한 가르침은 신자들의 양심에 강력한 충격을 주었습니다.

두 번째, 개혁자들은 다니엘 7장이 말하는 작은 뿔의 세력이 무엇인지를 민중들에게 분명하게 말해 주었습니다. 이 두 가지가 천 년의 암흑시대를 끝내고 종교개혁 시대의 아침을 열었던 것입니다.

그러면 이제, 작은 뿔에 대해서 종교 개혁자들이 어떻게 말하고 있는지 들어보겠습니다.

종교 개혁자들이 밝힌 "작은 뿔의 정체"

마틴 루터

"바울이 데살로니가후서 2장 3,4절에 '하나님이나 숭배함을 받는 자 위에 뛰어나 자존하여 하나님 성전에 앉아 자기를 보여 하나님이라 하느니라.'고 기록하였던 그 존재가 여기에 있다. 적그리스도인 '불법의 사람 곧 멸망의 아들'이 있는데, … 그는 하나님의 법을 삭제하였으며, 하나님의 계명 위에 자신이 만든 계명을 높였다 … 우리는 여기서 교황권이 진짜 적그리스도의 권좌에 앉아 있다는 사실을 확신하는 바이다."

The Prophetic Faith of Our Fathers, vol. 2, P.291,256

요한 칼뱅

"나는 교황이 그리스도의 대리자라는 사실을 부인한다. … 그는 적그리스도이다 - 나는 그가 교회의 머리라는 사실을 부인한다. '그리스도께서 교회의 머리 됨과 같음이니'(엡 5:23)."

John Calvin Tracts, vol. 1, p. 219,220

요한 녹스

"수 세대에 걸쳐서 교회 위에 군림해 온 교황권이 바로 바울이 말한 적그리스도요 멸망의 아들이다."

The Zurich Letter, p. 199

필립 멜랑톤

"로마 교황권이 거대한 조직과 왕국을 가진 적그리스도라는 사실은 전혀 의심할 여지가 없는 명백한 진리이다. … 데살로니가후서 2장 4절에서, 바울은 죄의 사람이 자신을 하나님보다 높임으로써 교회를 지배하게 될 것이라고 분명하게 말하였다."

Prophetic Faith of Our Fathers, vol. 2, pp. 296~299

아이작 뉴턴

"교황권은 나머지 열 뿔과는 다른 왕국이었다. … 로마 교회는 선지자 노릇을 하였으며, 동시에 왕이었다."

Observation on the Prophecies, p. 75

요한 웨슬리

"로마 교황권이 바로 죄의 사람이라는 사실을 강조하는 바다."

Antichrist and His Tem Kingdoms, p. 110

사무엘 리(17세기 유명한 성직자)

"로마 교황권이 적그리스도라는 사실은 영국에 있는 모든 주요 교단들 사이에서 공통으로 받아들여진 가르침이다."

The Cutting Off of Antichrist, p. 1

2. 작은 뿔의 정체를 밝히는 9가지 증거

종교 개혁자들은 다니엘 7장에 나오는 작은 뿔의 모습을 어떻게 이해했기에, 교황권이 바로 적그리스도라고 선언하였을까요? 그들은, 우리가 제2부에서 살펴보았던 작은 뿔의 9가지 특징들을 어떻게 교황권에게 적용시켰을까요? 다니엘 7장에 나오는 작은 뿔의 9가지 특징들이 완전히 일치하는 세력이 오직 교황권 밖에 없을까요?

이 모든 질문에 대한 대답을 함께 찾아보기로 하겠습니다. 이 기사를 끝까지 읽고 나면, 다니엘 7장에 나타난 작은 뿔의 9가지 특징을 모두 만족하게 하는 세력은 오직 한 세력밖에 없다는 개혁자들의 견해에 전적으로 동의하게 될 것입니다.

하나님께서는 겸손한 자세와 편견 없는 마음으로 작은 뿔의 정체를 연구하는 사람마다 모두 같은 결론을 얻을 수 있도록 예언을 기록해 두셨습니다. 왜냐하면, 그분께서는 성경을 진지한 마음으로 연구하는 그리스도인마다 적그리스도의 정체를 분명하게 이해하게 되기를 원하시기 때문입니다. 오직 로마 교황권 이외에 이 세상에 존재하는 어떤 종교나 정치 세력도 작은 뿔의 9가지 특징들을 완전하게 만족하게 할 수 없습니다.

이제, 현대 개신교회의 선구자들인 종교 개혁자들이 로마 교황권을 작은 뿔 세력으로 지목했던 9가지 증거들을 차례대로 살펴보기로 하겠습니다. 제2부에서 살펴보았던 작은 뿔의 9가지 특징들과 교황권의 역사 속에서 이루어진 9가지 증거들을 비교 검토해 보도록 하겠습니다.

1) 서부 유럽에서 일어난 교황권

"열 뿔이 있으므로 내가 그 뿔을 유심히 보는 중 다른 작은 뿔이 그 사이에서(Among them) 나더니"(7,8절). 이 성경 절은 로마제국이 열 나라로 나누어지는데, 그 가운데서 작은 뿔이 나타난다는 의미로서, 작은 뿔이 등장하는 지리적 위치를 서부 유럽이라고 정해 주고 있습니다. 로마 교황권이 생성된 지리적 위치가 첫 번째 특징과 정확하게 일치할까요? 그렇습니다. 로마 교황권은 서부 유럽에서 발생하였는데, 좀 더 구체적으로 말하자면, 로마 제국의 심장부인 이탈리아 반도의 로마에서 일어났습니다.

2) 로마의 분열 이후에 강성해지는 교황권

"열 뿔은 이 나라에서 일어날 열 왕이요, 그 후에 또 하나가 일어나리니"(24절). 이 성경절과 바로 위에서 언급한 다니엘 7장 8절을 토대로, 우리는 작은 뿔 세력이 "열 뿔"이 나타난 이후에 강력하게 일어난다는 사실을 알 수 있습니다.

로마 교황권은 언제 일어났습니까? 로마 카톨릭 교회가 강력한 세력으로 등장하는 역사적인 연대가 이 두 번째 특징과 정확하게 일치합니다. 교황권은 로마제국이 열 나라로 분열된 A.D. 476년 이후에 강력한 세력으로 등장하였습니다. A.D. 538년에 저스티니안 황제가 로마교회에 막강한 권세(종교, 정치, 군사권)를 주는 조서가 완전한 효력을 발휘하게 되었는데, 이로써 교황권이 세상을 지배하는 종교 암흑시대가 열리게 되었던 것입니다. 이러한 역사적 사실들은 수많은 역사가의 기록에서 확인할 수 있습니다.

3) 세 뿔을 뿌리째 뽑아 버린 교황권 :

"먼저 뿔 중에 셋이 그 앞에 뿌리까지 뽑혔으며"(8절). 로마제국이 분열되면서 일어난 열 나라 중에서 세 나라는 교황권을 매우 강력하게 견제하였는데, 그 세 나라는 교황권의 신앙과 상충하는 아리안주의를 신실하게 신봉하던 동고트, 헤룰리, 반달족이었습니다. 저스티니안 황제가 교황권에게 막강한 세력을 주는 포고령을 내린 이후, 로마 교황의 지상권을 가로막던 헤룰리, 반달, 그리고 동고트 족이 A.D. 493년, 534년, 그리고 538년에 각각 교황권에 의해서 제거됨으로써, "셋이 그 앞에 뿌리까지 뽑혔으며"라는 예언이 그대로 성취되었습니다. 이로써, 로마제국이 분열된 결과로 생긴 열 나라 중에서 일곱 나라만이 오늘날까지 유럽에서 현대국가의 형태를 이루면서 존재하고 있습니다.

4) 국가적인 특성이 있는 교황권

"열 뿔은 … 열 왕이요"(24절). 열 뿔이 열 왕이라면, 작은 뿔도 같은 뿔이기 때문에 왕권과 같은 조직이 있어야 합니다. 피라미드 형태의 강력한 조직이 있는 교황권의 형태는 강력한 왕권을 연상케 하기에 충분합니다. 실제에 있어서도, 로마의 바티칸은 지금도 교황이 군주로서 군림하는 하나의 독립된 도시 국가인 동시에 절대적 군주 국가의 형태로 존재하고 있습니다. 이 세상의 어떤 나라도 교회 자체가 국가로서 군림하는 형태는 없습니다.

5) 열 뿔과는 다른 속성이 있는 교황권

"열 뿔은 이 나라에서 일어날 열 왕이요 그 후에 또 하나가 일어나리니 그는 먼저 있던 자들과 다르고"(24절). 이전의 열나라는 모두 정치적 군주국가였지만, 교황로마는 정치적 절대 군주국가이면서 동시에 종교적 군주국가라는 점에서 크게 다릅니다. 이전의 왕국들은 사람의 몸을 다스렸지만, 교황로마는 사람의 영혼까지 다스립니다. 다른 나라들은 자국의 영토 내에 있는 백성만 다스리지만, 교황 로마는 영토와 민족을 초월하여 다스리는 범세계적인 세력입니다. 작은 뿔에는 "사람의 눈 같은 눈"이 있다(단 7:8). 교황권은 통찰력 있는 눈을 통하여 세계 정치와 종교계를 감독하고 판단하는 역할을 하고 있습니다.

6) 하나님께 대적하며 "큰 말"을 하는 교황권

작은 뿔의 정체를 드러내는 결정적 단서가 여기에서 나타납니다. "또 입이 있어 큰 말을 하였느니라"(8절). "그가 장차 말로 지극히 높으신 자를 대적하며"(25절).

제 2부에서 살펴본 바대로, 작은 뿔은 자신을 하나님과 동등 시 하고, 인간의 죄를 용서할 수 있는 권세를 가지고 있다고 말하는 "큰 말" 즉, "참람된 말"을 하면서 "지극히 높으신 자를 대적"하는 세력입니다. 그런데 과연 교황권은 스스로 하나님과 동등하다고 말하며, 인간의 죄를 용서해 줄 수 있는 권세를 가지고 있다고 주장하고 있습니까? 로마의 바티칸에서 공식적으로 발행된 책들의 내용을 중심으로 이 질문에 대한 답을 찾아보기로 하겠습니다.

> *교황만이 가장 거룩하다고 불릴 수 있으며 … 거룩한 군주, 지고한 황제, 그리고 왕 중 왕이라고 불릴 수 있다. 교황은 그토록 큰 위엄과 능력을 갖추고 있기 때문에 그리스도와 하나가 되어 동일한 심판을 구성할 수 있다. 그래서 교황이 행한 바는 무엇이든지 하나님의 입으로부터 발해진 것처럼 여김을 받는다.*
>
> Pope, Perraris, Ecclesiastical Dictionary.
>
> *우리(교황들)는 이 땅에서 전능하신 하나님의 자리를 차지하고 있다.*
>
> Pope Leo XIII, Encyclical Letter, 7/20,1894.

교황은 너무나 위엄이 있고 지고하여서 그는 단순한 사람이 아니라, 하나님인 동시에 하나님의 대리자이시다. 교황은 지상의 하나님이시며, 왕중의 왕이시고, 최고의 권세를 가지고 계시다.

Prompta Bibliotheca, vol. VI, p. 25~29.

성경에서 교회의 머리 되시는 그리스도를 지칭하는 모든 명칭과 그분의 최상권에 관한 모든 것들은 교황에게도 적용된다.

Bellarmin, On the Authority og Councils Vol. 2.

교황 요한 바오로 6세의 대관식 때에, 교황의 머리에 삼층관을 얹으면서 바친 오타비아니 추기경의 기도에서도 위와 같은 사상이 전혀 변치 않고 전승되고 있음이 확인되었습니다. "세 관으로 꾸며진 이 삼층관을 받으소서. 당신은 군주들과 제왕들의 아버지이며, 세계의 주교요, 구세주 예수 그리스도의 지상 대리자임을 생각하소서. 주의 명예와 영광이 영원하실 지어다." 이 외에도 성경이 "큰 말" 또는 "참람된 말"이라고 선언하는 수많은 주장이 교황권의 공식 출판물 속에서 쉽게 찾아볼 수 있습니다.

선지자 다니엘이 묘사한 작은 뿔의 모습에 대해서, 사도 바울과 요한은 좀 더 구체적으로 그 정체를 밝혔습니다. "저는 대적하는 자라 범사에 일컫는 하나님이나 숭배함을 받는 자 위에 뛰어나, 자존하여 하나님 성전에 앉아 자기를 보여 하나님이라 하느니라"(살후 2:4). "짐승이 큰 말과 참람된 말하는 입을 받고, 또 마흔 두달 일할 권세를 받으니라 짐승이 입을 벌려 하나님을 향하여 훼방하되 그의 이름과 그의 장막, 곧 하늘에 거하는 자들을 훼방하더라."(계 13:5,6 여기서 마흔두 달은 42달 x 30일 =1,260일, 즉 1,260년이라는 기간을 상징합니다. 제2부에서 배운 바와 같이, 한 때와 두 때와 반 때 = 1년+2년+반년 = 42달 =1,260일은 모두 1,260년이라는 예언적 기간을 나타내는 상징어들입니다).

7) 하나님의 성도들을 핍박하였던 교황권

"지극히 높으신 자의 성도를 괴롭게 할 것이며"(25절). 우리는 지나간 중세기의 역사 속에서 수백만의 그리스도인들을 핍박하고 순교시켰던 역사의 장면들을 얼마든지 발견할 수 있습니다. 중세기의 세계사에 대한 지식이 조금이라도 있는 지성인이라면, 수백만의 그리스도인들이 종교 암흑시대 동안에 종교재판을 통해서 이단이라는 죄목하에 잔혹하게 죽어간 이야기를 기억할 것입니다. "로마 교황은 자신이 양심적으로 믿는 신앙 때문에, 직접 혹은 간접적으로 로마교회의 우상숭배를 받아들이지 아니하고, 하나님의 말씀에 근거하여 성서를 높이 쳐들며, 생명의 죽음도 불사하고 죄를 대항하여 피로서 항거한 5천만의 남녀들을 종교 암흑시대 동안에 살상한 것으로 추산됩니다." (H.G. 게이네쓰, 시대의 임박한 종말, 204.)

8) 때와 법을 변경시킨 교황권

"그가 또 때와 법을 변개코자(변경시키려고) 할 것이며"(25절). 작은 뿔에 대한 이 예언을 교황권에게 적용시킬 수 있을까요? 교황권은 자신들의 교리 문답과 교리 책에서 두 번째 계명을 삭제하였는데, 그 이유는 십계명에 기록되어 있는 "우상을 만들거나 섬기지 마라"는 두 번째 계명은 그들이 숭배하는 마리아 상이나 각종 성자의 상을 정죄하기 때문입니다. 두 번째 계명을 빼버리는 대신에 열 번째 계명을 둘로 나눔으로써, 10개의 계명을 가진 십계명의 형태만 유지하게 하였습니다.

이렇게 십계명을 변경시킴으로써, 가톨릭교회가 가르치는 십계명에는 우상숭배에 대한 계명이 없고, 탐심에 대한 계명이 두 개로 중복되어 있습니다. 또한 네 번째 계명인 제칠일 안식일을 제일일로 변경하여 준수하기 시작하였습니다. 천 년 이상 동안이나 교황권은 하나님의 법과 때를 변경시키고자 노력했지만, 하나님께서는 당신의 신실한 백성을 통하여 당신의 법을 보존해 오셨습니다. 하나님의 법에 대한 사탄의 끊임없는 공격에도, "진실로 너희에게 이르노니 천지가 없어지기 전에는 율법의 일 점 일획이라도 반드시 없어지지 아니하고 다 이루리라."(마 5:18)는 예수 그리스도의 선언은 오늘날까지 그대로 이루어지고 있습니다.

여기서 잠깐, 교황권이 하나님의 법을 변경시키게 된 역사적 배경을 살펴보겠습니다. 이교도였던 로마 제국의 콘스탄틴 황제는 그리스도인들의 지지를 얻음으로써 자신의 정권을 안정시키기 위하여 그리스도 교회로 개종하였는데, 이것을 기점으로 수많은 이교도가 황제를 따라서 그리스도 교회 안으로 밀려들어오기 시작하였습니다. 그 이후부터 교회는 새로 개종한 이교도들의 요구를 수용하고 국가의 환심을 사기 위하여 많은 진리를 타협하거나 변경시키기 시작하였습니다.

다음에 나오는 교회 역사가 본 모쉐임의 증언은 그 당시의 교회 모습을 잘 보여주고 있습니다.

> *교회의 감독들은 이전에 희랍과 로마의 이방 종교를 믿던 사람들이 자신의 신들에게 존경과 신앙심을 표현하기 위해서 마련하였던 종교의식들과 제도들을 조금씩 고쳐서 그리스도 교회 안으로 끌어들였다. 이렇게 함으로써, 새로 개종한 이교도들은 자신들의 조상 때부터 전래하여 온 의식들이 그대로 존재하는 것처럼 느끼게 되고, 그리스도와 순교자들도 자신들이 섬기던 신들과 같은 방법으로 숭배되는 것으로 생각하게 될 것이며, 그 결과 수많은 이교도가 좀 더 쉽게 그리스도교를 받아들일 수 있을 것이라고 교회 지도자들은 생각하였다 … 이교도였던 콘스탄틴 황제가 그리스도 교회로 개종하자마자, 곳곳에 굉장한 성전들이 즐비하게 서게 되었는데, 성전마다 여러 가지 그림들과 조각된 우상들로 단장함으로써, 외관상으로나 내면적으로 이교도들의 신전과 흡사한 것이 되었다.*
>
> J. L. Von Mosheim, Ecclesiastical History, I, 369.

실제로, 8세기에 이르러서는 거의 모든 가톨릭교회가 각종 성상으로 가득 차게 되었고, 이것들에 입 맞추고 기도하며, 분향하고, 절하는 일이 극에 달해서, 오히려 우상을 섬기지 않는 회교도들로부터 우상숭배자라는 조롱을 받는 지경에 이르게 되었습니다. 이러한 배도의 길을 걷던 로마교회는 결국 "아무 형상이든지 만들지 말며, 그것들에게 절하지 말며, 그것들을 섬기지 말라"는 둘째 계명을 하나님의 법에서 삭제한 다음에 천주 십계를 만들 수밖에 없었습니다.

교황권은 자신들에게 하나님의 법을 변경하거나 삭제할 수 있는 권한이 있다고 믿는 신학적 배경을 가톨릭 백과사전에 다음과 같이 기록하여 두었습니다. "베드로와 그의 후계자(주: 교황을 뜻함)들은 교훈이나 금지에 관한 율법을 부가할 수 있는 권세를 가졌음과 아울러, 이러한 율법들로부터 면제해 주는 권세도 있고, 필요하다면 폐지하는 권세도 있다 … 이러한 사법상의 권한은 심지어 죄까지라도 용서할 수 있는 권세를 포함하고 있다." Pope, The Catholic Encyclopedia, vol. XII, 265, col. 2.

9) "한 때와 두 때와 반 때" 동안의 전성기를 갖는 교황권

"성도가 그의 손에 붙인 바 되어 한 때와 두 때와 반 때를 지내리라"(25절). 제2부에서 공부한 바와 같이, "한 때와 두 때와 반 때"는 1260년이라는 긴 기간을 의미합니다. 교황권이 중세기의 천 년 이상 동안 전성기를 누리며, 하나님께 대적하고, 그분의 성도들을 핍박하며, 율법을 짓밟을 것에 대한 예언이 다니엘서와 요한계시록에서 7번이나 반복되고 있다는 사실을 아십니까? 하나님께서는 1260년 동안 성도들을 핍박하는 작은 뿔의 모습을 여러 가지 모습으로 7번이나 성경에 기록하여 두심으로써, 그분을 진정으로 따르고자 하는 진실한 그리스도인들을 작은 뿔의 기만으로부터 보호하고자 계획하셨습니다.

- **다니엘 7:25** - "성도는 그의 손에 붙인 바 되어, 한 때와 두 때와 반 때를 지내리라."
- **다니엘 12:7** - "한 때, 두 때, 반 때를 지나서, 성도의 권세가 다 깨어지기까지."
- **요한계시록 11:2** - "저희가 거룩한 성을 42달 동안 짓밟으리라."
- **요한계시록 11:3** - "저희가 굵은 베옷을 입고, 1260일을 예언하리라."
- **요한계시록 12:6** - "그 여자가 광야로 도망하매, 거기서 1260일 동안 … 있더라."
- **요한계시록 12:14** - "그 여자가… 광야 자기 곳으로 날아가 거기서 그 뱀의 낯을 피하여 한 때와 두 때와 반 때를 양육 받으매."
- **요한계시록 13:5** - "또 짐승이 큰 말과 참람된 말하는 입을 받고, 또 42달 일할 권세를 받으니라."

위 7개 성경 절은 모두 동일한 사건이 동일한 기간에 일어날 것을 예언하고 있음을 쉽게 알 수 있습니다. 7개의 성경 절 모두, 여자로 표상된 하나님의 참 백성이 작은 뿔(짐승)의 권세를 피하여 깊은 산이나 계곡으로 숨어들어가 하나님의 진리를 보존하고 자신들의 신앙을 유지하게 될 것이라는 사실을 상징적인 표현을 사용하여 예언하고 있는데, 실제로 중세기의 역사가 그 사실을 너무나 명백하게 입증해 주고 있습니다.

작은 뿔에 대한 마지막 아홉 번째 증거도 교황권에게 역사적으로 정확하게 이루어졌을까요? 그렇습니다. 우리는 이 사실을 확인하기 위해서, 다시 중세기의 역사를 들추어 보아야 합니다. 1260년의 기간은 언제 시작해서 언제 마쳐지는 기간일까요? 먼저, 작은 뿔이 언제, 어디서 일어나는가를 살펴보아야 합니다. 한 가지 분명한 사실은, 로마제국이 열 나라로 분열한 이후, 즉 서기 476년 이후에 작은 뿔 세력이 강성해졌다는 것입니다. 그렇다면, 476년 이후 어느 때에 로마교회가 권세를 장악하는 계기가 만들어졌을까요?

A.D. 533년은 매우 의미심장한 해입니다. 이 해에, 저스티니안 황제는 로마 교황권에게 강력한 권세를 준다는 조서를 반포함으로써, 교황권이 교회의 머리로서 모든 성도를 장악할 수 있는 권한을 공인해 주었는데, 우리는 이 사실을 바로 그다음 해(A.D. 534년)에 편찬된 저스티니안 법전에서 확인할 수 있습니다. 그러나 이 저스티니안 조서가 완전한 효력을 발휘하게 된 것은 538년으로서, 그 해에 교황권은 세 뿔을 뿌리째 뽑아버림으로써 본격적인 세력을 확립하게 되었습니다.

1260년의 시간의 후반기에 접어들면서, 교황권은 르네상스와 종교개혁운동을 만나게 되었고, 프랑스 혁명의 여파를 통하여 결정적인 타격을 입게 되었습니다. 1260년이라는 운명의 기간이 끝마쳐지는 시간인 1798년에 이르자, 놀라운 사건이 일어나게 되었는데, 당시 프랑스 혁명정부의 명령을 받은 버티어 장군이 군대를 이끌고 로마 교황청으로 쳐들어가서 교황 피우스 6세를 그의 권좌로부터 끌어내리는 사건이 일어났던 것입니다. 교황 피우스 6세는 말할 수 없는 수모 속에서 로마로부터 프랑스의 감옥으로 압송되어 투옥된 후, 감옥 속에서 병으로 옥사하였으며, 교황권의 모든 재산은 압류되었는데, 바로 그 해가 1260년의 종점인 1798년인 것입니다. 이와 같이 A.D. 538년에 교황권의 권세가 확립됨으로써 시작된 1260년의 예언은 1798년에 교황권과 로마교회가 붕괴함으로써 정확하게 성취되었습니다.

3. 결론

1, 2, 3부에 걸친 기사들을 통하여, 우리는 다니엘 7장이 말하는 작은 뿔의 9가지 특징이 모두 교황권의 역사와 정확하게 일치한다는 사실을 확인하였습니다. 어떤 사람들은 히틀러나 무슬림 교회 또는 컴퓨터를 작은 뿔의 세력이라고 믿고 있지만, 그 중 어떤 것도 다니엘 7장이 보여주는 작은 뿔의 9가지 특징을 모두 만족하게 하지는 못합니다. 지구상에 존재하는 오직 한 세력만이 9가지 특징을 완전하게 만족하게 할 수 있는데, 그것은 우리가 지금까지 살펴본 교황권입니다.

마틴 루터, 요한 칼뱅, 요한 웨슬리, 요한 녹스와 같은 개혁자들은 다니엘 7장에 나오는 작은 뿔의 예언이 바로 그들의 세대에 적용되고 있다는 사실을 깨달았던 것입니다. 어떤 사람도 그들이 제시하는 예언해석에 도전할 수 없었습니다. 왜냐하면 그들의 이러한 해석은 너무나 성경적이고, 역사적인 사실 위에 세워졌으며, 합리적인 논리를 가지고 있었기 때문이었습니다.

다니엘 7장에 나오는 작은 뿔의 정체를 파헤친 개혁자들의 해석은 매우 놀라운 빛을 하나님의 백성에게 가져다 주었습니다. 그러나 안타깝게도, 오늘날에는 종교연합운동이라는 물결 때문에 작은 뿔에 대한 종교개혁자들의 해석이 빛을 잃어가고 있지만, 우리 주변의 상황이 어떻게 변화되든지 간에 하나님의 진리는 장소와 시간을 초월해서 변하지 않습니다.

이 글은 어떤 특정 교파를 공격하기 위해서 사용돼서는 안 됩니다. 우리가 믿는 것은, 모든 교파 안에 자신이 양심적으로 이해하고 믿는 진리의 빛에 따라서 순종하며 살아가는 참 백성이 있다는 사실입니다. 그러나 하나님께서 다니엘 7장을 통하여 작은 뿔의 기만에 대해서 경종을 울리기 위하여 주신 이 기별이 진리일진대, 하나님을 사랑하는 진실한 그리스도인은 이 기별 가운데서 자신이 받아야 할 빛을 발견하게 될 것이며, 그 빛을 어떻게 자신의 신앙생활 속에서 적용시킬 것인지를 개인적으로 깨닫게 될 것입니다. 성경을 스스로 연구하고, 자신의 양심 속에서 말씀하시는 성령님의 음성에 귀를 기울이시기 바랍니다. 그것이 마지막 시대에 살아남을 수 있는 유일한 길입니다.

지금까지 이 글을 읽은 독자 중에 어떤 분들은 다음과 같은 질문을 할 것입니다. "작은 뿔은 과거에 흘러간 세력이 아닌가? 그것이 현대를 살아가는 우리와 무슨 상관이 있는가? 왜 지나간 과거를 들추는가?" 왜냐하면, 작은 뿔에 관한 하나님의 예언은 다니엘 7장에서 끝나지 않기 때문입니다. 다니엘 7장의 속편이라고 불리는 요한계시록 13장에는 짐승으로 표상된 작은 뿔 세력이 미국과 함께 지구 역사의 마지막 시대에 다시 엄청난 세력으로 부상하는 장면이 묘사되어 있습니다. "그의 머리 하나가 상하여 죽게 된 것 같더니 그 죽게 되었던 상처가 나으매, 온 땅이 이상히 여겨 짐승을 따르고"(계 13:3).

성경공부
성경의 예언

2장

미국에 대한 예언

짐승, 짐승의 우상 그리고 미국

제1부 성경에 중국이 기록되지 않은 이유

성경에는 인류 역사에 두각을 나타내는 대국들에 대한 예언들이 기록되어 있습니다. 그러한 여러 나라의 흥망성쇠에 대한 예언들이 너무나도 정확하게 성취되었기에 하나님께서 이 세상 역사를 주관하고 계시며 곧 하늘 왕국을 이 땅 위에 세우실 것이라는 말씀에 대한 확신을 갖도록 만들어 주고 있습니다. 그런데 가끔 다음과 같은 질문들을 사람들에게서 듣곤 합니다. "왜 중국과 같은 나라에 대한 예언은 성경에 기록되어 있지 않습니까?" "동양은 전혀 성경에서 다루어지고 있지 않은데 왜 그렇습니까?"

그 이유는 이렇습니다. 성경은 하나님께서 당신의 백성을 어떻게 다루시고 구원하시는지에 대한 사실들을 기록한 것이기 때문입니다. 그러므로 성경은 좋은 일과 나쁜 일들을 다 정직하게 다루고 있습니다. 우리가 이해해야 할 사실은, 성경은 단순한 역사책이 아니라는 것입니다. 성경은 하나님의 섭리와 뜻과 진리를 계시하시는 영감의 책입니다. 그런데 하나님께서 당신의 백성을 다루시는데 있어서 다른 나라들과 관계가 생길 때에는 그 관련이 생긴 나라에 대하여 그 운명과 심판에 대하여 성경에 기록하여 주신 것입니다. 예를 들어서 바벨론과 같은 제국은 하나님의 백성을 공격하여 함락시키고 포로들을 잡아갔기 때문에 성경은 그들의 포로 기간이 얼마 동안이 될 것이며, 바벨론이 결국은 어떻게 될 것인가에 대하여 예언하여 준 것입니다.

로마제국은 1세기에 예수 그리스도, 하나님의 아들을 십자가에 못을 박고 하나님의 계획과 목적에 정면으로 대항하며 하나님의 성도들을 핍박하였습니다. 로마는 수많은 그리스도인을 사자들의 밥이 되어 죽게 하였고 화형대 위에 올려놓고 불에 태워 죽였습니다. 그 결과로 하나님께서는 로마가 열국으로 분열될 것과 결국에는 그 독재적인 세력이 어떻게 멸망할 것에 대하여 성경에 예언하여 두신 것입니다.

그러므로 성경은 하나님의 구원의 역사와 또한 당신의 백성에 관계된 사실들에 국한하여서 기록하신 책입니다. 그렇기에 성경은 이 세상의 모든 역사를 포함하고 있지 않는 것입니다.

1. 미국에 대한 예언

그런데 오늘날 인류 현대사에 가장 혁혁한 공헌을 하고 또한 하나님의 복음 사업을 하는 일에서 현대 이스라엘이라고 불릴 정도로 지대한 영향을 끼친 미국에 대하여 과연 성경은 잠잠하고 있을까요? 이 세상 역사가 하나님의 계획 속에 거의 종말을 맞이하고 있는 이 시점에, 세계 정세에 가장 큰 영향을 미치고 있는 미국에 대하여 과연 하나님께서는 잠잠하고 계신 것일까요? 그렇지 않습니다. 하나님께서는 북미 합중국인 이 미국에 대하여 분명하고도 정확한 예언을 이미 성경에 기록해 두셨습니다. 미국이 어떻게 시작될 것이며, 또한 어떻게 변모해 갈지와 세상 끝에 가서 미국이 하나님의 백성을 어떻게 취급할 것인지에 대하여 성경은 미리 예언하여 두었습니다.

"주 여호와께서는 자기의 비밀을 그 종 선지자들에게 보이지 아니하시고는 결코 행하심이 없"(암 3:7)으십니다. 흥미진진한 예언을 이제 함께 연구해 보겠습니다.

2. 하나님께서 인도해 오신 참 교회의 역사

성경의 요한계시록 12장에서, 우리는 하나님의 교회가 중세기에 크게 핍박을 당하여 새로운 대륙으로 피난하여 갈 것에 대하여 예언해 준 사실을 보게 됩니다.

요한계시록 12장 6절은 "그 여자가 광야로 도망하매 거기서 일천이백육십 일 동안 저를 양육하기 위하여 하나님의 예비하신 곳이 있더라."라고 기록하고 있는데, 성경에서 여자는 하나님의 교회를 의미합니다. 구약, 호세아 2장 19,20절, 이사야 54장 1-8절, 에스겔 16장 8-14절, 예레미야 6장 2절에서 그리고 신약, 고린도후서 11장 2절, 에베소서 5장 21-23절을 통하여서 우리는 교회가 하나님의 아내 혹은 여인으로 상징된 것을 보게 됩니다.

그러므로 계시록 12장에서 여인이 쫓겨 다니는 예언은 하나님의 교회가 핍박을 받고 있는 장면을 미리 묘사해 주는 것임이 틀림없습니다. 계시록 12장 13, 14절에서는 다음과 같이 예언해 주고 있습니다. "용이 자기가 땅으로 내어 쫓긴 것을 보고 남자를 낳은 여자를 핍박하는 지라."(옛 뱀 곧 사탄이 분노하여 인간을 구원할 남자(예수 그리스도를 상징)를 섬기며 전하는 교회를 미워하여 죽이려 한다는 뜻 -필자 주)

"그 여자가 큰 독수리의 두 날개를 받아 광야 자기 곳으로 날아가 거기서 그 뱀의 낯을 피하여 한 때와 두 때와 반 때를 양육 받으매" 성경에서 "한 때"란 1년을 상징합니다. 영어로 One time(한 때)이란 말도 옛날 영어로 일 년을 의미하는 것입니다. 다니엘 11장 13절은 그 사실을 증명해 주고 있는데, "북방 왕은 돌아가서 다시 대군을 전보다 더 많이 준비하였다가 몇 때 곧 몇 해 후에 대군과 많은 물건을 거느리고 오리라."고 말씀한 것으로 보아 분명히 "한 때"란 일 년을 가리키는 용어인 것을 알 수가 있습니다.

그러므로 교회가 "한 때 두 때 반", 즉 1년+2년+반년, 다시 말해서 3년 반 동안 핍박을 당하며 도망 다니게 될 것이라는 사실을 우리는 요한 계시록 12장의 예언 속에서 발견하게 되는 것입니다. 그런데 하나님께서는 당신의 교회를 보호하시기 위하여 양육하실 장소를 마련하실 것이라는 예언도 함께 곁들여 있는 것을 보게 됩니다.

기독교 역사는 이 사실을 증명해 주고 있는데, 중세기 종교 암흑시대 동안, 다시 말해서 종교 핍박시대 동안 왈덴스인들이나 알비젠스인들, 그 외에도 수많은 진실한 그리스도인이 얼마나 많이 광야나 산속(알프스 피에몽 골짜기 등등)으로 피신하여 가서 그들이 신봉하는 신앙의 자유를 누리기 위하여 도피의 생활을 영위하였던 것입니까! 계시록 13장 5, 7절에는 같은 예언을 다음과 같이 말씀해 놓은 것을 볼 수 있습니다. "또 짐승이 큰 말과 참람된 말을 하는 입을 받고 또 마흔 두달 일할 권세를 받으니라 … 또 권세를 받아 성도들과 싸워 이기게 되고 각 족속과 백성과 방언과 나라를 다스리는 권세를 받으니." 여기에도 하나님의 성도들이 핍박당하는 기간으로 42개월을 말씀하고 있는데, 이 기간은 바로 조금 전에 본 3년 반의 기간과 같은 기간이요, 또한 12장 6절에 교회가 광야로 도망하여 거하는 1천 2백 60일의 기간과 꼭 같은 것임을 알 수 있습니다.

유대력으로는 한 달이 30일이기 때문에, "한 때 두 때 반 때 - 3년 반"의 기간과 "마흔 두달"의 기간과 "일천이백육십 일"의 기간은 다 같은 기간을 말하는 것으로써 성도들이 핍박을 당하여 쫓겨 다니는 기간임을 나타내는 것입니다. 성경에서 기간적인 예언을 말씀할 때는 1년을 1일이라고 말하는 상징어를 쓰고 있는데, 우리는 민수기 14장 34절과 에스겔 4장 6절, 욥기 10장 5절 등등에서 그와 같은 예를 찾아볼 수가 있습니다. 또한, 성경 문맥을 통하여 우리는 그것이 상징적인지 문자적인지 헤아려 알 수가 있습니다. 하나님께서 당신의 성도들이 1260년이란 그 지루하고도 기나긴 기간 동안 핍박을 당하겠다는 사실을, 오히려 1260일 또는 42개월, 아니면 3년 반이라는 언어로 예언해 주시고 있는 것입니다.

바로 이러한 사실을 중세기의 위대한 종교 개혁자 "마틴 루터"가 말하고 설명하였습니다. 그는 중세기의 종교 박해 기간이 바로 이 1260년의 예언 기간이라고 해석하였습니다. 루터가 태어나기 이전에도 서기 1200년도에 벌써 플로라에 살던 수도사 요아킴은 요한 계시록 12장과 13장에 나타나는 3년 반의 기간은 로마교회의 교황권의 압제 속에 성도들이 핍박당하는 1260년을 상징하는 것이라고 말하였고, 1639년도에 미국 동북부의 뉴 잉글랜드 지역을 개척한 요한 캇튼 목사도 똑같이 적용하였으며, 1708년도에는 한 때 하버드 대학 초기의 총장이었던 인크리즈 매더즈 목사도 같은 해석을 하였으며, 1739년도에 프린스톤 대학의 총장이었던 죠나단 에드워드 박사도 3년 반의 예언이란 성도들의 핍박 기간을 가리키는 일천이백육십 년을 상징하는 것이라고 설명하여 주었습니다.

나폴레옹의 지휘 하에 있던 버티어 장군이 로마로부터 교황 피우스 6세를 잡아다가 파리의 감옥에 수감하여 교황을 감옥에서 죽게 하고, 프랑스 혁명을 통하여 종교가 개인의 자유를 압제하는 일을 타파하는 정신이 세상에 퍼지게 되고, 독재 군주들이나 영주들의 압제에서 벗어나는 운동이 태동하는 것을 보고 나서, 많은 종교 개혁자와 성경 예언 연구가들은 드디어 1260년 기간인 핍박의 기간이 끝났다는 사실을 이해하게 되었습니다. 성경 예언은 마치 지도와 같아서 그 예언이 성취되는 것을 보면서 이 지구 역사를 움직이시는 하나님의 계획의 안내도를 조심스럽게 따라가게 되는 것입니다. 그러므로 교황권 아래서 겪은 중세기의 핍박의 기간이 요한계시록 12장과 13장의 예언 기간이라는 해석은 개신교의 정통적인 해석입니다. 그것은 많은 종교 개혁자가 부르짖고 가르쳤던 말씀이었습니다.

3. "땅"이 도와서 피난처를 찾는 마지막 교회

여기에서 우리는 주의를 집중하여 유심히 살펴보아야 합니다. 요한계시록 12장 15, 16절은 흥미 있는 사건 전개를 예언하여 주고 있는데, "여자의 뒤에서 뱀이 그 입으로 물을 강같이 토하여 여자를 물에 떠내려가게 하려 하되, 땅이 여자를 도와 그 입을 벌려 용의 입에서 토한 강물을 삼키니"라고 기록하고 있습니다.

성경을 연구하는 사람이면 누구나 다 다니엘 7장에서 예언된 나라들은 한결같이 물이나 바다에 바람이 불 때에 올라온 사실을 알 수 있게 되는데, 물은 요한계시록 17장 15절의 천사의 해석에 근거해서 사람들 혹은 백성을 상징하고, 바람은 예레미야 25장 32,33절, 49장 36절을 근거로 전쟁을 상징하는 말로서 이해할 수가 있습니다.

그러므로 바다에 바람이 불고 짐승이 하나씩 올라온다는 상징은 백성 사이에 전쟁이 일어나서 나라가 하나씩 일어나게 되고 연이어 또 다른 나라가 등장한다는 성경적 상징 언어인 것입니다. 요한계시록 12장에서 교회가 핍박을 받는 장면에, 용 곧 사탄이 입에서 물을 토하여 내어 여자를 떠내려가게 하려고 하겠다는 예언이 기록되어 있는데, 그 말씀은 사탄이 사람들을 통하여서 하나님의 참된 교회를 핍박하고 없애려 하고 아울러서 사람들이 가르치는 잘못된 오류의 가르침으로 교회를 타협 내지는 타락케 하려는 사실을 예언하여 준 것입니다. 중세기에 많은 이교의 가르침이 기독교 안에 들어와 성경의 가르침들이 많이 타협되었으며 변조되었다는 사실은 역사가 증명하고 있습니다.

그런데 잘 주목하여 보십시오. 이때에 "땅"이 여자를 도왔다고 설명하고 있습니다. "땅"이 그 물을 삼켰다는 것은 용이 물로 교회를 떠내려가게 하려는 의도를 무효화시켰다는 의미입니다. 하나님께서 우리에게 무엇을 가르쳐 주려고 하시는 것일까요? 땅이 교회를 중세기의 핍박으로부터 도왔는데, 그 "땅"이란 도대체 무엇을 상징하는 것일까요? 마귀의 공격과 그 핍박으로 말미암아 거의 멸망 직전에 이르게 된 교회를 도와주어 다시 소생케 하는 세력이라면 우리는 그 정체를 반드시 알아야만 하는 것입니다. 하나님께서는 이 예언이 매우 중요한 것이기 때문에 계시록 13장에 가서 그 땅의 정체에 대하여 다시 반복하여 기록해 두셨습니다.

어떤 의미에서 성경 예언 해석은 암호문을 푸는 것과 같은 느낌을 갖게 합니다. 하나님께서는 그 예언을 풀기 위한 모든 암호의 열쇠들을 성경들 속에 감추어 두셨습니다. 그리하여 진실 되게 인내를 가지고 진리를 사모하고 찾는 영혼들에게 진리가 발견되도록 하시기 위함입니다. 또한, 그림과 상징으로 말씀하여 두신 이유는 시대와 사회가 달라진다고 해도 모든 사람이 공통적으로 이해할 수 있는 언어로 기록하시기 위하여 불변하는 상징 언어와 그림들 속에 진리를 감추어 두신 것입니다. 계시록 13장 11절은 다음과 같이 말씀합니다.

"내가 보매 또 다른 짐승이 땅에서 올라오니 새끼 양 같이 두 뿔이 있고 용처럼 말하더라." 다니엘서에서의 나라들과는 달리 이 짐승(짐승은 나라를 상징하는 것임-단 7:17참고)은 바다에서가 아니라 땅에서 올라오고 있습니다. 다시 말해서, 사람들이 많이 있는 곳이 아니라, 사람들이 별로 없는 땅, 즉 물과 정 반대되는 대조적인 형편에서 생겨난다는 뜻입니다. 바벨론과 그리스와 로마처럼 인구가 많은 유럽 지역에서 생기는 것이 아니라 사는 사람들이 드문 지역을 상징하는 땅에서부터 올라오는 나라를 말하는 것입니다. 이 나라는 12장에서 교회를 핍박에서부터 피하게 도와주는 국가로 이미 기록하여 주었습니다. 중세기의 종교 박해를 피하여 메이플라워호나 또 다른 많은 배를 타고 이주하여 오는 청교도들과 수많은 개신교도에게 피난처를 제공하여 주고, 다시는 종교의 핍박 없이 예배와 신앙의 자유를 가지고 살 수 있도록 땅을 제공하여 준 나라가 과연 어느 나라였을까요? 사람들이 많은 지역에서 전쟁을 통하여 세워진 나라가 아니라 인구가 별로 없는 황무지 같은, 즉 "땅" 같은 대륙을 발견하고, 이주하고, 개발하여 세운 나라가 어느 나라인가요? 여기에서 우리는 틀림없는 미국의 모습을 발견하게 되는 것입니다.

성경은 이 문제에서 오해치 않게 하기 위하여 이 나라가 1260년 핍박이 지나가는 끝 무렵에 나타날 것을 말해 주고 있는 것입니다. 프랑스 혁명은 1789년~1799년 동안 계속되었습니다. 그때에 중세기의 암흑시대가 끝나게 된 사실을 우리는 역사를 통해서 알고 있습니다. 그러므로 우리는 프랑스 혁명 당시 전후를 시점으로써 생겨나는 나라로서 교회를 도와준 나라를 찾아야 이 성경 예언을 올바로 푸는 것이 됩니다.

미국의 건국이 언제 되었습니까? 의심할 나위가 없습니다. 1776년에 드디어 미국은 독립을 선언했지 않았습니까! 이 나라가 일어나는 시기와 그 역할 그리고 지리적인 조건들에 대한 힌트들은 그 국가를 미국으로 이해하는 일에 큰 도움을 줍니다. 그러므로 땅에서 올라오는 새끼 양 같은 짐승은 바로 미국을 말하는 것입니다. 양은 그리스도를 나타내는 상징이 아닙니까? 기독교의 성격을 띠고 일어나는 국가를 말하고 있는 것입니다. 이렇게 기초를 놓았으니 이제 다음의 글들에서 미국의 운명과 활약상에 대하여 좀 더 자세하게 들여다보도록 하겠습니다!

성경 해석의 1년 = 1일 원칙

<table>
<tr><th>상징</th><th>의 미</th><th>관련 성경절(열쇠)</th><td rowspan="5">하나님의 교회 (추가 구절들)
에스겔 16:8-14,
예레미야 6:2
고린도후서 11:2,
에베소서 5:21-23</td></tr>
<tr><td>여자</td><td>하나님의 교회</td><td>호세아 2:19,20, 이사야 54:1-8</td></tr>
<tr><td>한 때</td><td>일 년</td><td>다니엘 11:13, 4:16,32</td></tr>
<tr><td>마흔두 달</td><td>1260년</td><td>민수기 14:34, 에스겔 4:6*</td></tr>
<tr><td>물</td><td>사람들, 백성들</td><td>요한계시록 17:15</td></tr>
<tr><td>바람</td><td>전쟁</td><td>예레미야 25:32,33, 49:36</td><td rowspan="5">*기간을 나타내는 예언에서 하루는 일 년이므로, 42달=3년반=한때와 두때와 반때=1260일은 모두 1260년을 나타냄</td></tr>
<tr><td>어린양</td><td>예수 그리스도</td><td>요한복음 1:29</td></tr>
<tr><td>용, 옛 뱀</td><td>마귀, 사탄</td><td>요한계시록 12:9</td></tr>
<tr><td>짐승, 뿔</td><td>나라, 세력, 왕권</td><td>다니엘 7:17,24</td></tr>
<tr><td>독수리 날개</td><td>신속함</td><td>하박국 1:6-8</td></tr>
</table>

4. 미국의 출현과 계시록 13장의 짐승

우리는, 요한계시록 12장이 말하고 있는 용의 핍박으로부터 교회를 도와주는 "땅"과, 또한 13장이 말하고 있는 땅에서 올라오는 새끼 양 같은 짐승이 미국이라는 사실을 살펴보았습니다. 이 사실을 더 확실하게 이해하기 위하여 계시록 13장의 예언을 좀 더 자세하게 살피는 일이 필요할 것 같습니다. 요한계시록 13장에는 두 짐승이 등장하는데, 첫 번째 짐승은 바다에서부터 올라오고, 이 첫 번째 짐승이 깊은 상처를 받을 무렵에 두 번째 짐승이 출현하는데, 이 짐승은 땅에서부터 올라옵니다. 이 두 짐승의 정체와 상관관계에 대한 이해가 요한계시록 예언 해석의 핵심입니다.

1) 계시록 13장에 등장하는 첫 번째 짐승은 누구인가?

이 첫 번째 짐승은 표범의 몸과 곰의 발과 사자의 입을 가지고 있으며 용으로부터 그 권세와 능력을 받는 괴상한 모습으로 등장하고 있습니다. 이 짐승은 머리가 일곱이요 뿔이 열이며 그 열 뿔 위에 면류관을 쓰고 있다고 상징되어 있습니다. 이것이 무슨 뜻일까요?

모든 성경 예언은 성경 자체 속에서 찾아야 합니다. 인간들이 이렇게 저렇게 해석한 설명들은 제각기 다를뿐더러 신빙성을 갖지 못합니다. 하나님의 계시는 하나님의 말씀 속에 있는 열쇠들을 발견해 냄으로 성경이 성경을 풀도록 해 주어야 합니다.

구약 성경 중 다니엘서 7장은 이미 바다에서부터 올라오는 사자와 곰과 표범 같은 짐승들과 용과 같은 짐승에 대하여 예언하고 설명하여 두었습니다. 그들은 바벨론과 메데 페르시아와 그리스와 로마 나라인 것을 성경을 연구하는 그리스도인들에게는 잘 알려진 사실입니다. 그런데 그 네 짐승들의 머리들을 세어 보면 모두가 합해서 일곱이었습니다. 바벨론을 상징했던 사자의 머리가 하나요, 페르시아를 상징했던 곰의 머리가 하나요, 그리스를 상징했던 표범의 머리는 나누어진 네 지역을 나타내기 위하여 네 개를 가지고 있었고, 네 번째 로마를 상징하는 무서운 짐승의 머리가 하나, 그래서 도합 일곱이었습니다. 그런데 흥미 있는 사실은 요한계시록 13장에 출현하는 바다에서 올라오는 짐승의 머리가 일곱이요 네 번째 로마 나라가 가졌던 열 뿔도 같이 가지고 있는 모습을 보게 됩니다. 그 열 뿔은 로마 제국이 열국으로 분열된 사실을 가리키는 것입니다.

그런데 이 이상한 요한계시록 13장의 짐승의 어느 머리 중 하나에게가 아니라 바로 열 뿔 위에 면류관이 씌어져 있는 모습으로 나타나 있는데, 바로 이것이 하나님께서 우리에게 이 짐승의 출현 시기를 알려 주시는 비밀 암호로서 그것은 로마가 몰락하면서 열 뿔로 나누여지는 과정과 시기에 시작한다는 뜻입니다. 바벨론 시대가 아니고 페르시아나 헬라 시대나 로마의 전성기 시대도 아닌 열국 분열시기에 시작하는 세력인 것을 암시하여 주고 있는 것입니다. 이 이상한 짐승의 모습이 네 짐승의 복합적인 형태를 보이고 있는 이유는 각 짐승들, 바벨론과 페르시아와 헬라와 로마의 부유함과 그 권력과 힘과 특히 하나님의 백성을 핍박했던 특성들을 한 몸에 지니고 있다는 뜻이며, 그 모든 세력이 지배했던 모든 지역을 다 포함하여 권세를 누릴 것에 대한 상징인 것입니다.

❶ **모습** : 다니엘 7장에 나오는 4가지 짐승 즉, 사자, 곰, 표범 그리고 무섭고 놀라운 짐승을 합쳐놓은 것과 같은 모습을 하고 있음. 즉, 사자의 입, 곰의 발, 표범의 몸, 일곱 머리, 열 뿔은 4가지 짐승의 특성을 모두 포함하고 있음을 의미함.

❷ **일곱 머리의 구성** : 사자(바벨론) 머리(1개)+곰(페르시아) 머리(1개)+표범(그리스) 머리(4개)+무섭고 놀라운 짐승(로마) 머리(1개)=일곱 머리

❸ **열 뿔의 위치** : 다니엘 7장에 있는 무섭고 놀라운 짐승(로마)의 머리에 있던 열 뿔을 그대로 가지고 있음.

❹ **열 면류관의 위치** : 열 뿔 위에 열 면류관이 있음.

설명 : 요한계시록 13장에 나오는 이 짐승은 다니엘 7장에 나오는 바벨론, 페르시아, 그리스, 로마 제국들의 특성과 권세와 하나님의 백성을 핍박하는 성격을 복합적으로 지니고 있으며, 다니엘 7장에 나오는 네 번째 짐승인 무섭고 놀라운 짐승의 머리의 열 뿔 위에 면류관(왕관)이 씌어져 있는 것으로 보아서, 이 복합적인 짐승이 출현하는 시기가 로마 제국이 멸망하여 열 뿔(열 나라)로 나누어 지는 때인 것을 알 수 있다. 요한계시록 13장에 나오는 이 복합적인 짐승은 중세기의 종교 암흑시대 동안에 하나님의 교회를 핍박했던 교황권 세력이다.

다니엘 7장의 작은 뿔과 계시록 13장의 첫 번째 짐승은 모두 교황권

다니엘 7장의 작은 뿔		요한계시록 13장의 첫 번째 짐승	
3절	바다에서 나옴	1절	바다에서 나옴
4-7절	사자, 곰, 표범, 열뿔 짐승	1-2절	사자, 곰, 표범, 열뿔을 가진 복합 짐승
8절	큰 말을 함	5절	큰 말로 함
20절	동류보다 강함	4절	누가 능히 이로 더불어 싸우리요
20절	큰 말하는 입이 있음	5절	큰 말과 참람된 말을 하는 입을 받음
20절	눈과 입이 있고 동류보다 강함	7절	각 족속, 방언, 나라를 다스림
21절	성도들로 더불어 싸워 이김	7절	성도들과 싸워 이기게
25절	말로 지극히 높으신 자를 대적함	6절	입을 벌려 하나님을 향하여 훼방함
25절	지극히 높은 자의 성도를 괴롭힘	6절	그의 장막 곧 하늘에 거하는 자를 훼방함
25절	때와 법을 변개코자 함	6절	하나님을 향하여 훼방함
25절	한때 두때 반때를 지냄	5절	마흔 두달(42개월) 일할 권세를 받음

첫 번째 짐승 : 교황권

이 표범과 같은 짐승이 하는 일과 그 성격을 살펴보면 그 정체를 우리는 곧 파악할 수 있습니다.

① 그는 능력과 보좌와 권세를 용 같은 나라로 상징된 이교 로마 나라로부터 받는다(계 13:1,2).
② 그가 경배를 요구하고 있는 것으로 보아 종교적인 세력인 것을 알 수 있고, 온 세상에 큰 영향력을 행사하게 된다(계 13:3,4).
③ 참람된 능력을 가지고 있다(계 13:5,6). 성경에서 참람됨 이란 다음의 두 가지를 주장하는 것이다.

a. 자기가 죄를 용서한다고 주장하는 것(눅 5:21).
b. 하나님과 동등하다고 주장하는 것(요 10:33).

④ 이 세력은 42달, 즉 1260년 동안 지배하는 권세를 가진다(계 13:5).

◈ 서기 538년에 로마의 저스티니안 황제가 로마의 교회 감독을 교회의 머리로 인정하는 조서를 내리고 군대를 사용할 권한을 부여한 후부터, 교회의 교황권은 1798년 프랑스의 버티어 장군이 교황을 포로로 잡아갔던 해까지 예언대로 1260년간 큰 권세를 행사하였으며 많은 그리스도인을 핍박하였고 그 기간 동안 거의 일억에 가까운 숫자의 그리스인들이 순교를 당했다.

⑤ 이 세력은 하나님의 성도를 핍박한다(계 13:6,7).

위에 열거된 사실들을 미루어 보아, 그 세력은 다름이 아닌 로마 교회의 교황권임에 틀림이 없습니다. 마틴 루터를 포함하여 유수한 종교 개혁자들인 멜랑히톤, 니콜라스 리들리, 쟌 베일, 라티머, 크래머, 존 녹스 등등 많은 개혁자가 요한계시록 13장의 첫 짐승은 다름 아닌 교황권이라는 사실을 확인하고 가르쳤었습니다.

그러나 로마 교회의 감독제로 시작되었던 교황권이 성도들을 핍박하는 장면에서 하나님께서는 교황 자기 자신도 칼에 죽임을 당할 것이라는 예언을 삽입하여 두셨는데, 그것이 바로 1260년 박해 기간이 끝나던 해에 성취된 일이었습니다. 요한계시록 13장 10절은 다음과 같이 예언하였습니다. "사로잡는 자는 사로잡힐 것이요, 칼로 죽이는 자는 자기도 마땅히 칼에 죽으리니 성도의 인내와 믿음이 여기 있느니라."

그 예언대로 1798년에 교황 피우스 6세가 포로 되어 가서 죽게 된 것입니다. 그러나 성경은 교황권이 그대로 그렇게 끝날 것이 아니라 그 죽게 되었던 상처가 낫게 될 것이며 온 세상이 기이히 여겨 그를 따르리라고 예언하여 두었습니다(계 13:3). 우리는 너무나 놀라운 그 예언의 성취를 보고 있지 않습니까! 1929년도의 라테란 조약을 기점으로 그 상처가 회복되면서 교황이 가는 곳마다 얼마나 많은 사람이 그를 따르며 존경하며 환호하고 있습니까! 그의 인기가 하늘을 충천하여 올라만 가고 있는 모습을 보면서 우리는 너무나도 정확한 성서 예언의 성취에 감탄하지 않을 수 없게 되는 것입니다.

2) 계시록 13장에 등장하는 두 번째 짐승은 누구인가?

그런데 괄목할만한 것은, 바로 이러한 시점에, 다시 말해서 교황권이 상처를 받게 되는 그 시점에, 인구가 많지 않은 땅에서, 새끼 양 같은 모습 곧 예수 그리스도의 기독교 정신을 가지고 등장하는 다른 한 짐승이 올라오고 있는 것입니다. 이 짐승은 교회를 핍박으로부터 도와주는 모습으로 12장에서 언급되었던 그 세력입니다.

이러한 부인할 수 없는 지리적이나 시기적 특성으로 정확한 묘사와 암시들을 가지고서 우리가 어찌 계시록 13장 11절에 나타나는 새끼 양 같은 짐승을 미국이 아니라고 말할 수가 있겠습니까? 지성과 양심을 가지고 편견 없이 열린 마음으로 살피는 그리스도인이라면 누구나 다 성경에 나타난 미국에 대한 예언에 대하여 의심없이 깨닫게 될 것입니다. 미국의 출현에 대한 예언과 성취를 다시 요약하여 보자면 다음과 같습니다.

두 번째 짐승 : 미국

출현하는 위치:

성경은 이 짐승이 땅에서 올라온다고 하였습니다(계 13:11). 모든 다른 짐승은 물에서 올라왔는데, 요한계시록 17장 15절은 물을 백성과 방언과 열국들이라고 해석해 주고 있습니다. 그 이전 제국들은 인구가 많이 밀집한 지역들에서 일어났습니다. 그러나 이 짐승은 인구가 별로 없는 지역에서 일어나는데, 땅은 물의 반대이므로 광야와 같이 사람들이 별로 살지 않는 곳을 상징합니다.

이 짐승이 올라온다는 말의 헬라어 원어를 살펴보면 "자라나다", 혹은 "식물처럼 솟아 올라오다"라는 뜻을 가진 단어로 씌어져 있습니다. "옛 세계를 새 세계와 비교함"이란 책 p. 462에서 G. A. Townsend씨는 다음과 같이 말하고 있습니다. "미국은 그 공허한 곳으로부터 나아오는 신비함이 있고, 마치 씨앗이 조용히 자라 큰 제국으로 성장하는 것과 같다고 할 수 있겠다." 1850년도에 유럽의 알려진 신문이었던 The Dublin Nation지는 미국이 "서서히 조용한 땅에서 올라와 매일 그 힘과 세력을 더해 가고 있다"고 기록하였습니다.

출현하는 시기:

이 짐승은 요한계시록 13장 첫 부분에 나오는 표범처럼 생긴 짐승이 사로잡힘을 당하는 시기에 올라옵니다(계 13:10,11). 교황권이 1798년도에 프랑스에 의하여서 깨어지는 일을 당했기 때문에 두 번째로 올라오는 이 짐승이 1798년도를 전후로 일어나야 하는데, 미국의 건국 시기는 이 예언을 확증시켜주었습니다. 요한 웨슬리는 1760년도에 계시록 13장을 해석하면서 이렇게 말하였습니다. "그가(새끼양 같은 짐승) 아직 이르지 아니했지만, 그러나 올 날이 결코 멀지 않았습니다. 그는 첫 번째 짐승의 42달 기간이 끝나는 시기에 나타날 것이기 때문이다"(Explanatory Notes Upon the New Testament, 17th ed., 704). 얼마나 놀라운 해석이었습니까!

출현하는 방법:

요한계시록 13장 11절은 이 짐승이 새끼 양같이 두 뿔이 있다고 말하고 있습니다. 새끼 양은 무엇을 상징할까요? 우선 어리다는 것을 상징하는 것입니다. 이것은 새로운 세력인 것을 말합니다. 두 뿔을 가지고 있는데, 이 뿔들에는 왕관이 없는 것으로 보아 왕권이 없는 나라이며 오히려 두 세력이 서로 조화되어 운영되는 느낌을 주고 있습니다. 이것은 사법 기관과 입법 기관이 서로 견제하며 통치하는 나라인 것을 말할 수 있을지 모릅니다. 어린 양은 천진난만함을 상징하는 것으로서 이전 유럽의 폭정과 핍박에 비추어 얼마나 대조적입니까! 거기에는 압박과 독재가 없고 자유가 있는 것입니다. 또한, 양은 성경에서 그리스도를 상징합니다. 요한복음 1장 29절에는 "보라 세상 죄를 지고 가는 하나님의 어린양이로다."라고 말씀하고 있습니다. 예수님께서는 "수고하고 무거운 짐 진 자들아 다 내게로 오라 내가 너희를 쉬게 하리라."고 말씀하셨습니다(마 11:28).

뉴욕에 있는 자유의 여신상 밑에 기록되어 있는 'Emma Lazarus'의 글은 예수 그리스도의 그 초청의 말씀과 아주 비슷한 내용인 것을 보게 됩니다. 그 내용은 다음과 같습니다.

"이곳저곳을 쳐서 점령했던 그리스의 청동구리와 같은 모습이 아닌, 여기 바닷가 해지는 어구에, 불타는 횃불을 들고 서 있는 강력한 여인이 있으니 그 이름은 방황하는 자들의 어머니라. 그 여인의 등대 같은 횃불은 온 세상을 환영하듯이 조명하고 있고, 그의 미소는 다리로 연결된 두 도시를 주장하고 있습니다. 그의 입술은 "고대의 나라들아 너희의 장식된 허세가 무엇이냐"라고 말하는 듯하다. "너희의 지치고 가난하며 자유를 숨쉬기 위하여 갈망하는 자들을, 너희의 거절하여온 항구들로부터 보내어 내게 달라. 집이 없는 자들을 물 건너 내게 보내어라. 나는 내 횃불을 황금의 문 옆에 높이 들리라!"

어린양! 미국을 위한 얼마나 걸맞은 상징입니까!

그러면, 1798년도를 전후로 하여 인구가 별로 없는 곳으로부터 왕권이 없이 민주 공화정치를 구현하며 기독교 정신을 가지고 자유와 천진스러운 성격을 띠고 새끼 양처럼 일어 난 나라가 과연 어느 나라입니까? 미국 이외에 또 어느 다른 나라가 이 예언에 들어맞는 성격을 가지고 있을까요? 하나님께서는 이 지구 역사의 마지막 장면에 핍박당하는 그리스도인들을 구출하고 성경의 복음과 진리를 세상에 널리 전하기 위하여 미국을 세우신 것입니다. 이렇게 하나님께서는 이 미국의 운명을 성경에 미리 예언하여 두셨습니다.

그런데 또 한 가지 놀라운 사실을 우리는 미국에 관한 성경 예언에서 발견하게 됩니다. 이 미국이 새끼양처럼 올라왔는데, 용처럼 말하게 된다는 사실입니다. "…새끼양처럼 두 뿔이 있고 용처럼 말하더라"(계 13:11). 어느 정도 시간이 지나면서 이 미국이 양 같은 정신을 버리고 옛날 유럽의 압박의 정신으로 돌아가 핍박하는 세력으로 결국은 변모할 것을 예언하고 있는 것입니다.

"저가 먼저 나온 짐승의 모든 권세를 그 앞에서 행하고 땅과 땅에 거하는 자들로 처음 짐승에게 경배하게 하니 곧 죽게 되었던 상처가 나은 자니라 큰 이적을 행하되 심지어 사람들 앞에서 불이 하늘로 부터 땅에 내려오게 하고 짐승 앞에서 받은바 이적을 행함으로 땅에 거하는 자들을 미혹하며 땅에 거하는 자들에게 이르기를 칼에 상하였다가 살아난 짐승을 위하여 우상을 만들라 하더라 저가 권세를 받아 그 짐승의 우상에게 생기를 주어 그 짐승의 우상으로 말하게 하고 또 짐승의 우상에게 경배하지 아니하는 자는 몇이든지 다 죽이게 하더라 저가 모든 자 곧 작은 자나 큰 자나 부자나 빈궁한 자나 자유한 자나 종들로 그 오른 손에나 이마에 표를 받게 하고 누구든지 이 표를 가진 자 외에는 매매를 못하게 하니 이 표는 곧 짐승의 이름이나 그 이름의 수라"(계 13:12-17).

엄청난 예언이 아닐 수가 없습니다. 바로 이 예언이 미국을 통하여서 이루어진다는 말씀입니다. 미국이 머지않은 장래에 종교의 힘을 가지고 사람들을 강제하는 일을 하게 될 것이며, 먼저 나온 짐승을 위하여 일하게 될 것입니다. 이 일은 미국의 국민이 사회의 혼란과 무질서를 막기 위하여 스스로 원하여서 종교적인 강제성을 입법화할 것이라는 의미입니다. 앞으로 다시 중세기의 핍박이 이 세상에서 잠깐 동안 재현될 것이며, 바로 미국이 그 선봉세력이 될 것입니다. 그러나 우리에게는 하나님의 밝은 약속이 있습니다. "이것을 너희에게 이름은 너희로 내 안에서 평안을 누리게 하려 함이라. 세상에서는 너희가 환란을 당하나 담대하라 내가 세상을 이기었노라"(요 16:33). "볼지어다. 내가 세상 끝날까지 너희와 항상 함께 있으리라"(마 28:20).

미국이 미래에 행할 일들에 관해서 계속해서 좀 더 자세히 다루도록 하겠습니다. 그리스도인들이 살아남는 길은 성경, 오직 성경대로만 믿고 사는 길입니다. 그리스도께서만이 유일한 길이요 진리요 생명이십니다. 이 종말의 시기를 통과하고 있는 우리 모두에게 하나님의 은혜가 특별히 함께 하시도록 기도하여야 할 시간이 온 것 같습니다.

5. 용처럼 말하는 미국

미국의 출현과 미국이 장차 세계적인 초강대국으로 변하게 될 것이라는 놀라운 예언 해석은 지금으로부터 약 150여 년 전에 처음 시작되었습니다. 종교개혁자인 요한 웨슬리는 미국이 건국되기 전에 이미 두 번째 짐승의 출현을 정확하게 예고하였습니다. 1760년경, 그는 1260년간의 교황권의 권세가 무너져 가는 모습을 보면서 요한계시록 13장에 나오는 두 번째 짐승에 대해서 이렇게 해석하였습니다. "새끼 양 같은 두 번째 짐승이 아직 이르지 아니했지만, 그러나 올 날이 결코 멀지 않았습니다. 그는 첫 번째 짐승의 42달 기간이 끝나는 시기에 나타날 것이기 때문이다"(Explanatory Notes Upon the New Testament, 17th ed., 704).

이 얼마나 놀라운 예언 해석입니까! 그는 미국이 건국되기 이전에 죽어서 자신의 예언 해석이 성취되는 모습을 보지 못했지만, 그가 남긴 해석은 지금까지 남아서 놀랍도록 정확하게 성취되고 있습니다. 요한 웨슬리의 예언 해석은 그 이후 더욱 발전되어서, 1890년경에는 J.N. 앤드류스 목사에 의하여 두 번째 짐승의 정체는 바로 미국이며, 미국은 장차 온 세상을 향하여 용처럼 말하는 존재로 변모하게 될 것이라는 예언 해석이 세워지게 되었습니다.

그러나 그 당시 미국은 아직도 인디언과의 내전이 완전히 종결되지 않은 불안정한 상태에 있었고, 또한 미국 내의 기독교계에 깊이 자리 잡고 있던 반 천주교회 분위기로 인하여 앤드류스 목사의 예언 해석은 일반 기독교회에게 널리 받아들여지지 못했습니다. 그 당시만 해도 미국은 청교도적인 정신이 투철하던 때였습니다. 교황권에게 쫓겨서 고향 땅인 유럽을 등질 수밖에 없었던 미국인들은, 앤드류스 목사에 의하여 미국이 두 번째 짐승으로 지목되자, 그의 예언 해석을 완강하게 거절하였습니다. 그러나 그로부터 100여년이 지난 지금에는 요한 웨슬리와 앤드류스 목사의 예언 해석이 얼마나 정확하게 성취되었는가를 분명하게 볼 수 있습니다. 지금 이 순간에도 역사는 요한계시록 13장의 예언 해석을 우리에게 분명하게 확인시켜 주고 있습니다.

건국 당시만 해도 미국은 세계에서 미미한 존재였습니다. 아무도 미국이 장차 용처럼 말할 수 있는 초강대국이 될 것이라고는 아무도 생각하지 않았습니다. 그러나 세계 1,2차 대전을 거치면서 미국은 온 세계의 주목을 받기 시작하였습니다. 소련과 동구 공산권이 몰락한 후부터는 온 세상을 향하여 "용처럼 말"하기 시작하는 초강대국 미국에 대하여 어떤 나라도 감히 대항하지 못하는 상황이 되었습니다. 하나님의 예언이 놀랍게도 정확하게 성취되는 모습을 보노라면, 엄숙한 두려움마저 느끼게 됩니다.

한 가지 두렵고 놀라운 사실을 미국에 관한 성경 예언에서 발견하게 됩니다. 그것은 미국이 새끼 양처럼 올라왔지만, 종국에는 용처럼 말하게 된다는 사실입니다. "… 새끼양처럼 두 뿔이 있고 용처럼 말하더라"(계 13:11). 참으로 믿기 어려운 이야기지만, 하나님의 예언은 미국은 결국 새끼양 같은 정신을 버리고 중세기 때에 교황권이 유럽을 압박하던 그 정신으로 돌아가서 결국에는 마지막 시대에 하나님의 백성을 핍박하는 세력으로 변모하게 될 것이라고 경고하고 있습니다. 마지막 시대에 첫 번째 짐승과 두 번째 짐승이 협력하여 핍박을 가하게 되는 장면을 주의 깊게 살펴보겠습니다.

"저(두 번째 짐승, 미국)가 먼저 나온 짐승(첫 번째 짐승, 교황권)의 모든 권세를 그 앞에서 행하고 땅과 땅에 거하는 자들로 처음 짐승에게 경배하게 하니 곧 죽게 되었던 상처가 나은 자(첫 번째 짐승, 교황권)니라. 큰 이적을 행하되 심지어 사람들 앞에서 불이 하늘로부터 땅에 내려오게 하고 짐승 앞에서 받은바 이적을 행함으로 땅에 거하는 자들을 미혹하며 땅에 거하는 자들에게 이르기를 칼에 상하였다가 살아난 짐승(첫 번째 짐승, 교황권)을 위하여 우상을 만들라 하더라. 저가 권세를 받아 그 짐승의 우상에게 생기를 주어 그 짐승의 우상으로 말하게 하고 또 짐승의 우상에게 경배하지 아니하는 자는 몇이든지 다 죽이게 하더라. 저가 모든 자 곧 작은 자나 큰 자나 부자나 빈궁한 자나 자유한 자나 종들로 그 오른 손에나 이마에 표를 받게 하고 누구든지 이 표를 가진 자 외에는 매매를 못하게 하니 이 표는 곧 짐승의 이름이나 그 이름의 수라 … 그 짐승의 수를 세어 보라. 그 수는 사람의 수니 육백육십육이니라"(계 13:12-17).

엄청난 예언이 아닐 수가 없습니다. 바로 짐승의 표를 강요하는 예언이 군사 및 경제 대국인 미국을 통해서 이루어진다는 말씀입니다. 미국은 머지않은 장래에 강압적 방법으로 사람들을 종교적으로 강제하는 일을 할 것인데, 먼저 나온 첫 번째 짐승(교황권)을 위하여 일하게 될 것입니다. 요한계시록은 과거 중세기 때에 교황권이 당대의 최고 강대국이었던 로마 황제와 손을 잡고 하나님의 참 백성을 핍박했던 것처럼, 머지않은 장래에 미국과 손을 잡고 다시 중세기의 핍박을 재현할 것이라고 경고하고 있습니다. 선지자 다니엘은 이 마지막 시대의 핍박을 "또 환란이 있으리니 개국 이래로 그때까지 없던 환란일 것이며"라고 기록하였습니다(단 12:1).

요한계시록 13장에는 짐승의 표가 세계적으로 강요되는 사건이 소개되었고, 요한계시록 14장에는 짐승의 핍박을 극복하고 승리하는 한 무리의 신실한 그리스도인들이 나타나는데, 그들이 바로 144,000인에 대한 예언입니다. 짐승의 세력에 맞서서 승리하는 144,000인, 그들은 누구일까요? 계시록 14장의 후반부에는 짐승의 우상에게 경배하지 않고 그의 표를 받지 않는 그리스도인들이 정체가 소개되어 있는데, 바로 그것이 144,000인들의 특성입니다.

양에서 용으로!

기독교 정신으로 건국되었던 미국은 예수님께서 재강림하시기 직전에 용의 사상과 정신을 가지고 "하나님의 계명과 예수 믿음을 지키는" 하나님의 참 백성들을 핍박하는데 선봉을 서게 될 것이라는 것이 요한계시록이 말하는 미국에 대한 예언이다. 이러한 예언 해석에 대한 신뢰는 지나간 역사를 통해서 분명하게 확인될 수 있다!

"성도들의 인내가 여기 있나니 저희는 하나님의 계명과 예수 믿음을 지키는 자니라"(계 14:12). 요한계시록은 마지막 시대에 하나님의 참 백성의 특징을 다음과 같이 세 가지로 나타내고 있는데, 그것은 "인내와 하나님의 계명과 예수 믿음"입니다. 그러므로 마지막 시대에 나타날 그리스도와 사탄 사이의 투쟁은 "누가 참 인내를 가지고 하나님의 계명과 예수 믿음을 지키는 신앙을 가지고 있는가?"라는 쟁점으로 모아지게 됩니다.

제2부 성경에 종국이 기록되지 않은 이유

1. 부활하는 계시록 13장의 첫 번째 짐승

앞에서 살펴본 바와 같이, 요한계시록 13장에서 물에서 올라오는 첫 번째 짐승은 교황권이고, 땅에서 올라오는 두 번째 짐승은 미국입니다. 그런데 한 가지 놀라운 사실은 첫 번째 짐승이 말세에 다시 그 막강한 권세를 다시 회복한다는 사실입니다. 요한계시록은 중세기 종교 암흑시대가 끝나갈 무렵에 죽게 되었던 상처를 받았던 첫 번째 짐승(교황권)이 말세에 다시 그 받았던 상처가 나으면서 부활하게 된다는 사실을 우리 모두에게 경고하고 있습니다. "땅과 땅에 거하는 자들로 처음 짐승(교황권)에게 경배하게 하니 곧 죽게 되었던 상처가 나은 자니라 … 칼에 상하였다가 살아난 짐승(교황권)을 위하여 우상을 만들라 하더라 … 또 짐승의 우상에게 경배하지 아니하는 자는 몇이든지 다 죽이게 하더라"(계 13:12,14,15). 과연 지구 역사의 종말에 교황권은 중세기 때에 누렸던 권세를 완전하게 회복하면서 핍박하는 세력으로 부활할까요? 역사와 교황청의 공식 문서, 그리고 근래에 이루어진 시사들을 중심으로 이 문제를 심도 있게 살펴보겠습니다.

1) 죽게 되는 상처를 입은 첫 번째 짐승

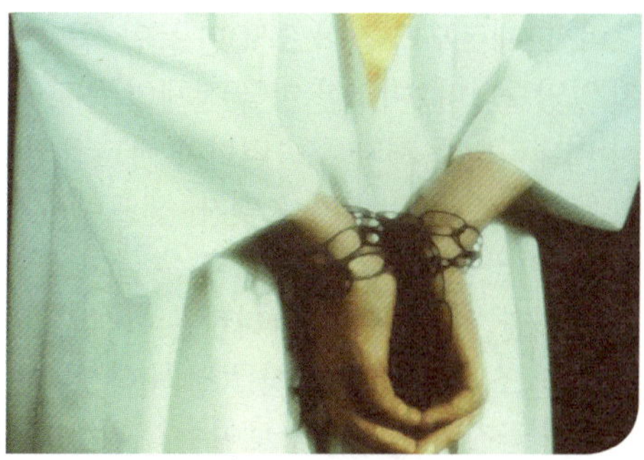

〈카톨릭신문 / 2007년 06월 03일자〉
"1798년 로마가 점령되고 나머지 교황령도 양도됐으며 피우스 6세는 프랑스로 끌려가 세상을 떠났다."

로마 카톨릭은 과거 수백 년 동안 유럽을 정치적으로 위압하였었습니다. 요한계시록 13장 2절에는 "용이 자기의 능력과 큰 권세를 그에게 주었더라"고 하였습니다. 이러한 정치적 독재는 종교개혁자들의 개혁이 시작되기 전까지 계속되다가 개신교운동이 시작될 즈음부터 그 세력이 쇠퇴하기 시작하였습니다. 바로 이러한 이유 때문에 그 이전에도 이미 여러 차례 시도되었었지만 결국에는 실패로 끝났었던 종교개혁이 16세기에 와서 성공할 수 있었던 것입니다. 독일의 경건주의 운동, 영국의 청교도 운동, 미국의 독립과 개신교주의 운동으로 인하여 로마 교황권의 세력은 더욱 약화하였고, 1789년 프랑스 대혁명으로 결정적으로 쇠퇴하게 되었으며, 1798년 프랑스의 버티어 장군이 나폴레옹의 지휘 아래 교황 피우스 6세를 잡아 감금하였고, 교황이 그 이듬해 옥사함으로써, 1260년의 세도는 종말을 고했습니다. 1798년 교황이 잡혀간 사건을 1700~1800년경에 살았던 종교개혁자들과 초기 개신교인들은, 요한계시록 13장에 나오는 첫 번째 짐승이 죽게 되는 상처를 받은 것으로 해석하였습니다. 결국, 1806년 신성로마제국이 망함으로써 로마 교황권은 중세기의 역사에서 사라져갔습니다.

2) 상처가 회복된 첫 번째 짐승

그런데, 요한계시록은 그 죽게 되었던 상처가 나을 것이라고 말하고 있습니다. 만약 1798년에 교황 피우스 6세가 프랑스 혁명군에 의하여 옥사 당함으로 교황권의 세력이 완전히 쇠퇴한 것이 "죽게 되는 상처를 받"는 것이라면, 죽게 되었던 상처가 나을 것이라는 것은 로마 카톨릭이 이전에 가지고 있었던 권세가 예수님께서 오시기 직전에 다시 회복되는 것을 의미합니다.

교황권이 그 잃어버렸던 정치적 세력을 다시 얻어 세계를 지배하는 권위를 회복하는데 있어서 미국이 일조하게 될 것이라는 생각은 1850년대까지는 꿈에도 상상하기 어려운 일이었습니다. 그때 당시 미국은 강력한 반 교황권 사상을 가지고 있었으며, 그때로부터 적어도 50년 동안, 곧 1950년대까지만 해도 그러한 사상이 바뀌지 않았습니다. 이러한 미국 전체의 종교적 분위기 때문에, 라테란 조약(1929년)에서 이태리의 독재자 무솔리니가 바티칸의 교황청을 하나의 교회와 국가로 인정하고 독립시켜 주는 협약을 맺자, 샌프란시스코의 한 신문에서는 "죽었던 상처를 낫게 함"이라는 제하로 다음과 같은 글이 실렸습니다. "오늘밤 로마에 관한 문제는 과거에 대한 것이었으며, 바티칸은 이태리와의 사이에 평화를 유지하고 있다…. 중대한 협정 조인 문서에 '상처를 낳게 함'이라는 친필을 추가한 것은 양편 다 이 문제에 대하여 극진한 진실성을 보여주기 위함이었다."

이때부터 바티칸은 서서히 계속적으로 성장하여 근래에 들어와서는 놀라운 정치적 영향력을 세계에 펼치기 시작하였습니다. 1979년 9월 18일자 워싱턴 스타지에는 교황의 첫 번째 미국 방문에 대하여 다음과 같은 기사를 기재하였습니다. "… 과거에는 교황이 미국을 방문한다는 것은 상상만 해도 벼락을 맞을 일이었다. 그러나 … 이제 역사상 최초의 폴란드인인 교황 요한 바오로 2세가 그의 놀라운 선거를 치른 지 1년 후에 온 세계의 하늘에 빛나는 별로서 만 7일간을 우리와 함께 지내겠다는 약속아래 미국에 오게 되었다. 정치가들은 앞을 다투어 그를 맞을 준비를 하고 있다. 여섯 개 도시의 시장들은 그들의 도시 업무를 실제적으로 중단하고 교황을 맞이할 행사를 열렬하게 준비하였다."

[샌프란시스코 연대기 신문, 1929. 2. 11일]

개신교 지도자인 빌리 그래이엄 목사마저 교황의 미국 방문을 크게 환영하면서 이러한 글을 발표하였습니다. "교황 요한 바오로 2세의 미국 방문은 로마 천주교회뿐만 아니라, 세계는 물론이요 온 미국 사람들에게 참으로 의미 깊은 사건이다 … 그가 교황이 된 기간은 짧으나 현 시점에 요한 바오로 2세는 세계의 영적 지도자가 되었다. 그가 여행하는 동안 나의 기도와 헤아릴 수 없이 많은 개신교도의 기도가 그를 위하여 드려질 것이다."(1979년 9월 27일자, Religious News). 청교도 정신과 어린양의 모습으로 시작된 미국은 이제 첫 번째 짐승의 손을 잡고 용처럼 말할 준비를 갖추고 있습니다.

3) 역사를 바꾸어 놓은 첫 번째 짐승과 두 번째 짐승의 협력

1984년, 미국은 공식적으로 바티칸의 교황청을 합법적인 정부로 인정하고 대사를 파견했으며, 냉전 시대의 초강대국이었던 구소련 역시 1989년 고르바초프가 바티칸 도서관에서 교황을 만나는 자리에서도 교황을 인정하고 그의 협조를 구하였습니다. 옐친이 고르바초프 정권을 넘어뜨리고 러시아를 세운 후에, 그는 곧바로 바티칸과의 관계를 재결성하였습니다(1991년).

이러한 사실들은 로마 카톨릭이 계속적으로 그 정치적 세력을 온 세계로 급속히 확산시켜가고 있음을 증거합니다. 1989년 후기부터 1990년 초기 사이에 동유럽 공산권이 하나씩 쓰러진 사건은 정말로 놀라운 일들이었습니다. 짧은 시간 내에 동구의 여러 공산정권이 무너져 내린 사건과 또한 1989년 독일의 베를린 장벽이 무너진 사건은 정말로 믿기 어려운 세기의 사건들이었습니다. 아마 독자 여러분은 이러한 사건들의 배후에 로마 가톨릭의 세력이 있었다는 것을 알지 못했을지도 모릅니다.

그러나 전 세계의 신문기자들은 이 사실을 일제히 보도하였습니다. 1989년 12월 4일자 Time에 다음과 같은 기사가 실렸습니다. "교황 요한 바오로의 도움으로 그의 모국인 폴란드에서 시작된 자유를 향한 불길은 전 동유럽을 휩쓸었다…. 고르바초프의 무간섭 정책도 동유럽을 휩쓴 자유주의의 물결의 직접적 원인이었지만, 실제로는 요한 바오로 교황이 더 많은 공로를 세웠다 …"

동유럽 공산권이 무너지는 역사적인 사건에서 미국과 바티칸이 비밀리에 협조하여 어떠한 영향력을 끼쳤는지에 대한 기사가 타임지에 특집으로 실렸습니다. 1992년 2월 24일자 Time 표지에는, 레이건 미국 대통령과 요한 바오로 2세의 사진과 함께 "거룩한 협정: 어떻게 레이건과 교황이 폴란드의 자유노조 운동을 돕는데 공모했으며, 공산권의 침몰을 앞당겼는가?"라는 표제가 실렸습니다. 그렇다면 정말로 언젠가는 요한계시록 13장의 예언대로, 교황이 세계를 다스리는 권력을 쟁취하게 될까요?

중앙일보 1999.1.28
[1999년 1월 26일 교황 미국 방문시(세인트루이스)
클린턴의 말-"교황이 바라는대로 되기 위해 미국이 얼마나 노력하고 있는지 이번 방문을 통해서 확인하기를 희망합니다"]

워싱턴 포스트지 2001.4.21
[1960년도에 존 F.케네디는 본인이 당선되어도 교황에게 순종하지 않겠다는 것을 개신교 목사들에게 보장하기 위해 워싱턴에서 텍사스로 내려갔다. 반면 2001년도에 조지 부시는 본인이 당선되면 교황에게 순종하겠다는 것을 일단의 카톨릭 감독들에게 보장하기 위해 텍사스에서 워싱턴으로 올라갔다.]

4) 세계를 향한 첫 번째 짐승의 집념

전 예수회 신부였던 말라카이 말틴(Malachi Martin)이 쓴 "피의 열쇠"(The Keys of this Blood)란 책은 우리에게 놀라운 사실들을 가르쳐 주고 있습니다. 다음은 이 책의 첫 장과 3쪽과 15쪽에서 간추린 것입니다. "원하든지 않든지, 준비가 되었던지 그렇지 않든지 간에, 우리는 모두 전면적이고도 무제한의 방법을 통한 3자간의 세계적 정권 다툼에 휩싸여 있다. …이 경쟁은 누가 지구 역사상 처음으로 세계를 한 정부 아래로 통합시키느냐 하는 것이다. 비록 많은 사람에게는 숨겨져 있지만, 요한 바오로 교황이 선택한 정책과 매일, 매년 분투하고 있는 그의 싸움의 목표는, 바로 이 경쟁에서 승리하는 것이라는 사실은 너무나도 분명하다 … 이 경쟁은 지구 인구 60억 전체에 영향을 미칠 것인데, 모든 개인과 모든 집단을 지배하고 조종할 수 있는 강력한 세력을 누가 확보하여 휘두를 것인가에 관한 경쟁이다 … 또한 이 경쟁은 수단 방법을 가리지 않는 무제한의 경쟁이다. 일단 경쟁이 끝나면 세계와 그 안에 있는 모든 것, 즉 개인과 국민의 생활 방식, 가족 관계와 직업, 무역과 상업과 화폐단위, 교육과 종교와 문화, 그리고 이제까지는 누구나가 자동적으로 받았던 시민권(주민등록증)과 같은 제도들이 크게 바뀌게 될 것이기 때문이다 …"

요한 바오로 2세가 전 세계를 다스리고자 하는 열망을 추구했다는 사실이 믿어지십니까? 독자 여러분도 말라카이 말틴의 책을 다 읽고 나면 그의 말이 사실이라고 확신을 가질 것입니다. 여하튼 간에 교황 요한 바오로 2세의 목표는 로마 카톨릭(천주교회)를 다시 종교적, 정치적으로 세계적인 세력으로 회복시키는 것이었습니다. 말라카이 말틴은 바티칸과 매우 밀접한 관계를 갖고 있었기 때문에 그의 말은 믿을 수 있는 여러 가지 신빙성 있는 증거들을 가지고 있습니다. 같은 책 15쪽에는 다음과 같은 글이 이어집니다. "이 새로운 세계 질서는 먼 훗날에 일어날 어떤 일로서가 아니라 이제 곧 일어날 일로서, 우리가 사는 이 두 번째 천년 기간의 마지막 10년 끝(역자주, 뉴 밀레니움의 시작점)에 소개되고 세워질 것이다." 그리하여 새로 추대된 교황 베네딕트 16세(전 독일 Ratzinger 추기경)는 요한 바오로 II 세의 업적을 토대로 온 세계의 종교와 나라들을 원래의 모교인 로마 카톨릭교의 날개 아래로 모아 다 연합시키기 위하여 엄청난 노력을 기울이고 있습니다.

5) 결코 변치 않은 첫 번째 짐승의 성격

요한 바오로 2세는 개인적으로 볼 때 여러 사람으로부터 존경을 받을 수 있는 특징들을 가지고 있었습니다. 그의 카리스마적인 모습과 강한 성격은 세상의 도덕적 발전을 위하여 많은 일을 행했습니다. 대부분의 세상 사람들도 너무나 타락해 가고 있는 사회를 보면서, 지구 전체가 안고 있는 도덕적 문제들을 풀 수 있는 위대한 인물로 교황의 영도력을 지목하고 있습니다. 또한, 베네딕트 16세는 전 교황의 후광을 이어받아 도덕적이고 보수적인 세계 지도자로 존경을 받았습니다. 후임 교황 프란치스코는 카톨릭 역사상 첫 미주 출신, 첫 예수회 출신 교황으로 타임지 2013년 올해의 인물로 선정되며 '겸손한 성자'라는 칭송을 받을 만큼 서민들의 폭발적인 주목을 받고 있습니다.

만약 이러한 사회적 요구를 해결하기 위하여 사람들이 교황을 세계적 지도자로 추대하기로 결정한다면, 그것은 정말로 선한 결과를 이루게 될까요? 지금은 교황이 어느 누구도 핍박하고 있지 않으며, 또한 교황권은 바티칸 II 선언에서 종교적 자유를 보장한다는 약속을 하였기 때문에, 실제에 있어서 이러한 예상이 실현될 것 같지는 않게 보입니다. 그러나 우리는 교황권이 가지고 있는 두 얼굴을 분명하게 볼 수 있어야 합니다. 한 얼굴은 매우 매력적인 모습으로 온 세상 사람들의 사랑과 존경을 이끌기에 충분한 얼굴이며, 다른 얼굴은 매우 무서운 얼굴로서 중세기의 핍박의 정신을 그대로 담고 있습니다. 1998년 5월 28일, 교황 요한 바오로 2세는 "신앙을 보호하기 위함"이라는 제하의 사도 서신을 발표하였는데, 이 사도 서신은 로마 카톨릭 교회의 법전에 추가되었습니다. 요한 바오로 2세에 의하여 새롭게 추가된 법조문 1436항의 내용을 함께 살펴보겠습니다.

No.1 : "진리 곧 거룩한 가톨릭 신앙을 부인하거나, 의심하거나, 그리스도인 신앙을 완전히 거부하거나, 법에 따라 경고 받은 다음에도 본인의 입장을 바꾸지 않는 자는 출교시킴으로써 이단자 또는 배도자로 처벌해야 한다. 성직자의 경우에도 예외 없이 기타 다른 벌금형에 처한다."

No.2 : "부가적으로, 로마 천주교회의 권위 있는 대주교 및 주교의 가르침을 고집스럽게 거부하거나, 잘못된 것으로 정죄 받은 것을 지지하거나, 법에 따라 경고 받은 후에도 자신의 입장을 철회하지 않는 자들은 적당한 방법으로 처벌되어야 한다."

요한계시록 13장은 교황권이 세상 끝에 중세기의 핍박을 한 번 더 재현하게 될 것이라고 말하고 있습니다! 마지막 시대에, 첫 번째 짐승과 두 번째 짐승은 하나님의 백성을 핍박하는 강력한 세력으로 탈바꿈할 것이 13장에 예언되어 있습니다.

대다수의 사람들은 "핍박하는 세력은 항상 하나님을 믿지 않는 악인들이다." 라고 생각합니다. 그러나 역사적으로 볼 때, 종교적 핍박은 겉으로 보기에 악인들로부터 일어난 적이 거의 없습니다. 대부분은 자신을 의로운 사람이라고 자처하는 사람들이나 종교인들이 다른 나쁜 사람들을 올바로 교정하기 위하여 핍박이라는 수단을 썼습니다. 중세기의 종교 암흑시대 때에도 핍박을 한 사람들(교황권)은 그들 스스로 의로운 일을 행하고 있다고 생각하였으며 그것을 바라보는 대부분의 사람도 그렇게 생각하였습니다. 교황권의 가르침과 명령을 거부하는 참된 그리스도인들을 핍박하면서도, 그것이 교회를 정결케 하는 것이며 하나님의 영광을 위하는 것으로 생각하였습니다. "사람들이 너희를 출회할 뿐 아니라 때가 이르면 무릇 너희를 죽이는 자가 생각하기를 이것이 하나님을 섬기는 예라 하리라"(요 16:2).

그렇다면 천주교단의 모든 사제와 교인 모두가 중세기 때와 같은 핍박을 찬성하게 될까요? 그렇지는 않습니다. 모든 천주교 신부들이 종교적 핍박에 동의하지는 않습니다. 그렇지만 천주교회의 Louis Veuillot 가 National Catholic Welfare 에 발표한 다음의 글을 보십시오. "때가 닥치면, 내일이 될지 다음 세기가 될지는 모르지만, 사람들은 영원한 원칙에 의한 사회적 체계를 다시 건설해야만 한다는 사실을 깨닫게 될 것이다. 그때에 가톨릭은 … 특별한 사회적 법을 만들 것이다. 이 법은 예수를 가장 높은 위치에 올릴 것이며 더 이상 그는 모욕을 받지 않게 될 것이다. 이 법은 창조주 하느님께로부터 거절을 당하지 않을 것이며, 단순히 어떤 광적인 사람들이 가지고 있는 무식하며 고립된 생각 때문에 모든 사람이 타당하다고 생각하는 결정이 방해받지 않을 것이다." 이 글은 아직 진보주의적 종교적 자유를 제시한 바티칸 II 선언이 있기 전인 1928년도에 발표된 것입니다.

그러나 1990년에 출판된 말라카이 말틴의 The Keys of This Blood에 있는 다음의 글을 읽어 보십시오. "어느 누구도, 민주주의도, 다른 어느 것도, 도덕적으로 옳지 않는 일을 행할 권리가 없다는 것이 요한 바오로 교황의 기본적 사상이다. 또한, 교황은 성스러운 감화 아래 토대를 둔 모든 종교는 도덕적으로 잘못된 것을 가르칠 수 없으며, 그렇게 살 권리도 없다고 생각한다."

이것은 매우 그럴듯하게 들리는 사상이지만, 만약 어느 누구도 도덕적으로 잘못된 것을 믿거나 가르칠 권리가 없다면, 과연 누가 모든 문제에 대하여 도덕적으로 옳고 그름을 판단한다는 말입니까? 다음에 계속되는 글에서 말라카이 말틴은 이 질문에 대한 답을 기록하고 있습니다. "중세기에 그랬었던 것처럼, 그리고 요한 바오로 교황의 지도아래 있는 지금도 마찬가지로, 로마 천주교회는 인간 세상의 도덕적 옳고 그름을 결정할 수 있는 유일한 단 하나의 기관이라고 주장한다."

교황은 전 인류의 도덕적 옳고 그름을 결정할 수 있는 권리가 자신에게 있음을 주장하고 있습니다. 이것은 우리 모두를 포함하는 문제인데, 만약 여러분이 천주교 신자라면 별문제가 없을지 모르지만, 그렇지 않다면 이것은 엄청난 종교적 핍박을 가져올 수 있는 문제입니다. 교황권은 변하지 않았습니다.

만일 그들에게 다시 중세기의 정치적 권력이 주어진다면, 이 시대에도 핍박은 재현될 것입니다. 요한계시록 13장은 마지막 시대에 교황권이 다시 한 번 더 정치적 권세를 부여받게 될 것을 예언하고 있습니다!

"땅과 땅에 거하는 자들로 처음 짐승(교황권)에게 경배하게 하니 곧 죽게 되었던 상처가 나은 자니라 … 칼에 상하였다가 살아난 짐승(교황권)을 위하여 우상을 만들라 하더라 … 또 짐승의 우상에게 경배하지 아니하는 자는 몇이든지 다 죽이게 하더라"(계 13:12,14,15).

2. 거의 세워진 짐승의 우상

요한계시록 13장은 두 짐승에 관하여 말하고 있는데, 마지막 때에 이 두 짐승 모두가 다 하나님의 백성을 핍박할 것이라고 하였습니다. 그런데 이 두 짐승이 어떠한 과정을 거쳐서 핍박하는 세력으로 돌변하게 될까요? 요한계시록 13장

11-15절에 묘사된 장면은 두 짐승이 가까운 장래에 핍박의 세력으로 돌변하여 하나님의 참 백성을 핍박하게 되는 매우 중요한 과정이므로 특별히 주의를 기울여서 읽어 보겠습니다.

"내가 보매 또 다른 짐승(미국)이 땅에서 올라오니 … 저(미국)가 먼저 나온 짐승(교황권)의 모든 권세를 그(교황권) 앞에서 행하고 땅과 땅에 거하는 자들로 처음 짐승(교황권)에게 경배하게 하니 곧 죽게 되었던 상처가 나은 자(교황권)니라. 짐승 앞에서 받은바 이적을 행함으로 땅에 거하는 자들을 미혹하며 땅에 거하는 자들에게 이르기를 칼에 상하였다가 살아난 짐승(교황권)을 위하여 우상(Image)을 만들라 하더라. 저가 권세를 받아 그 짐승(교황권)의 우상(Image)에게 생기를 주어 그 짐승의 우상으로 말하게 하고 또 짐승의 우상에게 경배하지 아니하는 자는 몇이든지 다 죽이게 하더라."

1) 짐승의 우상이란 무엇인가?

이 예언에는 첫 번째 짐승을 위하여 만들어진 한 우상(Image, 형상)이 등장하는데, 이 우상은 영어로 Image 즉, 형상(모습)이라는 뜻이며, 하나님의 백성을 핍박하는 일에 사용될 것이라고 하였습니다. 그렇다면 첫 번째 짐승을 위하여 만들어지는 우상이란 무엇일까요? 요한계시록 13장은 그 우상의 정체에 대하여 다음과 같은 두 가지 힌트를 주고 있습니다.

① 우상은 첫 번째 짐승을 위하여 만들어진다

"칼에 상하였다가 살아난 짐승(교황권)을 위하여 우상을 만들라 하더라(Make an image to the beast)"(14절).

② 우상은 첫 번째 짐승의 모습(Image)을 닮았다

"저(미국)가 권세를 받아 그 짐승(교황권)의 우상(The image of the beast)에게 생기를 주어 짐승의 우상으로 말하게 하고 또 짐승의 우상에게 경배하지 아니하는 자는 몇이든지 다 죽이게 하더라"(15절).

이 두 가지 힌트를 종합해 보면, 짐승의 우상은 첫 번째 짐승을 위하여 만들어지는데, 그 모습(Image)은 중세기 때의 첫 번째 짐승의 특성과 행적을 닮았다는 결론을 내릴 수 있습니다. 즉, 첫 번째 짐승(교황권)의 우상은 첫 번째 짐승(교황권) 자체는 아니지만, 첫 번째 짐승의 모습(특성)을 가지고 있는 독립된 개체로서, 첫 번째 짐승을 위하여 일하는 세력을 의미합니다. 그런데 중세기에 첫 번째 짐승(교황권)이 갖고 있던 모습은 정치-종교적 세력으로서 하나님의 백성을 핍박하는 것이었으므로, 마지막 시대에 형성되는 짐승의 우상도 짐승의 모습(Image)을 닮아서 정치적 힘을 이용하여 자신들이 믿는 종교적 교리나 가르침을 강요할 것인데, 이를 거절하는 하나님의 백성은 가혹한 핍박을 받게 될 것입니다.

2) 누가, 어디에 짐승의 우상을 세우는가?

이 우상은 두 번째 짐승이 세운다고 하였습니다. 두 번째 짐승은 미국을 말하므로, 이 우상은 미국이 앞으로 세울 종교적 정치세력으로서, 첫 번째 짐승을 위하여 핍박을 대행할 세력입니다. 그런데 종교 자유주의를 표방하며 개신교 국가인 미국에서 어떻게 중세기 때에 교황권이 행하였던 종교적 핍박 세력이 재형성될 수 있을까요? 앞에서 살펴보았던 바와 같이, 미국에서 세워질 짐승의 우상은 첫 번째 짐승(교황권) 자체는 아닙니다. 그러므로 짐승의 우상(The image of the beast)을 세운다는 말의 의미는, 중세기의 종교 암흑시대에 교황권이 로마정부의 권력과 손을 잡고 그리스도인들을 핍박했었던 것처럼, 미국의 개신교회가 정부의 권력과 손을 잡고, 중세기 때에 교황권이 행했던 핍박의 모습(Image)을 재현할 것이라는 뜻입니다.

3. 기적과 짐승의 우상의 관계

성경은 짐승의 우상의 종교적 특성을 다음과 같이 설명합니다. "큰 이적을 행하되 심지어 사람들 앞에서 불이 하늘로부터 내려오게 하고 짐승 앞에서 받은 바 이적을 행함으로 땅에 거하는 자들을 미혹하며 … 칼에 상하였다가 살아난 자를 위하여 우상을 만들라"(계 13:13,14). 이 말씀은 짐승의 우상을 세우는 전초 과정으로서, 사탄이 "기적"을 사용하여 온 세상 사람들을 "미혹"할 것의 경고입니다. 사탄은 마지막 시대에 온갖 기적들을 사용하여 땅의 모든 사람을 미혹함으로써, 하나의 연합된 세력으로 만들어 가고 있습니다. 동일한 부류의 기적을 체험하고 있는 기독교인들에게 있어서 종파와 교파는 더 이상 아무런 의미를 갖지 못합니다. 그들은 하나님의 진리보다는 감정적 신앙을 선호하면서 자신들이 체험하는 기적을 중심으로 하나로 뭉쳐가고 있습니다. 종교연합 운동의 중심에는 기적과 감정적 신앙이 있다는 사실을 알아야 합니다. 오늘날 우리의 눈앞에서 벌어지는 모습을 볼 때, 사탄은 짐승의 우상을 세우는 방법으로 다음과 같은 방법을 사용하고 있습니다.

1) 종교 연합 운동

개신교회와 교황권의 연합운동은 이미 오래전부터 추진되어 왔습니다. "교황권의 요구에 따라 200여 종파의 개신교회 지도자들은 각기 다른 전통을 가지고 분리된 그리스도인들 사이의 장벽을 무너뜨리기 위하여 진행되고 있는 프로그램에서 교황과 함께 기도하고자 트리니티 대학의 예배실에 모였습니다. 국제 교회 협의회의 총무인 클레이너 랜달 씨는 '거기서 교황이 개신교도들과 함께 칼빈파의 찬송가와 찰스 웨슬러의 찬미를 부르고 있는 것을 볼 때에 감동하지 않을 수 없었다.' 라고 말하였습니다. 그는 또한 '이 사실은 우리가 얼마나 가까워졌는지를 잘 보여주는 증거이다'고 덧붙였습니다."(1979년 10월 8일자 워싱턴 포스트지).

2) 교회와 국가의 연합

종교연합운동의 정신에 깊이 젖어 있는 사람들은 강력한 기독교 정치 단체를 구성하여, 도덕적으로 피폐해진 사회와 국가에 다시 기독교적 정신을 불어넣고, 미국을 하나님께서 인정하시고 축복하실 수 있는 국가로 만들기 위해서 총력을 기울이고 있습니다. 이러한 목적을 성취하기 위해서는, 종교적 성향을 띤 법안을 입법화 하거나 교회와 정치에 대한 분리의 벽을 허물어뜨릴 수 있는 헌법의 재해석이 반드시 이루어져야만 합니다. 이러한 목적을 위하여, 그들은 자신들의 사상을 지지하는 특정한 정치인들을 적극적으로 후원하며, 국회의원들에게 강력한 로비 활동을 펼치고 있습니다. 사탄은 이러한 기독교계의 흐름을 주도하면서 미국을 강력한 기독교적 헌법을 가진 용 같은 짐승으로 키우기 위하여 최고의 노력을 기울이고 있습니다. 이러한 면에 있어서, 미국에 있는 개신교회 단체들이 어떻게 정치적으로 움직이고 있는가를 주목해 보는 일은 매우 중요합니다.

사탄의 3가지 전략

미국의 개신교주의는 종교의 자유를 보장하는 기반에서 시작되었습니다. 그렇기 때문에 미국의 개신교주의가 정치적 세력과 연합하여 종교적 핍박을 가할 것이라고 믿는 것은 현실적으로 매우 어렵게 보입니다.

그러나 요즈음, 종교의 자유를 부르짖던 미국의 역사적 개신교주의가 정치적 개신교주의로 바뀌어 가고 있다는 여러 증거들이 나타나는 것은 정말로 놀라운 일입니다. 지난 10여 년 동안 미국의 개신교회 안에 다음과 같은 세 가지 뚜렷한 변화가 일어났는데, 사회의 범죄와 타락이 심화되면 될수록 다음과 같은 현상은 더욱 더 뚜렷하게 일어나고 있습니다. 청교도들은 건국 당시에 교회와 국가를 완전히 분리시킨 법을 제정함으로써, 종교적 핍박이 없는 국가를 세웠습니다. 그러나 사탄은 다음과 같은 세 가지 전략을 통하여 종교자유를 파괴시키는 짐승의 우상을 세워가고 있습니다.

첫째 : 교회와 국가는 분리되어야 한다는 미국 건국이념을 반대하는 사람들이 점점 더 많아지고 있습니다.
둘째 : 교회가 정치적 활동에 적극적으로 참가함으로써, 기독교 정신과 교리를 입법화해야 한다는 주장이 점점 더 거세어지고 있습니다.
셋째 : 그들이 믿는 신앙과 다른 것을 믿는 자들은 법에 의하여 제재하거나 핍박하는 근본주의자들과 비슷한 사상이 크게 기독교계에 일어나고 있습니다.

4. 지금 세워지고 있는 짐승의 우상

미국에 있는 각 교파 및 기독교 단체들은 정치적으로 어떻게 움직이고 있으며, 그들의 최종 목적은 무엇일까요? 기독교 정치단체들이 종교연합운동을 통하여 강력한 영향력을 행사하자, 미국의 정치인들은 앞을 다투어 가장 많은 투표자 수를 확보하고 있는 기독교 정치 단체의 후원을 얻기 위하여 추파를 던지고 있습니다. 기독교 정치 단체들은 자신들의 사상을 지지하는 정치인들의 정치적 입지를 굳혀주고, 기독교 정치단체의 후원을 받는 정치인들은 기독교인들이 요구하는 종교적 법안을 국회에 상정하여 입법화시키는 공조 현상을 나타내고 있습니다. 미국 기독교계와 정치계에서 이루어지고 있는 다음과 같은 사실들을 살펴보면, 짐승의 우상이 지금 어디까지 세워졌는지를 알 수 있습니다.

1) 침례교회

침례교회는 역사적으로 교회와 국가의 분리를 가장 강력하게 주장해온 교회입니다. 침례교도들은 17세기에 영국 국교의 핍박을 피해서 미국으로 이주해 온 사람들입니다. 그래서 종교 자유의 아버지라고 불리는 Roger Williams도 침례교도였습니다. 1960년도에 천주교 신자로서 대통령 선거에 입후보했던 케네디에게 교회와 국가의 확실한 분리를 요청할 때까지는 침례교도들이 종교의 자유에 대한 열성을 보였었습니다. 그러나 지난 20년 동안 침례교회는 많이 변화되었습니다. 남 침례교회 중 가장 많은 교인을 가진 텍사스 주 달라스시의 First Baptist Church의 W.A. Criswell은 교회와 국가의 분리에 관한 그의 의견을 다음과 같이 피력하였습니다. "나는 '교회와 국가의 분리'라는 법 조항은 이교도들이 상상으로 꾸며놓은 허구적인 것으로 생각한다."

오래전에 침례교 합동 협의회(BJC)라는 것이 만들어졌는데, 이 협의회의 목적은 미국 법정에서 교회와 국가의 분리 원칙을 유지하는 것이었습니다. 남 침례교는 미국 내에서 가장 큰 침례교단이므로, 그들이 이 협의회의 가장 큰 후원자가 되었습니다. 그들은 매년 이 협의회에 400,000달러를 지원하였습니다. 그런데 1990년 이후부터 그들의 후원은 끊어지기 시작하였으며 지금은 남 침례교회에서 이 협의회를 지원하는 일은 완전히 중단되었습니다. 교회와 국가의 완전한 분리를 주장하는 이 협의회가 변해가고 있는 남 침례교회의 사상과 더 이상 어울리지 않기 때문이었습니다.

2) 크리스천 콜리션(Christian Coalition, 기독교 동맹)

남침례교만이 미국에서 교회와 국가의 분리를 반대하는 것은 아닙니다. 미국 정치적 개신교주의의 선봉인 팻 롸벌슨 목사(Pat Robertson)는 1988년 강력한 기독교 국가를 목표로 미국 대통령 선거에 출마했었습니다. 비록, 대통령에 당선되지는 못했지만, 그는 미국 정치계에 커다란 이슈를 불러일으키는데 성공하였습니다. 그는 대통령 선거에서 패배한 자신의 경험을 토대로 정치적 선거에서의 승리를 위해서는 천주교회의 도움과 협조가 반드시 필요하다는 사실을 깨닫게 되었습니다. 그는 미국에서 천주교회가 단일 교단으로 가장 많은 교인을 갖고 있다는 사실에 착안하였던 것입니다. 개신교회와 천주교회의 연합된 지지를 획득하는데 성공하기만 하면, 어떤 법도 의회에 상정하여 통과시킬 수 있기 때문입니다.

그래서 그는 개신교회와 천주교회의 연합된 지지와 후원을 통하여 미 의사당을 점령하겠다는 전략하에 크리스천 콜리션을 설립하였습니다. 크리스천 콜리션은 교회와 국가의 분리는 현대에 와서는 완전히 무의미한 것이며, 미국의 기독교인들은 오히려 정치에 깊이 가담하고 자신들의 종교적 신조를 국정과 입법에 반영함으로써, 미국을 도덕적인 기독교 국가로 키워가야 한다는 주장을 펼치고 있습니다. 팻 롸벌슨 목사는 "1990년대가 다 지나가기 전까지 크리스천 콜리션은 미국 전체에서 가장 강력한 정치적 단체로 성장할 것이다."라고 말하였습니다. 과연 그의 예견대로 크리스천 콜리션은 미국 대통령 선거 및 국회의원 선거에서 가장 강력한 영향력을 미치는 정치 단체로 올라섰습니다.

1994년 미 국회의원 선거가 끝난 직후, 아틀란타 저널지는 크리스천 콜리션의 정치적 승리에 대하여 다음과 같은 기사를 실었습니다. "정치적 포도원을 수년간 경작한 결과 기독교 보수파는 1996년 대통령 선거에 중요한 주자로서의 위치를 차지하였다. 크리스천 콜리션의 이념을 지지하는 후보자들이 국회와 각 주 의회를 휩쓸었다."

크리스천 콜리션은 기독교 사상을 지지하는 선거 후보자들을 집중적으로 후원함으로써, 그들의 사상을 미 국회에 침투시키는데 성공하였습니다. 예를 들어서 크리스천 콜리션은 캘리포니아의 샌디에고 지역 선거에서 공립학교 행정위원, 지역 협의회 등 가장 기본적인 행정 분야에 그들과 같은 사상을 가진 후보자를 당선시킴으로 그들의 정치적 세력을 확보하였습니다. 크리스천 콜리션의 행정위원장이었던 Ralph Reed 박사는 샌디에고 선거에 대하여 다음과 같이 말하였습니다. "이번 선거는 기독교인과 종교연합운동가들과 가정주의(편집자주, 가정의 가치와 전통을 중요시하는 주의) 로마 천주교인들이 전국에서 행하려고 하는 일의 좋은 예이다."

그들의 노력은 아이오와 주에서도 성공하여 아이오와 주에서 전국 공화당 회에 보낸 48명의 대표 중에서 43명이 크리스천 콜리션의 회원들이었습니다. 2000년 1월, 아이러니컬하게도 개신교 정치단체 중에서 가장 강력한 영향력을 행사하고 있는 크리스천 콜리션의 행정위원장은 천주교회 사제에게 위임되어 운영되고 있습니다.

팻 롸벌슨 목사는 1992년 선거를 "승리를 얻기 위한 해"라고 불렀고, "승리를 위한 길"이라는 회의를 소집하여 여러 정치인과 함께 1992년 선거에서 2천만 가정주의자들과 기독교인들을 확인하여, 모두 선거에 참가하도록 유도하는 일을 논의하였습니다. 여러분은 이것을 종교라고 생각하십니까? 아니면 정치라고 생각하십니까?

Christian Today 잡지는 크리스천 콜리션 모임에 대하여 다음과 같이 기술하였습니다. "그들은 전국적으로 일어나고 있는 잘 조직된 새 세대의, 정교한 정치적 기독교 선거운동대원들이다. 이들은 재치 있는 새로운 기술을 주와 지역 정치에 사용하고 있다."

주일날 예배를 끝마치고 돌아가는 교인들에게 어떤 특정 후보를 지지하는 팜플렛을 나누어 주는 목사들과 교인들이야말로 크리스천 콜리션이 자랑하는 잘 훈련된 선거 운동원들입니다. 크리스천 콜리션은 지금 현재 공화당이나 민주당 선거 운동원의 수를 능가하는데, 교회가 있는 곳마다 크리스천 콜리션의 운동원이 있다는 말이 나돌 정도로 그들의 선거 운동은 전국적으로 막강한 영향력을 행사하고 있습니다. 이들 기독교 정치단체들의 노력의 결과로 인하여, 이제 미국 국회와 대법원에서 천주교인의 수는 최대 다수의 의석을 차지하게 되었습니다.

3) CCT 운동(Christian Churches Together)

미국 전 기독교 연합 운동체인 이 운동은 흥미롭게도 로마 카톨릭교회의 신부들에 의하여 시작된 운동입니다. 괄목할 만한 사실은 지금까지 모든 종교 연합운동은 개신교에 의하여 이루어져 왔으며 천주교회는 그 막후에서 조정하거나 후원하는 모습으로 일관하여 왔었는데 서기 2000년도에 들어서자 바티칸이 교회들의 연합을 위한 계획에 직접 뛰어들어 앞장서서 끌고 가는 태도로 탈바꿈하고 있다는 사실입니다.

이제 미국에서는 이 CCT 운동이 크리스천 콜리션 운동을 대치하는 강력한 세력으로 급부상하게 되었고, 미국의 어느 정치가도 이들의 힘과 투표율을 무시할 수 없는 종교적 정치 세력으로 인정되고 있습니다.

CCT 운동의 목적은 미국을 기독교적인 헌법과 규범을 가지고 다스리는 나라로 만들자는데 있습니다. 물론 한 나라를 성경의 원칙을 가지고 다스리자는 정신은 좋으나 그것을 인간의 양심에 호소하여 거듭나게 하는 방법으로 해야지, 법을 제정하여 도덕적인 선택을 강요하거나 양심의 자유를 제어하기 시작하면 과거 중세기에 있었던 무서운 교황권의 핍박이 다시 재현되게 되는 것입니다. 성경은 말세에 짐승의 핍박이 다시 일어날 것이라고 예언하고 있습니다. 그런데 문제는 그렇게 되도록 앞장서서 일하는 세력이 바로 미국이 될 것이라고 예언하고 있으며 그 예언은 너무나도 정확하게 우리들의 눈 앞에서 성취되고 있는 중입니다.

4) 십계명과 주일성수로 연합하는 기독교 정치단체들의 운동

기독교를 미국의 국교로 만들어 사회적으로 강요하려는 노력은 현재 미국 각지에서 강력히 진행 중입니다. 1999년 10월 21일, FRC(Family Research Council)라고 부르는 기독교 단체와 이를 지지하는 국회의원들은 십계명을 공공 사무실에 붙이는 캠페인을 하기로 결정하였습니다. FRC는 1983년에 발족된 기관으로 James Dobson 박사가 지도하는 Focus on the Family에 속해 있다가 1992년에 독립된 단체입니다. 그들은 여러 국회의원을 설득하여 십계명을 그들이 일하고 있는 국회 사무실에 붙이기로 하여, 십계명이 공공 생활에 없어서는 안 될 중요한 요소라는 것을 공중에게 알리기로 하였습니다. 이 캠페인은 33명의 공화당 의원들과 8명의 민주당 의원들이 참가하고 있습니다.

이러한 노력은 켄터키 주의 어느 작은 시골에서까지 일어나고 있습니다. 1999년 11월 8일자 CBN 뉴스에 따르면 남 켄터키 주의 작은 마을의 주민은 십계명을 마을 공공 기관에 복귀시키기 위하여 군중집회를 하였습니다. 3000여 명의 사람들이 일요일 오후 임마누엘 침례교회에 모였습니다. 이 집회를 통하여 법적으로 십계명을 공공기관에 배치하게 할 수 있게 될지는 아직 잘 모르지만 이러한 운동은 전국으로 퍼져 나갈 예상입니다.

공화당 의원 Robert Aderholt씨가 후원한, 십계명을 공립학교와 공공기관에 붙이는 일을 법적으로 추진할 수 있도록 하는, 법안이 통과되었으며, 공화당 의원 Jim Demint가 제출한, '교회와 국가의 분리법'을 어긴 사건들에 대한 법정 소송을 무마시킬 수 있는 법안도 통과되었습니다. 이러한 모든 사실은 미국이 이미 기독교를 공식적인 나라의 국교로서 만들어 법적으로 강요하려는 그들의 의지를 명백하게 증거하는 것입니다. 지금 현재, 미국 기독교 정치 단체들은 공립학교에서의 기도, 기독교 정신에 입각한 낙태 금지, 국가의 세금으로 기독교 사립학교를 지원하는 문제들을 추진해 왔는데, 궁극적으로 그들의 목표는 십계명과 주일 성수로 모아지고 있습니다.

5) 카이로스 2017 에큐메니칼 컨퍼런스

지난 2017년 10월 31일은 종교개혁 500주년이 되는 때입니다. 그 시기에 맞춰 2017년 10월 24~26일에 미국 복음주의파의 유명한 목사 가운데 한 명인 케네스 코플랜드(Kenneth Copeland)가 '카이로스 2017'이란 이름의 에큐메니칼 컨퍼런스를 미주리주 캔자스시티에서 개최했습니다. '카이로스 2017'의 주요 목적은 천주교와 개신교회들과 동방정교의 지도자들을 한 곳에 모아서 한 테이블에 함께 앉아 그들의 교파의 다양한 차이점을 옆으로 치우고 어떻게 그들 사이에 불경한 동맹을 맺을 수 있을지 머리를 모으는 것이었습니다.

'카이로스 2017' 컨퍼런스가 있기 전, 케네스 코플랜드는 500년 전에 시작된 개신교 종교개혁이 "교회 분열 가운데 최악의 분열"이었으며, 그 분열의 영은 악마의 영이라고 주장했습니다. 이제 미국 개신교를 이끌고 있는 주류 목사들은 개신교 종교개혁이 악마의 소행이었다고 주장합니다. "분열된 교회는 분열된 국가를 치유할 수 없다."며 모든 교회가 하나로 연합하여야 한다고 주장합니다. 그들은 진리를 무시하고 공통적으로 동의할 수 있는 교리들을 중심으로 연합하고 있습니다. 그렇게 함으로 그들은 그들의 연합된 영향력을 행사하여 미국 정부의 방향을 바꿀 수 있는 위치에 있게 되는 것입니다.

진리를 배제한 채 천주교와 개신교가 종교통합을 이루는데 가장 큰 역할을 하는 것이 거짓 성령운동입니다. "성령의 은사"라고 부르며 방언, 치유, 예언 등의 초자연적인 일들이 개신교 대부분의 교단 교파에서 인기리에 퍼져나가고 있습니다. 천주교에서도 같은 일들이 있는 데 이것은 각 교단이나 종파 간에 차이를 가져오는 진리를 타협한 채 같은 초자연적인 경험으로 종교를 통합시키려는 에큐메니칼 운동의 일환입니다.

6) 존슨 수정헌법 폐지

도널드 트럼프는 미국 대통령이 되면서 "미국을 다시 위대하게 만들 것이다!(MAKE AMERICA GREAT AGAIN!)"라고 말하는데, 바로 그 방법은 기독교를 정치에 끌어들이는 것이라고 주장합니다. 트럼프가 기독교를 정치에 끌어들이는 일의 결과는 심히 두렵지 않을 수 없습니다. 왜냐하면 배도한 교회가 정치와 연합되면 항상 개개인의 양심을 짓밟고 하나님의 말씀과 반대되는 종교를 법으로 강요하는 핍박이 뒤따랐기 때문입니다.

트럼프는 다음과 같이 말했습니다.

트럼프 : "나의 정권은 천주교도들과 함께 서서 그리스도인으로서 그리고 미국인으로서 우리가 공유하는 가치관을 추구할 것입니다. 왜냐하면 여기 미국에서는, 우린 정부가 아닌 하나님을 섬기기 때문입니다. 그리고 물론 우리는 다시 미국을 위대하게 만들 것입니다!"

트럼프는 기독교인들과 천주교인들이 자신을 정치적으로 지지할 수 있도록 정치와 종교의 분리 원칙을 강화하기위해 제정된 존슨 수정헌법을 폐기하는 행정명령에 서명했습니다. 그가 미시시피주의 매디슨에서 대통령 선거유세를 할 때 수많은 기독교인 유권자들 앞에서 다음과 같이 말했습니다.

트럼프 : "저는 성실한 기독교인이며 복음주의파를 이끌고 있습니다. 제가 여러분에게 한가지 말씀드리겠습니다. 기독교가 이 나라에서 사라져가고 있습니다. 부서지고 있습니다. 그리고 저는 이 일이 일어나도록 가만히 있지 않을 것입니다. … 저는 기독교가 더 강력한 영향력을 행사하길 원한다고 했습니다. 우린 존슨 수정헌법을 폐지할 것입니다. 공화당에 대한 민주주의와 공화당에 대한 권력을 생각해보십시오. 그 권력의 힘은 굉장합니다. 그래서 우리는 이 헌법 문제를 해결할 것입니다. 그리고 그 권력의 힘을 되찾을 것입니다…"

기독교가 정치적으로 더 강력한 영향력을 행사하길 원한다는 트럼프의 발언은 요한계시록 13장 15절이 예언한 "짐승의 우상에게 생기를 주어"야 한다는 주장과 동일하다는 사실을 우리는 깨달아야 합니다. 그리고 짐승의 우상이 생기를 받게 되면, 즉 정치와 교회가 연합된 체제가 힘을 발휘하며 정치에 강력한 영향력을 행사하게 되면, 필연적으로 종교적인 법을 제정하게 되는 것입니다.

도널드 트럼프가 선거 유세를 하며 말했듯이, 미국의 주요한 교회들과 천주교회가 하나로 뭉치면, 민주당과 공화당보다도 더 막강한 힘을 발휘하게 됩니다.

배도한 기독교와 정치적인 권력이 연합되면 결국 하나님의 말씀과 반대되는 법령이 제정될 것입니다. 처음에는 가볍게 시작하겠지만 가벼운 형벌이 실패함에 따라, 더욱 강압적인 법령들이 제정될 것입니다. 미국의 타락한 개신교는 중세시대에 로마 천주교가 하나님의 말씀을 지키는 사람들에 대하여 취한 행동과 유사한 행동을 취하게 될 것입니다. 이것이 요한계시록 13장이 예언하고 있는 것이며 이 일은 지금 우리 눈앞에서 성취되고 있습니다.

5. 마지막 예언의 성취와 살아남는 이들

사회의 타락과 부패와 범죄가 심화되면 될수록, 경제가 어려워지고 천연재해가 심해지면 질수록, 미국 기독교 정치단체들의 주장은 더욱더 강력한 설득력을 얻게 되고 미국 사람들의 지지를 받게 될 것입니다. 그래서 성경의 예언은 종교와 정치의 연합세력인 짐승의 우상이 갑자기 "생기"를 받아 강력한 정치적 힘을 행사하게 될 때, 드디어 미국이 "용처럼 말" 하면서 짐승의 표를 강요하는 핍박의 세력으로 돌변하게 되는 모습을 다음과 같이 묘사하였습니다. "저가 권세를 받아 그 짐승의 우상에게 생기를 주어 그 짐승의 우상에게 말하게 하고 또 짐승의 우상에게 경배하지 않는 자는 몇이든지 다 죽이게 하더라 저가 모든 자 곧 작은 자나 큰 자나 부자나 빈궁한 자나 자유한 자나 종들로 그 오른 손이나 이마에 표를 받게 하고 이 표를 가진 자 외에는 매매를 못하게 하니"(계 13:15-17).

짐승의 우상 즉, 미국의 기독교 정치단체들이 지지하는 정치인들이 정부와 의회의 다수를 점령함으로써, 교회는 종교 암흑시대의 교황권과 마찬가지로 국가의 권력을 사용하여 자신들이 주장하는 교리나 도덕률을 법률로 정하여 강요할 것인데, 이러한 미국의 정치적-종교적 변화는 온 세계에 급속도로 파급될 것이며, 이때 전 세계적으로 핍박의 불길이 타오르게 될 것이고, 대다수의 사람들은 먹고 사는 문제 때문에 짐승의 요구에 굴복함으로써 짐승의 표를 받게 될 것입니다.

한 가지 매우 흥미 있는 사실은, 미국의 기독교 정치단체들이 주장하는 이슈와 요한계시록 14장에 기록되어 있는 짐승의 표를 거절하고 승리하는 자들의 특징이 서로 만나고 있다는 점입니다. 앞에서 살펴본 바와 같이 짐승의 우상 세력은 그들의 로비 활동의 초점을 십계명 준수로 모으고 있는데 반하여, 마지막 시대에 짐승의 표를 거절하고 살아남는 자들의 특징도 "하나님의 계명을 지키는 자들"로 묘사되고 있습니다. "성도들의 인내가 여기 있나니 저희는 하나님의 계명과 예수 믿음을 지키는 자니라"(계 14:12).

이 사실을 어떻게 이해해야 할까요? 이것은 마지막 시대에 사탄의 편과 그리스도의 편 사이에 펼쳐지는 대 쟁투에서 하나님의 십계명이 대 쟁투의 초점이 된다는 사실을 의미합니다. 요한계시록 12장에도 마지막 시대에 사탄과 하나님의 남은 백성 사이에서 벌어지는 대 쟁투의 초점이 "십계명"으로 설명되어 있습니다. "용(사탄)이 여자(교회)에게 분노하여 돌아가서 그 여자의 남은 자손 곧 하나님의 계명을 지키며 예수의 증거를 가진 자들로 더불어 싸우려고 바다 모래 위에 섰더라"(계 12:17).

사탄은 오래전부터 하나님의 계명을 집요하게 공격해 왔습니다. 이러한 이유 때문에 하나님께서는 선지자 다니엘을 통하여 사탄이 중세기에 작은 뿔 세력을 통하여 당신의 십계명을 변경시킬 것이라는 경고의 말씀과 함께 적그리스도 세력의 특징을 자세하게 기록해 놓으셨던 것입니다. "그가 장차 지극히 높으신 자를 대적하며 또 지극히 높으신 자의 성도를 괴롭게 할 것이며 그가 또 때와 법을 변개코자 할 것이며"(단 7:25). 마지막 시대의 영적 투쟁의 초점이 계명이라는 사실을 이해한 사탄은 현대 기독교회 안에 하나님의 계명에 대한 오해를 깊이 심어 놓았습니다. 이러한 사탄의 기만 전략 때문에 계명을 지키는 것은 율법주의요 바리새주의라는 심각한 오해가 기독교 안에 널리 퍼지게 된 것입니다.

바벨론 시대에 두라 평지에 세워졌던 금 신상에 절하도록 강요받았을 때, 우상에게 절하지 말라는 둘째 계명에 대한 충성을 다짐하면서 왕의 요구를 거절했던 다니엘의 세 친구처럼, 마지막 시대의 참된 하나님의 백성은 하나님의 계명을 신실하게 지키기 위하여 짐승의 우상에게 경배하기를 거절할 것입니다.

성경공부
성경의 예언

3장

공산권, 교황권, 미국

세상의 최종 사건을 다룬 이 예언을 아십니까?

제1부 다니엘 11장 40-45절에 나타난 예언 해석

1. 다니엘 11장 40절에 나오는 남방 왕과 북방 왕은 누구인가?

그리스도인들이 성경 다니엘서를 인봉된 책이라 하여 그 속에 있는 내용이나 예언에 대하여 연구를 하거나 공부하려는 생각을 가지지 못하고 있는 것이 요즈음의 현실입니다. 그러나 다니엘서는 인봉된 책이 아니요, 그 속에는 마지막 시대를 사는 우리 그리스도인들의 신앙을 확고히 할 귀중한 예언들이 많이 들어 있습니다.

그 중에서도 다니엘 11장 40절로부터 45절에는 현재 우리들이 살고 있는 당대와 마지막 최종적으로 성취될, 즉 바로 우리 눈앞에서 성취될 아주 의미심장한 예언이 나와 있습니다. 이 예언은 예수님의 재림을 기다리고 있는 그리스도인들에게 과연 세상 끝에는 어떤 사건이 일어날 것이며, 지금 우리가 살고 있는 시대는 어떤 때이며, 어떻게 영적으로 깨어나 어떻게 준비하며 살아야 하는지의 비밀을 알려 주고 있습니다.

과거에 이 예언에 대하여 주의를 기울이거나 연구하고 해석한 사람들은 거의 없다고 할 수 있으며, 그 뜻에 대한 정확한 해석을 성경적으로 증명했던 사례도 별로 없습니다.

성경에 나타난 어떤 주제나 진리에 대하여 연구할 때에 우리가 가져야 할 태도는 "베뢰아"사람이 가졌던 정신과 자세입니다. 우리가 새로운 진리를 배우거나 받아들일 때는, 언제나 기도하는 마음으로 이것이 정말 성경적인가를 스스로 확증할 필요가 있습니다. 늘 성령의 가르치심과 인도를 받는 사람은 오류나 틀린 길로 빠지지 않도록 도우심을 받을 것이며, 그런 사람들은 간절한 마음으로 진리를 찾을 것입니다. "베뢰아 사람은 데살로니가에 있는 사람보다 더 신사적이어서 간절한 마음으로 말씀을 받고 이것이 그러한가 하여 날마다 성경을 상고하므로"(행 17:11).

성경에 나타나 있는 거의 모든 예언들은 이미 과거에 정확히 성취되었습니다. 앞으로 예수님께서 이 땅에 오시기 전까지 이루어질 예언은 불과 몇 가지 밖에 남지 않은 것 같습니다. 이 다니엘 11장 40-45절은 특별히 최근 우리 눈앞에서 이루어지고 있는 세상 역사와 사건에 대한 예언을 다루고 있습니다. 우리가 살고 있는 이 시대에 펼쳐지고 있는 예언에 대한 분명한 이해는 예수님의 두 번째 오심을 위해 준비하고 있는 모든 그리스도인의 영적인 안목과 시야를 보다 넓고 깊게 만들어 줄 것이며, 항상 깨어 주님의 오심을 준비하도록 만들어 줄 것입니다.

이 중요한 예언을 함께 연구하여 우리가 사는 때가 어떤 때인가를 깨달아 알므로 독자들의 신앙생활에 큰 활력소를 얻으며, 마지막 주님의 재림을 위하여 온전히 준비할 수 있는 계기가 되기를 바랍니다.

"마지막 때에 남방 왕이 그를 찌르리니 북방 왕이 병거와 마병과 많은 배로 회리바람처럼 그에게로 마주 와서 그 여러 나라에 들어가며 물이 넘침 같이 지나갈 것이요"(단 11:40)

성경 다니엘서에 나타나 있는 모든 예언의 대부분은 과거에 성취되었습니다. 그러나 지금부터 연구하려고 하는 다니엘 11장 40절부터 45절, 여섯 개의 성경 절에 나타나 있는 예언은 우리 시대를 위하여 풀리지 않은 채 남아 있었습니다. 우리는 우리 당대에 이 성경 절들에 나타나 있는 예언들이 성취되는 것을 눈으로 볼 수 있는 특권을 가지고 있습니다.

이 성경 절에 나타나 있는 예언들은 이 지구 역사의 마지막 순간에 일어날 사건들을 다루고 있으므로, 장래의 사건들에 대하여 진지한 열심을 가지고 있는 그리스도인들에게 있어서 이 연구는 불투명한 미래의 문을 여는 중요한 열쇠가 될 것입니다. 이제부터 성경 절을 하나하나 살펴가며 연구하겠습니다. 연구에 앞서서 한 가지 알고 지나가야 할 것은 이 예언은 마지막 시대를 위하여서 주어진 것이라는 사실입니다.

"마지막 때에"(단 11:40 상단). 이 "마지막"이란 단어의 영어의 뜻을 보면 "At the time of the end"이라고 되어 있는데, 이 뜻은 누구나 알 수 있듯이 "마지막 때" 곧 "말세"를 말합니다. 그러므로 이 성경절의 예언은 "마지막 때"에 어떤 일이 일어날 것인가를 알려주어 이 예언의 비밀을 아는 신실한 그리스도인들로 하여금 마지막 때를 깨달아 준비하도록 하여 줍니다.

다니엘서의 예언들 속에 말세를 가리켜 주는 한 가지 예언이 있는데 그것은 한 때, 두 때, 반 때, 즉 삼년 반에 대한 예언이 그것입니다. 삼년 반이란 예언적으로 1260년간의 중세기의 종교 암흑시대, 즉 성도들이 핍박을 받던 시대를 말하는 것인데, 1260년의 예언은 교황권이 공식적으로 확립된 538년부터 시작되어 1798년도에 끝마쳐집니다.

1798년은 아주 의미심장한 해인데, 이 해를 전후로 교황권이 잠시 동안 몰락하게 되었고, 프랑스 혁명이 일어나 무신론 세력이 기치를 들기 시작했으며, 이즈음 미국이 건국되어 일어났고, 이 세상의 역사는 드디어 말세를 가리키고 있는 예언들의 시대로 접어들게 되었기 때문입니다.

이 예언이 참으로 중요한 이유는, 이 예언을 이해하고 나면 마지막 시대에 일어날 사건을 알게 되고, 신앙의 부흥이 일어날 것이며, 과연 어떤 사람이 참된 하나님의 마지막 성도인가를 알게 될 것이기 때문입니다.

2. 예언 해석의 원칙

예언 역사 연구가 루이스 위얼은 그의 저서 "예언의 이해"라는 책에서, 예언을 풀 때 적용해야 하는 원칙에 대해 다음과 같이 기술하고 있습니다.

1) 첫 번째 원칙

"예언에 나타나 있는 한 지역의 국부적인 사건이 전 세계적인 사건의 상징으로 주어져 있는 경우가 허다합니다."

예) 예수님께서 예루살렘의 멸망을 예언하실 때, 예루살렘을 이 세상의 상징으로 나타내셨으며, 예루살렘에 올 멸망과 또한 미래에 하나님을 거역한 세상에 내릴 멸망을 함께 언급하셨습니다. 성경에는 많은 실례에서 국부적으로 일어난 일을 마지막 시대에 전 세계적으로 일어날 상징으로 표현하고 있습니다.

2) 두 번째 원칙

"이스라엘에 관련된 모든 일들은 그것이 문자적이든지 상징이든지 간에 교회에 속한 일로 해석합니다."

다니엘과 계시록의 예언을 풀 때, 이 원칙은 특별히 계속 적용될 수 있는데, 하나님께서는 바울에게 교회가 어떻게 하나님의 이스라엘로 되는지에 대해 알게 하여 주셨습니다.

예) "곧 육신의 자녀가 하나님의 자녀가 아니라 오직 약속의 자녀가 씨로 여기심을 받느니라"(롬 9:8).

"너희가 그리스도께 속한 자면 곧 아브라함의 자손이요 약속대로 유업을 이을 자니라"(갈 3:29).

현 시대의 그리스도인들은 영적인 이스라엘 백성이며, 과거에 이스라엘 백성에게 일어났던 영적인 일들과 상태는 마지막 시대의 모든 교회와 교인들에게 일어날 일들과 영적 상태를 상징한다고 할 수 있습니다.

3. 시대에 따라서 변화되는 남방 왕과 북방 왕의 정체

남방 왕과 북방 왕의 연구에 앞서서 먼저 한 가지 이해하고 지나가야 할 중요한 원칙이 있습니다. 그것은 다니엘서 11장에 나오는 북방 왕과 남방 왕이 항상 같은 시대의 어떠한 특정한 나라에게만 국한될 수가 없다는 사실입니다. 그 이유는 다니엘 11장 예언들이, 세계 역사의 흐름을 따라 시대적으로 어떠한 사건들이 일어날 것이며, 마지막 시대에 가서는 과연 세상이 어떠한 식으로 끝나게 될 것이고, 또한 이러한 역사적 사건들이 하나님의 교회와 무슨 관계를 가지게 될 것인지를 보여주는 방대하고도 기나긴 역사를 계시하는 긴 예언이기 때문입니다. 나라들이 일어났다가 사라지는 흥망성쇠의 역사를 반복하면서, 팔레스타인의 북쪽과 남쪽에서 시작된 북방 왕과 남방 왕의 대결은 그것이 벌어지는 투쟁의 시기와 장소와 양상이 변화되는 것입니다.

그러므로 어떤 특정한 나라가 전체 긴 예언의 주인공으로 계속 남아있을 수가 없는 것입니다. 그러므로 우리는 다니엘 11장의 초반부터 끝까지 반복적으로 등장하는 북방 왕과 남방 왕을 어떤 특정한 나라에만 한정시킬 수가 없으며, 그 당시 마다 이 특성에 맞는 나라들을 살펴보아야 하며, 또한 나아가서는 북방나라와 남방나라의 영적인 특징들을 연구하여 영적인 입장에서 적용시켜야 합니다. 다니엘 11장 전체에 남방 왕과 북방 왕은 4번에 걸쳐서 그 정체와 투쟁의 양상이 변화되는데, 여기서는 41절부터 나타나는 남방 왕과 북방 왕의 모습을 차례대로 살펴보도록 합니다.

1) 다니엘 11장 40절의 예언에 나오는 남방 왕은 누구를 가리키는가?

A. 성경에 있는 "남방"이라는 개념과 "남방 왕"에 대하여

❶ 성경이나 예언에서 방향을 가리킬 때, 그 기준을 예루살렘을 중심으로 두는 것을 알 수 있습니다.

❷ 성경에 쓰여진 히브리어를 보면 "남방"이라는 단어는 항상 "이집트-애굽"과 관련이 있는 단어로 나옵니다.

❸ "남방": "바짝 마른 뿌리"라는 뜻을 가진 단어로 "네겝"이라는 지역이나 유다의 남쪽에 있는 지역, 그리고 이집트를 가리킵니다. (스트롱 히브리 성경 사전 5045)

B. 이집트: 이집트와 "남방"이라는 단어의 관계와 그 영적인 의미에 대하여

❶ 예루살렘의 남쪽에는 이집트가 있었는데, 이 이집트를 다스리던 세력이 다니엘서 11장 예언에 "남방 왕"으로 표현된 것을 계속되는 연구에서 알게 될 것입니다.

❷ 이집트: 스트롱 성경 주석에 "이집트"라는 단어를 찾아보면 "남방", 곧 "남쪽"이라는 뜻으로 나와 있습니다.

❸ 성경 역사에 나오는 모든 나라들 중에 이집트는 가장 대담하게 살아계신 하나님의 존재를 부인하고 그분의 명령에 저항한 나라였습니다. 그리고 어느 왕국 중 애굽의 왕만큼 공개적이고 직접적으로 하늘의 권위에 반항하고 도전한 왕조가 없었습니다. 모세가 여호와의 이름으로 하나님의 기별을 전달했을 때, 애굽 왕 바로는 거만하게도 "여호와가 누구관대 내가 그 말을 듣고 이스라엘을 보내겠느냐? 나는 여호와를 알지 못하니"(출 5:2)라고 말하였습니다.

❹ 애굽 왕 바로에 의하여 말해진 위의 말은 곧 무신론 사상을 대표하는 말이라고 할 수 있는데, 이 무신론 사상은 이집트 국가에 의하여 가장 잘 대표되어 나타났으며, 살아계신 하나님을 부인하고 성령의 현저한 계시의 현상에 대하여 눈을 감고 불신하는 사상이었습니다.

❺ 이 다니엘 11장 40절 예언에 나오는 "남방 왕"은 요한 계시록 11장에 있는 예언과 깊은 연관이 있습니다. 계시록 11장 8절에 나오는 예언, 즉 프랑스의 무신론주의 혁명에 대한 예언을 보면, 프랑스(프랑스)를 "큰 성" 또는 영적으로 "소돔과 애굽"이라고 부른 것을 알 수 있습니다. 이 예언을 보면 무신론의 대표 국가라고 할 수 있는 이집트와 프랑스(프랑스)는 서로 깊은 연관이 있는 것을 알 수 있습니다.

❻ 계시록 11장에 나타난 "큰 성"은 영적으로 "소돔"과 비교되고 있는데, 소돔의 죄는 부패와 하나님의 법에 정면으로 맞서 대항하는 죄, 그리고 특별히 도덕적으로 음탕한 죄들이었습니다.

❼ 1798년 조금 전 시기, 사탄으로부터 기원을 두고 사탄의 특성을 가진 세력이 일어나 성경을 향하여 전쟁을 걸게 되었는데, 이것이 하나님의 두 증인을 침묵시킨, 바로에 의해서 말해진 무신론 사상이었습니다.

❽ 계시록 11장 8절에 나오는 예언은 프랑스의 역사에 의하여 가장 정확하고 현저하게 성취되었습니다. 이 무신론 사상은 1793년 프랑스 혁명을 통하여 큰 회중과 사람들의 지지를 받고 일어서게 되었는데, 이 사상은 인간이 받아들일 수 있는 가장 엄숙한 진리, 곧 창조주 하나님이 인간의 경배 대상이 된다는 진리 대신에 무신론, 즉 신은 없으며, 인간의 이성만이 경배할 수 있고 믿을 수 있다는 이론을 창조해 내었고, 그 당시 프랑스에 만연하게 되었습니다.

프랑스 혁명 당시에, 이 무신론 사상은 문명국에서 출생하여 교육을 받은 의원들, 즉 유럽의 나라들 가운데 가장 우수한 나라를 통치하는 권리를 가진 의원들에 의해 의회에서 만장 일치로 하나님께 대한 신앙과 예배를 부인하는 법으로 세워졌습니다. 우주의 창조주에 대하여 공공연하게 반역의 손을 든 국가로서 믿을 만한 기록을 남긴 나라는 세계에서 오직 프랑스뿐입니다.

영국, 독일, 스페인, 그 밖의 다른 나라에서도 하나님을 모독하는 사람들과 무신론을 주장하는 사람들이 계속해서 많이 존재해 왔고 지금도 여전히 존재하고 있습니다. 그러나 프랑스는 의회의 공식적인 결의로써 무신론을 선언했고, 수도의 모든 인구와 그 밖의 모든 곳에서 무수한 사람들이 남녀를 막론하고 그 결의를 수락하고, 기쁨으로 노래하며 춤을 춘 유일의 국가로서 세계 역사상 그 유례를 찾아볼 수 없습니다.

❾ 다니엘 11장 예언에 나타난 "남방 왕"의 정체는 이집트를 지배하던 세력-곧 무신론 주의- 에 의하여 결정됩니다. 그러므로 마지막 때인 1798년경에 있던 국가, 성경에서 영적으로 무신론 사상을 강하게 가지고 있던 애굽과 같은 특성을 가진 국가는 프랑스입니다. 그리고 무신론주의를 주장했던 프랑스 혁명이 상징적으로 또는 영적으로 하나님을 대적하였던 고대 이집트와 동일한 성격을 갖고 있음을 알게 됩니다. 그러므로 무신론 세력을 남방 왕으로 풀어도 무리가 없습니다.

C. 현시대의 남방 왕의 실체는?

❶ 이 연구에서 한 가지 우리가 알고 넘어 가야 할 사실이 있는데, 그것은 바로 과거 한 때 옛날 프랑스를 지배했던 무신론 사상이 지금은 어디로 신장되어 흘러갔는

가 하는 것입니다. 왜냐하면 현재 프랑스가 범국가적으로 무신론 사상을 추구하고 있지는 않기 때문입니다. 그러면 현 시대에 있어서 무신론 이념을 추구하는 국가가 존재하고 있을까요? 그렇습니다. 다음에 계속되는 항목들에서 그 답을 찾아봅니다.

❷ 프랑스 혁명 이후, 시간이 흐름에 따라 무신론주의 철학은 더욱 발전하고 세련되어갔으며, 그 사상은 프랑스 정부의 기본 원칙이 되었습니다. 이렇게 하여 뿌려진 무신론 사상의 씨앗은 유럽뿐 아니라 전 세계로 퍼져 나가게 되었습니다. 이 무신론 사상은 지적으로 또 이성적으로 많은 영향을 끼치며 자라났지만, 그러나 예언이 요구하는 대로 한 국가로서의 면모를 갖추고 다시 한 "목소리"를 낼 수 있을 때까지 잠시 조용한 듯하였습니다. 예언에 부응할 수 있는 실제적인 실체의 현 남방 왕은 이 무신론주의가 권력을 가지고 입법체제를 가진 정부 형태로 나타날 때까지는 완전히 자신의 정체를 나타내지 않을 것이었습니다.

❸ 러시아의 볼셰비키 혁명 – 흥미로운 것은 세계의 역사에 나타나는 무신론주의의 특성의 하나는 항상 혁명을 뒤에 업고 일한다는 것입니다. 프랑스 혁명을 통하여 시작된 무신론 주의는 프랑스를 남방 왕의 위치에 놓게 되었고, 프랑스 혁명으로 인하여 뿌려졌던 무신론 주의의 씨앗들은, 백 년이 지난 후인 1917년에 일어난 러시아 혁명으로 발아하게 되었습니다.

1917년에 무신론은 볼셰비키 혁명을 등에 업고 러시아 남방 왕의 왕궁으로 자리를 옮기게 되었습니다. 이렇게 하여 무신론 세력의 실체인 남방 왕은 또 다시 주권과 권력을 가진 국가적 형태를 띠운 세력으로 등장하여 한 국가로서의 목소리를 내게 됩니다. 한 국가가 "말합니다."라는 것은 그 나라의 입법과 사법상 권위를 행사함을 의미한다고 할 수 있습니다.

❹ 소련연방 – 러시아 혁명을 통하여 무신론 사상은 공산주의 이론의 기초가 되었고, 공산주의를 표방하는 강한 국가 소련연방이 탄생했습니다. 수년에 걸쳐 이루어진 소련 연방의 정복과 승리의 역사는 우리에게 다음과 같은 사실을 말해줍니다.

첫째: 많은 나라가 혁명이라는 공적(과업)을 통해서 공산주의 국가인 소련의 수하로 들어왔고, 혁명이라는 공적을 통하여 무신론을 근거로 한 공산주의 사상이 그 모든 국가들로 침투되어 들어가 그 사상을 심어 주게 되었다는 것입니다.

둘째: 소련 연방의 수하에 들어 온 나라들은 거의가 다 천주교 세력의 지배를 받던 나라들이라는 것입니다.

❺ 결론적으로 현 시대의 남방 왕의 실체는 붕괴 전의 소련, 공산주의를 가리키는 것입니다.

2) 북방 왕은 누구를 가리키는가?

A. 성경에 나오는 "북방"이라는 개념과 "북방 왕"에 대하여

❶ 성경의 "남방"이라는 단어의 개념이 "애굽"을 가리키듯이, "북쪽" 혹은 "북방"이라는 개념은 항상 "바벨론"과 연관되어 있습니다. 다음의 성경 절을 살펴보겠습니다.

"보라 내가 보내어 북방 모든 족속과 내 종 바벨론 왕 느부갓네살을 불러다가 이 땅과 그 거민과 사방 모든 나라를 쳐서 진멸하여 그들로 놀램과 치소 거리가 되게 하며 땅으로 영영한 황무지가 되게 할 것이라" (렘 25:9).

"나 주 여호와가 말하노라 내가 열 왕의 왕 곧 바벨론 왕 느부갓네살로 북방에서 말과 병거와 기병과 군대와 백성의 큰 무리를 거느리고 와서 두로를 치게 할 때에" (겔 26:7).

위의 성경절에서도 나타나 있듯이 성경에서 쓰여진 "북방"이라는 개념은 "바벨론"을 가리키는 것을 알 수 있습니다.

❷ 그러므로 "북방 왕"은 "바벨론"을 가리킵니다. 그러나 현 시대에 바벨론은 존재하지 않으므로, 성경이 말하는 "바벨론"의 특성을 가진 종교 단체나 종교 세력을 바벨론에 적용시켜야 할 것입니다. 성경 계시록에는 바벨론을 상징하는 여자에 대하여 다음과 같이 묘사되어 있습니다.

"그 여자는 자주 빛과 붉은 빛 옷을 입고 금과 보석과 진주로 꾸미고 손에 금잔을 가졌는데, 가증한 물건과 그의 음행의 더러운 것들이 가득하더라. 그 이마에 이름이 기록되었으니 비밀이라, 큰 바벨론이라, 땅의 음녀들과 가증한 것들의 어미라" (계 17:4,5).

"또 내가 보매 이 여자가 성도들의 피와 예수의 증인들의 피에 취한지라..."(계 17:6). 또한 바벨론은 "땅의 임금들을 다스리는 큰 성이라"(계 17:18)고 합니다.

❸ 그 동안 월간지 "열한시"를 계속해서 구독했거나 "열한시"에서 제공하는 유튜브 영상 "요한계시록 강해"와 "다니엘 연구"를 공부하신 분은 알고 있듯이, 영적으로 바벨론의 특성을 가진 종교 단체는 로마 카톨릭(천주교)인 것을 알 수 있습니다.

❹ 또한 위의 성경 절 (계 17:4,5,6,18) 들에 나타난 바벨론의 특성과 연관 지어 생각해 볼 때, 과거에 그리스도교국의 모든 왕에 대하여 여러 세기 동안 전제적 세력을 휘둘러온 종교 세력은 로마 천주교인 것을 알 수 있습니다. 성경에 써진 대로 그 자주 빛과 붉은 빛, 금과 보석과 진주는 과거로부터 로마 교황이 취했던 존귀와 일반 임금들보다 뛰어난 위세를 여실히 묘사해 줍니다. 또한 성경에는 바벨론이 "성도들의… 피에 취한지라"라고 기록되어 있는데, 과거에 그리스도교를 매우 잔혹하게 박해한 로마 천주교 이외에는 그런 세력으로 인정받을 만한 세력이 없습니다.

또 바벨론은 "땅의 임금들"로 더불어 불법적 관계를 맺는 것으로 나와 있는데, 일찍이 유대교가 주님을 떠나 이교도로 더불어 동맹을 맺음으로 음녀가 되었는데, 로마교도 그와 마찬가지로 세속적 권력의 지지를 받기 위하여 왕권과 결탁하였으며, 자신의 종교와 세속적 권력을 결속시켜 하나님의 신실한 백성과 참 교회를 핍박하는 음녀 역할을 하였습니다.

❺ 로마 천주교는 현대 혹은 영적인 바벨론을 조종하는 세력을 세상에 펴고 있습니다. 과거 로마 천주교가 국정에 개입하기 위하여 능숙하고 꾸준한 노력을 해온 사실은 역사가 증거하고 있으며, 그리고 일단 발판을 얻게 되면 군주들과 국민들의 이익에는 상관없이 그들의 목적을 관철시키고자 밀고 나간 것을 역사를 통해 알 수 있습니다. 1204년에 교황 인노센트 3세는 스페인의 아라곤 왕 베드로 2세에게 다음과 같은 특별한 선서를 시켰습니다.

"나, 아라곤 왕 베드로 2세는 내 주 인노센트 교황과 그의 천주교 후계자들과 로마 교회에 언제나 충성하고 순종하며 또한 그의 명령대로 우리나라를 유지하고 천주교의 신앙을 옹호하며 이단적 타락의 무리를 박해할 것을 공언하며 서약합니다."

이 말은 다음에 나오는 로마 교황의 권세에 관하여 주장한 카톨릭(천주교)의 교리와 일치합니다. "교황으로서 황제들을 폐위시키는 것은 합법적이다. 그리고 그는 백성들이 불의한 통치자들에게 충성하지 못하도록 해방시켜 줄 수 있다."

우리는 결코 변경해 본 적이 없다고 하는 로마교의 자랑을 기억해야 합니다. 그레고리우스 7세와 인노센트 3세가 가졌던 원칙들은 오늘날도 여전히 로마 천주교의 원칙들입니다. 그러므로 만일 로마 천주교가 권력을 가지게만 되면 지나간 세기에 못지않게 그 세력을 행사할 것입니다. 천주교는 그의 세력을 다시 구축하고 그의 잃어버린 최상권을 회복하기 위한 목적을 관철시키고 있습니다. 일단 이 원칙이 미국에서 확립되어 교회가 국가의 권력을 사용하거나 지배하게 되고 국법이 종교 행위를 세속적 법률로 강요하게 되면, 다시 말해서 교회와 국가의 권세가 양심을 지배하게 되면 이 나라에서의 로마 천주교의 승리는 확실해집니다.

❻ 그러므로 결론적으로 현 시대의 "북방 왕"은 교황권을 말합니다.

우리는 지금까지 남방 왕과 북방 왕의 정체를 알아보았습니다. 이제부터 남방 왕과 북방 왕 사이에 벌어지는 투쟁과 이 세상 마지막 역사의 장을 펼쳐보며 예언을 연구하겠습니다.

북방왕과 남방왕의 역사

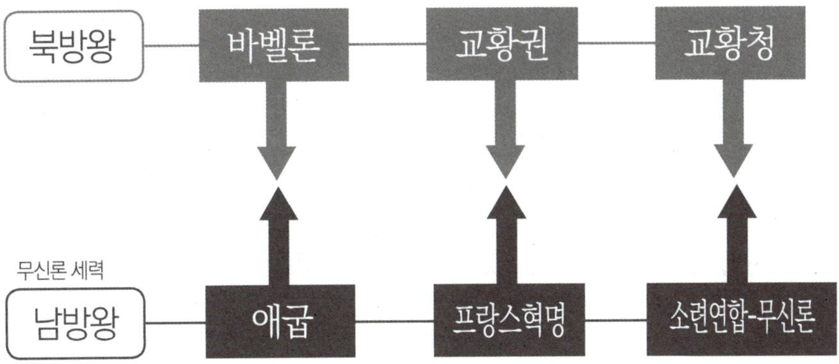

제2부 소련의 붕괴와 다니엘 11장 40절 해석

"마지막 때에 남방 왕이 그를 찌르리니 북방 왕이 병거와 마병과 많은 배로 회리바람처럼 그에게로 마주 와서 그 여러 나라에 들어가며 물이 넘침 같이 지나갈 것이요"(단 11:40).

1. 교황권이 찌름을 받은 사건

1798년, 다니엘 11장 40절에 예언된 대로 남방 왕이 북방 왕으로 표상된 교황을 "찌르"는 일이 일어났습니다. 이 일로 인해 교황권은 "상하여 죽게" 되었었습니다(계 13:3 참조). 1798년 나폴레옹이 프랑스의 황제였을 때, 교황을 잡아다가 감옥에 가둠으로, 이때로부터 교황권은 하나의 왕국이나 국가로서 존재하기를 그치게 되었고, 사회적 정치적 세력을 잃게 되었습니다. 그러나 교황권은 교회로서의 존재를 멈춘 것은 아니었습니다. 다만 단순히 국가로서의 권위를 잃은 것일 뿐이었습니다.

여기서 잠깐 언급하고 지나가야 할 것은, 1798년에 교황권이 받았던 상처는 교황권이 다시 지정학적으로 권위와 위세를 가진 국가가 되어 세력을 얻을 때, 마침내 완전히 치료가 될 것이었습니다. 그런데 지금 우리는 우리 눈앞에 상처가 치료된 교황권을 보고 있지 않습니까! 교황권의 "죽게 되었던 상처"가 낫기 시작하게 된 시점을 살펴보면, 이태리의 무솔리니가 100여 에이커의 바티칸을 교황에게 선물로 주면서 독립국가로 인정해 준, 1929년도의 라테란 조약이 상처가 나아가기 시작한 기점입니다. 이렇게 상처가 나아가자 천주교회의 교황권은 남방 왕을 공격하기 위한 계획을 암암리에 세워나가기 시작하게 됩니다.

2. "찌르리니"; 여기에 나타난 "찌르다"의 뜻은?

"찌르다"로 쓰인 원어: "Push"

"Push"의 뜻: "뿔로 찌르다"는 뜻인데, 비유적인 표현으로 "대항하여 전쟁을 하다", 혹은 "유혈사태", 또는 "폭력을 사용하여 싸운다"는 뜻입니다(스트롱 히브리 성경 사전 5055). 다니엘은 "찌르다"(Push) 라는 단어를 메데 페르시아가 군사력으로 바벨론을 정복한 사실을 기술하는 데 사용하였습니다.

3. "마지막 때에 남방 왕이 그를 찌르리니"의 뜻은?

A) "마지막 때의 남방 왕"은?

여기서 언급된 "남방 왕"은 마지막 때가 시작하는 기점에 존재하는 남방 왕이어야 합니다. 왜냐하면 "마지막 때"에 남방 왕이 그 (북방 왕)를 찔렀기 때문입니다. 그리고 여기에 나타나 있는 남방 왕은 마지막 때가 시작하는 해에 존재하고 있던, 무신론주의 국가여야 들어맞습니다. 그러므로 성경에서 말하는 마지막 때, 즉 1798년에 존재하던 무신론 사상을 받아들인 국가는 단연 "프랑스"입니다.

B) 마지막 때에 남방 왕이 그 (북방 왕)를 찌른 사건이란?

이 사건은 이 예언을 푸는 중요한 열쇠의 하나라고 할 수 있습니다. "마지막 때에"(1798년)에 "남방 왕"(프랑스) 이 "북방 왕"(교황권)을 찌른 사건은, 바로 다니엘 8장 14절에 기록된 2300일 예언에서 알 수 있듯이 마지막 때가 시작되는 해인 1798년, 프랑스 혁명정부의 버티어 장군이 교황 피우스 6세를 로마에서 체포하여 옥사하게 한 사건을 말합니다. 이 사건을 계기로 교황권이 생긴 이래 처음으로 교황권의 기세가 꺾였고, 교황권의 제도가 상처를 받고 찌름을 받았으며, 그 이후로 교황권이 "상처를 받아 죽게 돼"어 잠시 세력을 잃게 되었습니다. (계 13:3 "그의 머리 하나가 상하여 죽게 된 것 같더니"참조)

C) "병거와 마병과 많은 배"의 뜻은?

"북방 왕이 병거와 마병과 많은 배로 회리바람처럼 그에게로 마주 와서 그 여러 나라에 들어가며 물이 넘침 같이 지나갈 것이요."

1) 북방 왕의 복수

위의 구절에는 남방 왕(프랑스)으로부터 일찍이 찌름을 받은 북방 왕 (교황권), 곧 상처가 나은 북방 왕이 자신을 상해한 남방 왕에 대해서 복수 및 대반격을 가하는 장면이 나옵니다. 그런데 어떤 방법으로 복수를 할까요? ; "병거와 마병과 많은 배로 회오리바람처럼 그 (남방 왕-무신론 주의)에게로 마주 와서"(단 11:40 하단), 즉 병거와 마병과 많은 배를 가지고서 합니다.

2) 성경에서"병거, 마병, 배"는 무엇을 상징하는가?

먼저 성경 절을 살펴보면서 연구하겠습니다.

왕상 1:5 "때에 학깃의 아들 아도니야가 스스로 높여서 이르기를 내가 왕이 되리라 하고 자기를 위하여 병거와 기병과 전배 오십 인을 예비하니"

왕상 20:1 "아람 왕 벤하닷이 그 군대를 다 모으니 왕 삼십 이인이 저와 함께 있고 또 말과 병거들이 있더라. 이에 올라가서 사마리아를 에워싸고 치며"

시 107:23 "선척을 바다에 띄우며 큰물에서 영업하는 자는"

잠 31:14 "상고의 배와 같아서 먼데서 양식을 가져 오며"

계 18:17-19 "그러한 부가 일시간에 망하였도다 각 선장과 각처를 다니는 선객들과 선인들과 바다에서 일하는 자들이 멀리 서서 그 불붙는 연기를 보고 외쳐 가로되 이 큰 성과 같은 성이 어디 있느뇨 하며 티끌을 자기 머리에 뿌리고 울고 애통하여 외쳐 가로되 화 있도다 화 있도다 이 큰 성이여 바다에서 배 부리는 모든 자들이 너의 보배로운 상품을 인하여 치부하였더니 일 시간에 망하였도다."

위의 인용구절을 볼 때 성경에서 "병거와 마병"은 군사적으로 싸우는 힘을 표상하며, 배는 경제적인 무역이나 경제적인 힘으로 표상된 것을 알 수 있습니다.

3) "회리바람처럼 그에게로 마주 와서"(단 11:40 중단)이라는 뜻은?

먼저 스트롱 히브리 성경 사전에서 "회리바람"과 "마주 와서" 라는 원어의 뜻을 알아보겠습니다.

⊙**"회리바람"** = "매우 두렵고 무서운", "폭풍처럼 달려들다.", 혹은 "폭풍처럼 광포한" 이라는 뜻.
⊙**"마주 와서"** = "대항하여" 또는 "거스리다.", "하늘로 치솟는다." 라는 뜻.

이 구절은 북방 왕의 복수하는 장면이 묘사된 구절로 아주 의미심장합니다. 마지막 때가 시작된 1798년 이후, 교황권(북방 왕) 이 무신론 세력(남방 왕)을 "회오리바람처럼" 대적한 일이 있었을까요? 그렇습니다. 이 예언의 사건은 얼마 전에 우리들의 눈앞에서 현저하게 성취되었습니다. 함께 공부해 봅시다. 여기서 잠깐 다시 상기해 볼 것은, 현 시대의 무신론 세력은 소련임을 앞서 배웠다는 것입니다.

4) 교황권이 공산주의 국가 소련을 찌름

A) 교황권과 공산주의 세력인 소련과의 알력

먼저 생각해 볼 것은, 무신론을 신봉하는 공산주의는 한때 교황권의 지배를 받았었던 여러 나라들을 점령함으로서 그 나라들에 퍼져 나가게 되었다는 것입니다. 공산주의 세력이 점령했던 지역은 동남아시아, 동유럽, 중남미인데, 무신론 세력인 공산주의에 의해서 점령당한 나라들에서는 교황권과 천주교의 세력이 발을 붙일 수 없게 되었습니다. 볼셰비키 혁명이 일어난 5년 이내에 소련에서 28명의 천주교 감독과 1200명의 신부들이 다른 개신교 성직자들과 마찬가지로 처형되었으며, 스탈린 정권 때에도 수만 명의 천주교 성직자들이 처형을 받았습니다. 세계 제 2차 대전 후에는 소련 유크레인에서 약간 나아지기는 했지만 그래도 무서운 핍박이 기독교인들과 그 지도자들,

그리고 천주교도들에게 미쳤습니다(1989, 12, 4. 타임지 기사 참조). 그리하여 천주교 세력은 공산권 국가에서 발을 붙일 수 없게 되었습니다.

이렇게 되자, 교황권과 무신론 세력, 즉 소련 사이에서 치열한 투쟁이 벌어지게 되었습니다. 그래서 교황권(북방 왕)은 무신론 세력(남방 왕) 에 의해 이중으로 (1) 1798년 프랑스에 의해 교황이 잡혀간 사건, (2) 공산권 국가의 천주교 세력 쇠퇴 당한 상해에 대해 복수 (찌르는 일)를 감행하게 됩니다.

B) "회오리바람처럼"

1989년 12월 25일자 뉴스위크 매거진에서는 "회오리바람의 시대" 라는 제목으로 굉장한 기사가 실렸는데, 그것은 다름이 아닌 소련의 붕괴를 다룬 기사였습니다. 흥미로운 것은, 세계의 시사를 다루는 사회 매거진에 소련의 붕괴를 묘사하며 사용한 표현이 마치 성경 다니엘 11장 40절에 나오는 표현 "회리바람"과 같다는 것입니다. 다니엘 11장 40절 예언에는 소련과 교황권 사이에서 일어날 전쟁뿐만 아니라, 바티칸이 어떻게 소련의 공산주의에 종지부를 찍을 것인가에 대해서 나타나 있는데, 그것은 다름이 아니고 교황권이 "병거와 마병", 즉 경제적인 힘과 군사적인 힘을 가지고, "회오리바람처럼" 강하게, 그리고 갑자기, 또 충격적으로 "그에게로"(남방 왕=무신론 세력=공산주의=소련에게) 마주 와서(대항하여) 소련을 무너뜨릴 것을 예언하고 있습니다.

그렇습니다. 그 일은 위에서 설명한 바와 같이 군사적인 힘과 경제적인 힘을 통하여 이루어졌습니다. 그러면 어떻게 교황권이 초강대국인 소련을 경제적으로 군사적으로 쓰러뜨릴 수 있었을까요? 그 뒷배경을 살펴보기로 합니다.

5) 소련의 붕괴의 배경

교황 요한 바오로 II세가 미국의 레이건 대통령과 비밀스러운 신성 동맹을 맺은 후, 서로 협력하여 공산세력을 무너뜨리기 위한 놀라운 계획을 수립한 것을 우리는 익히 잘 알고 있습니다. 교황권이 폴란드에서 시작한 노조운동을 비밀리에 지지해 주면서 시작된 공산권의 붕괴는 실로 놀라운 세기적인 사건이 아닐 수 없었습니다. 그런데 북방 왕이 남방 왕을 칠 때에는 "병거와 마병과 많은 배로 회리바람처럼... 여러 나라"에 들어 갈 것이라고 예언되어 있는데(40절), 이 또한 놀라운 예언이 아닐 수 없습니다. 교황권 자체에는 군사력이 없지 않습니까? 그러므로 다른 세력의 군사력과 경제력을 빌려야 하는 것입니다. 그것이 바로 미국의 세력이었습니다.

또한 마지막 시대에 남방 왕은 "여러 나라"라고 성경은 언급하고 있습니다. 북방 왕이 남방 왕에게 복수하면서 마주 나와 "여러 나라"에 들어갈 것이라고 다니엘 11장 40절의 예언이 말하고 있는 그대로, 공산주의 나라들은 하나가 아니라 여러 나라들이 었습니다. 그러므로 마지막 때에 북방 왕이 남방 왕을 칠 때에는 여러 나라에 들어갈 것이라는 예언이 얼마나 정확한 예언인가! 다음에 계속되는 기사들은 어떻게 공산주의가 성경이 예언한 그대로 정확하게 무너지게 되었는지의 세기적인 예언 성취에 대하여 말해줄 것입니다.

A) 미국과 교황권의 협력과 도모

먼저 생각해 볼 것은, 1982년에 이루어진 미국의 대통령 레이건과 교황 사이에 있었던, 가장 비밀스러운 회담이었다고 불려지는 동맹입니다. 이 회담을 통하여 미국과 교황은 모종의 계획에 착수하였는데, 그것은 다름이 아닌 소련의 붕괴를 함께 도모하는 것이었습니다. 그러면 어떤 방법과 정책을 사용하여 그 일을 도모했는지를 살펴보겠습니다.

1981년, 공산권은 하나의 큰 충격을 받게 됩니다. 그것은 미국의 대통령에 당선된 레이건이 더 이상 공산진영에 대하여 회유정책을 펴지 않고 소련에 정면으로 도전하겠다는 그의 선거 공약을 실행에 옮긴 것입니다. 그의 재임 기간 동안 그는 "위대한 미국"이라는 목표를 설정한 다음, 제일 먼저 군사력을 크게 증강하였으며, SDI(Strategic Defense Initiative)라는 우주 방어 계획을 발표하였는데, 이것은 미국으로 날아오는 모든 종류의 미사일을 방어하는 시스템이었습니다. 그리고 교황권은 니카라과이, 앙골라, 캄보디아 그리고 아프가니스탄 같은 지역에서 봉기되는 반공산주의 세력들을 후원하였습니다. 또 미국 군대를 동원하여 그라나다 섬을 공산주의자들의 손에서 구출하였습니다.

미국 CIA 부장이었던 "애드머럴 바빈맨"은 말하기를 "레이건은 매우 단순하고 강력한 견해를 가지고 있었다"라고 말하며 다음과 같이 진술하였습니다. "레이건은 다가오고 있는 공산주의의 붕괴를 예견하고 있었으며, 레이건 대통령의 공산주의를 적극적으로 붕괴시키기 위한 5개의 전략이 추진되었다"고 말했습니다. 그가 말한 5개의 전략들은 다음과 같습니다.

전략 1. 군사력을 증강시킨다.

미국은 이미 추진 중에 있던 미국의 군사력을 대폭 증강시켰는데, 이것은 너무도 엄청난 자금이 투자되는 SDI(일명 별들의 전쟁) 계획이기 때문에 소련의 경제력으로서는 도저히 경쟁할 수 없는 규모의 군사력 증강 계획이었습니다. 바로 이것이 핵심 전략이었습니다. (소련이 미국과 과도한 군비 경쟁을 벌이다 국가 경제가 파산되었던 것을 참고적으로 기억하여야 합니다.)

전략 2. 헝가리, 체코슬로바키아, 폴란드에서 개혁운동을 비밀리에 고무시킨다.

타임지 1992년 2월호는 "거룩한 동맹 "이라는 제목으로 어떻게 레이건과 교황이 폴란드의 노조 운동을 도왔으며, 공산주의의 죽음을 촉진하는 일에 동조하였는가에 대한 기사를 실었습니다. 이 기사에는 교황권이 미국과의 비밀 동맹을 통하여 소련을 무너뜨릴 수 있었다고 쓰고 있으며, 1982년도에 레이건과 교황이 만난 사진이 나오고 상호간의 협력을 협의한 사실이 기록되어 있습니다. 또한 이것은 세상 역사 가운데 가장 비밀스러운 동맹이었다고 설명하고 있습니다. 그리고 또한 폴란드에 있는 "솔리데리티 노동당"을 지지해 주기 위하여 미국의 CIA와 바티칸의 비밀 은행 구좌를 통하여 자금이 조달되었다고 설명하고 있습니다. 또 한편으로는 서방 유럽에 현대 무기를 발전시켜서 소련으로 하여금 소련군을 동구에 많이 배치하게 유도하며, 동구에 있는 국가들 안에서 혁명이 일어나도록 계속적으로 서구에서 부추기면서, 또한 서구에 다수의 유엔군들을 계속 배치하였습니다. 그러자 소련은 동구의 위성 국가를 보호하기 위하여 소련군들을 계속 증강하여 보내게 되었고, 결국 그 일은 소련을 쇠약하게 만들었습니다.

전략 3. 바르샤바 조약 국가들에 대한 재정 지원을, 그들이 인간의 권리와 정치의 자유 그리고 자유경쟁 시장 체제를 받아들이는 태도에 따라서 조정한다. (즉, 인권을 주장, 옹호하기 위해서 일어나는 세력들에 대해서 재정 지원을 하였습니다.)

전략 4. 소련을 경제적으로 고립시키며, 서구 유럽과 일본의 기술이 소련으로 유입되지 못하도록 방지한다.

소련이 21세기 최고의 희망을 걸고 있는 시베리아의 천연가스가 대륙 횡단 파이프라인을 통하여 서구 유럽 국가들에 공급되지 못하도록 공작한다.

전략 5. 공산 진영을 향한 라디오 방송을 증가시킨다.

라디오 리버티, 미국의 소리, 라디오 자유 유럽과 같은 방송을 동구 유럽 사람들에게 전파하도록 한다.

B) 공산주의의 몰락

이렇게 교황과 미국의 대통령은, 마치 다니엘 11장 40절의 예언을 성취하듯이 현대의 남방 왕 무신론 세력인 공산주의 소련을 붕괴시키려고 힘을 합하였습니다. 동구 유럽의 나라들 역시 소련에게 압력을 가하는 요인이 되었습니다.

"마병과 병거" - 군사력의 압력; 소련의 붕괴를 초래한 요인 중 군사력의 압력을 다시 한 번 살펴보면, 그 당시 나토(NATO) 는 군사력을 현대식으로 교체하고 있었으며, 소련과의 평화를 유지하던 독일도 평화의 전략을 일축한 채, 새로운 중장거리 미사일을 배치하는 전략을 세우고 있었습니다. 1990, 3월 호 리더스 다이제스트에는 "미국을 비롯한 서구 세계의 군사적인 압력이 소련이 힘을 잃도록 만든 근본 원인이 되었다"라는 기사가 실렸었습니다.

"많은 배" - 경제적인 압력; "고르바초프는 소련이 정치적 또 경제적인 생존이 공산주의 안에 존재하고 있던 많은 수의 기독교인에게 의존되어 있다는 사실을 파악하였다. 더욱이 고르바초프는 서방의 도움을 필요로 하고 있었으며, 모스코바의 정교회의 신부이며, 개혁적인 정신을 가지고 있고, 다른 나라의 정책들을 소련에 들여와야 된다고 생각하고 있는 말크 신부의 말을 듣고 있었다."(1989, 12.4 타임지)

또한 "1980년대에 공산국가의 경제 상태는 늘 부족한 상태였고, 호화롭고 안일한 생활은 제쳐 놓고라도, 점점 심각해지는 경제 상태는 1989년도에 이르러 거의 공황 상태에 이르렀으며, 생활필수품 "비누, 화장지, 설탕" 조차도 부족한 심각한 상태가 되었다(1990, 3. 리더스다이제스트지).

"레닌과 스탈린에 의해 세워졌던 발틱 반도에 있던 소련 제국은 동구 유럽에 찾아온 경제적인 붕괴의 조짐들과 그로 인해 일어나는 범죄들과 다른 많은 문제에 대해 더 이상 안전지대가 아니었으며, 더욱이 자국에 일어나는 경제적인 공황상태는 군사력과 정치적인 위약을 초래하게 만들었다."(U.S News and World Report, 1.15, 1990)

그 결과 그렇게도 강하던 소련은 차차 힘을 잃게 되고, 어이없이 붕괴하게 되는 사태를 부르게 됩니다. 지면상 더 자세히 다룰 수는 없으나, 한 가지 확실한 것은 공산주의인 소련을 무너뜨리기 위하여 미국과 교황권이 여러 해에 걸쳐서 치밀한 계획을 세웠으며, 그에 따른 시행이 이런 결과를 부른 것이었다고 할 수 있습니다. 그런데 놀라운 것은, 이 세상에 이루어지는 사건들은 신기하게도 수백 년 전에 하나님께로부터 받은 다니엘의 예언의 현저한 성취라는 사실입니다.

*** 타임지 1989년 12월호 기사**

"1989, 소련의 역사 중에, 이번 주 바티칸에서 열린 정치적인 회담만큼 소련 연방을 흔든 사건은 일찍이 없었다. 마치 광대하고 축제적인 진열과도 같이 16세기의 교황의 왕궁에서, 세계 무신론의 황제인 미하일 고르바초프가 그리스도의 대리자라고 말하는 교황 요한 바오로 2세를 방문하였다... 이 두 사람의 만남은 20세기에 일어난 가장 드라마틱한 영적인 전쟁을 상징하고 있는데, 이것은 저항할 수 없는 세력인 공산주의와 그리스도교의 움직일 수 없는 목적 사이에서 일어나고 있는 투쟁처럼 보인다."

*** 라이프지 1989년, 12월호 기사**

"미국의 정치 지도자들과 공산권의 전제 정치를 대항하여 자신의 종교를 포교하려는 교황의 고집이 성립시킨 비밀스런 회담으로 말미암아 교황은 러시아 혁명 이래로 소련 정책에 가장 큰 변화를 가져 왔다."

*** 라이프지 1989년, 12월호 기사**

"동 유럽에 돌진해(Rush) 온 자유는 교황의 달콤한 승리였다." 흥미롭게도 위의 언급한 기사에 쓰인 단어 "Rush"는 자유가 퍼져 나간 것을 가리키는 동사인데, 이 단어는 바로 다니엘 11장 40절에 쓰인 "물의 넘침 같이" 라는 뜻으로 쓰인 원어 "Overflow"(Rush)의 뜻과 같습니다.

6) "물의 넘침 같이 지나갈 것이요."란 뜻은?

* "Overflow"(물의 넘침 같이): 세차게 흘러나오다.", "범람하여 흘러넘치다.", 또는 "물로 휩쓸어 씻어버리다.", "정복하다."라는 뜻. (스트롱 히브리성경 사전 7857)

* "Pass"(지나갈 것이요): "넘어 가다.", "매우 넓은 의미에서의 여러 가지 변화를 가리킴", 혹은 "명확한 의미에서는 덮어버리다."라는 뜻. (스트롱 히브리 성경 사전 5674)결론: 지금까지 살펴 본 다니엘 11장 40절은 마지막 때인 1798년 이후, 북방 왕이 남방 왕을 매우 강하게 휩쓰는 모습, 곧 교황이 공산국가 소련을 빠른 시간에 어떤 방법으로 붕괴시켜서 공산주의가 몰락하는지를 미리 보여 준 놀라운 예언이었고, 그 예언은 불과 얼마 전에 우리 눈앞에서 현저하게 성취되었습니다. 그리고 그 일은 성경

구절이 예언한 문자 그대로, 똑같은 방법대로 이루어진 것을 우리는 연구를 통해 배웠습니다. 얼마나 놀라운 예언의 성취인가! 그러나 앞으로 계속되는 연구는 미래에 대한 더 많은 비전을 우리에게 보여줄 것입니다.

레이건과 교황권이 합력하게 된 동기를 아는가?

1981년도에 두 가지 사건이 일어났습니다. 미국의 레이건 대통령이 저격을 당하고 그 6주 후에 또 교황이 저격을 당한 것입니다. 그 후 두 사람은 회담에서 "자신들이 살아남은 것은 서로 연합하라고 주신 신의 섭리다"라고 말했습니다. 레이건은 소련이 성경에서 말하는 적그리스도라고 믿었습니다. 그래서 이 두 세력은 힘을 합하여 소련을 붕괴시키는 일을 도모하게 된 것입니다.

공교롭게도 이전 교황 요한 바오로 2세의 이름을 라틴어 낱말로 숫자를 빼서 읽어보면 666이 됩니다. 물론 666이라는 숫자는 VICARIUS FILIDEI 즉, "그리스도의 대리자"라는 라틴 말에서 나온 숫자이며, 그 말은 교황이 쓰고 있는 면류관에 쓰여 있습니다. 그리고 소련 연방의 수하에 들어 온 나라들은 거의가 다 과거에 천주교 세력의 지배를 받던 나라들이라는 것입니다.

결론적으로 현 시대의 남방 왕의 실체는 붕괴 전의 소련, 공산주의를 가리키는 것입니다.

제3부 다니엘 11장 40절에 나오는 영화로운 땅이란?

"그가 또 영화로운 땅에 들어갈 것이요 많은 나라를 패망케 할 것이나 오직 에돔과 모압과 암몬 자손의 존귀한 자들은 그 손에서 벗어나리라" (단 11:41).

앞의 기사 다니엘 11장 40절 예언에서 우리는 북방 왕이 교황권이라는 사실을 배웠습니다. 그 다음 절 다니엘 11장 41절 예언을 보면, "그"가 (북방 왕이) 영화로운 땅에 들어갈 것이라고 되어있습니다. 그러면 과연 "영화로운 땅"이란 어느 곳을 가리킬까요? 그리고 교황권은 왜 영화로운 땅에 들어가려고 할까요? 그리고 많은 나라를 패망케 한다는 뜻은 무엇이며, 그 일을 벗어나는 존귀한 자들은 누구를 가리킬까요? 함께 공부해 봅시다.

1. "영화로운 땅"

1) "영화로운"의 뜻;

"아름답고 좋다.", "특별히, 현저한", "좋은, 경쾌한" 이란 뜻. (스트롱 히브리 성경사전 참고)이 단어는 다니엘 11장 16절에도 똑같은 뜻으로 쓰였습니다. 16절에 나오는 "영화로운 땅"에 대한 뜻을 킹 제임스 성경에서 보면 다음과 같습니다.

a. 기쁜, 즐거운, 멋진, 매우, 유쾌한
b. 영광스런, 영예로운, 빛나는
c. 눈부시게 아름다운, 화려한, 훌륭한 이란 뜻.
이 단어의 히브리어; Tsebi = Desire 이라는 뜻.

예레미야 3장 18,19절에도 그와 같은 뜻으로 쓰인 "Pleasant land"라는 단어가 나옵니다. "그 때에 유다 족속이 이스라엘 족속과 동행하여 북에서부터 나와서 내가 너희 열조에게 기업으로 준 땅에 함께 이르리라. 내가 스스로 말하기를 내가 어떻게 하든지 너를 자녀 중에 두며 허다한 나라 중에 아름다운 산업인 이 낙토를 네게 주리라 하였고"

이 단어의 뜻도 "유쾌한, 즐거운, 마음에 드는, 아름다운"이며, 여기에 쓰인 히브리어 "Chemdah" 도 영어의 "Desire"과 같은 뜻입니다.

2) 옛날의 "영화로운 땅: 이스라엘

예레미야 3장 18,19절에 언급된 "낙토 - 기쁨의 땅"은 이스라엘이 기업으로 받은 약속의 땅을 일컫습니다. 모세는 하나님께 기도하기를 "구하옵나니 나로 건너가게 하사 요단 저편에 있는 아름다운 땅, 아름다운 산과 레바논을 보게 하옵소서 하" (신 3:25)였습니다. 이스라엘 백성은 하나님께 마음대로 예배드리며, 마음껏 하나님을 섬기기 위해 출애굽 하였으며, 하나님께서 허락하신 젖과 꿀이 흐르는 그 아름다운 땅을 기업으로 얻었습니다.

그러므로 고대 이스라엘은 옛날의 "영화로운 땅"이었으며, 그 땅의 지역은 팔레스타인 지방이었습니다. 고대 이스라엘은 사람들이 찾아 와서 복음을 듣기 쉬운 위치인 세계의 교차로에 자리 잡고 있었습니다. 이스라엘은 하나님의 백성을 위한 도피처였습니다. 그리고 이스라엘은 하나님의 백성의 도피처로서 선택된 국가였습니다. 하나님께서는 고대 이스라엘을 축복하셨고, 복음을 전하는 매개체로 삼으시기를 원하셨습니다. 또한 이스라엘은 빛과 은총을 많이 받은 나라였습니다. 그러나 하늘의 원칙과 참 복음, 그리고 무엇보다도 하나님의 아들 메시야를 거절하여 죽임으로 하나님의 택하신 나라와 백성으로서의 특권을 잃어버렸습니다.

* 예언을 해석하는 원칙:

예언 해석에서 우리가 주의를 기울여야 하는 것은 이것입니다. 곧, 어떤 것의 의미를 해석할 때, 십자가 이전에는 문자적으로 적용을 해야 하지만, 십자가 이후에는 상징적인 의미로 적용을 하거나 해석해야 한다는 것입니다.

예) 이스라엘: 십자가 전에는 이스라엘 나라가 문자 그대로 하나님의 백성이고 하나님의 택하신 나라였지만, 그들이 예수 그리스도를 메시야로 거절하고 하나님의 선택된 백성으로서의 기회를 거절했으므로 더 이상 이스라엘이 아니며, 십자가 이후에 이스라엘은 영적으로 하나님을 믿고 받아들인 참 백성을 가리킵니다.

그러므로 다니엘 11장 41절에 나오는 영화로운 땅은, 십자가 이후, 즉 마지막 때에 등장하는 땅이므로 영적인 이스라엘 땅을 가리키는 것입니다. 자, 그러면 현 시대의 영적 이스라엘의 "영화로운 땅"은 어디일까요? 계속 연구하여 봅시다.

3) 현 시대의 "영화로운 땅": 미국

다시 강조하면, 이 예언은 세상의 "마지막 때에" 일어나는 사건이므로 십자가 이후의 이스라엘로 적용시켜야 타당하며, 십자가 이후의 이스라엘은 문자적이 아닌 상징적, 그리고 영적인 이스라엘을 가리킨다는 것을 위에서 배웠습니다. 그렇다면, 현 시대에 있어서 어떤 국가, 곧 하나님의 참 백성이 피할 수 있었던 도피처가 되었던 땅, 그 백성이 자신의 양심을 따라서 자유로이 하나님을 예배할 수 있도록 하기 위하여 하나님께서 오랫동안 보호해 오시고 마련하신 땅, 그리스도의 순수한 종교를 심기 위하여, 그리고 진정한 종교의 자유를 위하여 세워진 국가가 있다면 그 나라는 어떤 나라일까요? 그 국가는 두말 할 것도 없이 미국입니다. 미국은 현시대의 "영화로운 땅"이라고 할 수 있습니다.

고대 이스라엘은 하나님께서 당신의 백성과 진리를 보존하기 위하여 특별히 선택한 국가이었으며, 그 지역은 인류의 문명이 싹트기 시작한 곳으로서, 주변에 바벨론, 이집트와 같은 강대국들이 융성하였기 때문에 세계 문명과 교통의 중심지에 자리 잡고 있어서, 많은 사람이 복음을 접하기 쉬운 지리적인 조건을 갖추고 있었습니다. 이와 마찬가지로 미국은 종교암흑시대 이후에 하나님의 백성을 위한 피난처로 선택된 국가이며, 모든 문명과 교통과 과학의 중심지이기 때문에 온 세상 사람에게 복음을 전파하기 위한 조건을 골고루 갖추고 있는 현대의 "영화로운 땅"입니다.

a. 미국의 특권

미국은 기독교 국가로서 세계를 대표할만한 국가라고 할 수 있습니다. 종교의 핍박을 피해 일단의 청교도들, 곧 하나님의 말씀과 성경에 있는 진리 그대로를 믿는 기독교인들이 메이 플라워 호를 타고 항해를 하여 하나님께서 마련해 놓으셨던 자유의 땅에 다다르게 되었는데, 그 땅이 곧 미국 땅이었습니다. 그 땅은 빛과 진리를 전하기 위하여, 또 하나님의 백성이 아무 제약 없이 자유로운 가운데서 하나님을 섬기도록 마련된 도피처였습니다. 그리고 그 땅에 대한 예언은 요한 계시록 13장에 두 뿔 가진 새끼 양 같은 짐승으로 표현되어 있습니다.

하나님께서는 다른 어떤 나라보다도 미국을 위해서 더 많이 역사하셨습니다. 그분께서는 미국을 당신의 백성을 위한 피난처로 준비하셔서, 양심이 지시하는 바에 따라서 그분을 경배할 수 있게 하였습니다. 이곳 미국에서 기독교 정신은 순수하게 진보되었고, 하나님과 사람 사이에는 오직 한 중보자만이 존재한다는 중요한 교리가 자유롭게 가르쳐졌습니다. 또 민간인들의 기구들과 산업의 팽창을 통하여 복음의 특권과 자유를 전하고 나타낼 수 있는 나라로 미국을 계획하셨습니다.

b. 미국의 타협

미국은 요한계시록 13장 11절에 "두 뿔이 있는 새끼 양"으로 예언되어 있는 것처럼, 두 뿔, 즉 종교와 정치의 분리라는 건국이념 위에 세워졌습니다. 즉, 누구나 자기의 양심과 자유를 따라 종교를 선택할 수 있으며, 국가는 개인의 신앙이나 종교를 지배할 수 없다는 이념입니다. 그러나 새끼 양 같은 순한 짐승이 자신의 순순한 신앙을 버리고 타협하여 나중에 "용처럼 말하는" 무서운 존재가 될 것을 성경은 예언하고 있습니다.

어떻게 미국이 "용처럼 말하는" 무서운 존재가 될까요? 지면 관계상 간단히 설명하자면, 그것은 미국이 건국 당시에 가졌던 순수한 종교 자유의 건국이념을 버리고, 종교와 정치가 결탁하여 정치의 힘을 빌려 어떤 한 종교를 백성들에게 강요하며, 참 하나님의 백성의 양심과 종교의 자유를 억압하게 될 때 그렇게 됩니다.

2. "그가 또 영화로운 땅에 들어 갈 것이요"

마지막 때에 북방 왕 (교황권)이 영화로운 땅 (미국)에 들어간다고 예언은 말하고 있습니다. "죽게 되었던 상처가 나은 짐승"으로 (계 13:3) 예언에 표현된 교황권은 상처가 나아가는 시점에 맞추어 점점 힘을 얻기 시작하였으며, 각 나라에 대사를 파견하고, 거의 모든 나라들의 대사를 바티칸에 주재시켰으며, 나아가서는 대표적인 개신교국인 미국의 레이건 대통령 재임 시에 대사를 서로 교환함으로써 마지막 시대에 벌어지는 대쟁투의 중심부인 미국, 영화로운 땅을 파고 드는데 성공하였습니다.

북방 왕인 교황권과 미국이 서로의 공통적인 원수인 공산주의를 함락시키기 위해서 서로 손을 잡도록 유도함으로써, 초강대국인 소련을 무너뜨렸으며, 동유럽의 여러 나라들을 "회리바람처럼" 휩쓸어 버렸습니다. 이제, 마지막 시대에 다시 한 번 교황권은 미국과 손을 잡고 그를 앞장 세워서 전 세계적으로 그가 하려고 시도하는 일을 강요할 수 있는 확실한 기반을 마련한 것입니다.

제4부 교황권은 영화로운 땅에서 무엇을 하려고 하는가?

"그가 또 영화로운 땅에 들어갈 것이요"(단 11:41 상단).

1. 교황권이 미국에 들어감

저가 또 영화로운 땅에 들어갈 것이요. 성경은 마지막 때에 교황권이 미국에 들어갈 것에 대해 예언하고 있습니다. 어떤 사람은 이렇게 말할 것입니다. "이미 미국과 교황청이 대사를 교환하고 서로 왕래하고 있는데, 새삼스럽게 교황권이 미국에 들어간다니, 그것이 무슨 뜻입니까?"라고 말합니다. 그러나 여기서 "들어 갈 것이요"라는 말은, 구교인 교황권이 신교인 미국과 종교적, 정치적으로 하나가 되어서 동일한 목적을 성취하기 위하여 동맹한다는 의미입니다. 마치 공산주의의 몰락을 위해서 둘이 하나로 연합했었던 것처럼 말입니다.

불과 백여 년 전만해도 천주교회는 철저한 개신교국인 미국에서 질시의 대상으로 푸대접을 받았지만, 오늘날에는 단일 종교로서는 천주교인들의 숫자가 모든 기독교파 중에서 가장 많습니다. 이제는 미국 국회에서 단일 종교로서 가장 많은 의석수를 확보하고 있는 종교는 천주교회가 되었습니다. 그러므로 이제는 미국의 국회의원들과 정치인들이 천주교인들의 투표 숫자를 크게 의식할 수밖에 없는 상황에 처했습니다.

더욱이 1993년 3월에는 천주교회 대표자들과 개신교회 대표들이 모여서, "복음주의자들과 카톨릭의 단결"이라는 선언문을 채택함으로써, 이제는 선거 때마다 미국의 국회의원뿐만 아니라 대통령 후보들까지도 천주교인들과 개신교인들의 눈치를 살피지 않을 수 없게 되었습니다. 종교적 세력이 정치인들을 지배하고, 정치인들은 종교적 세력의 영향력을 이용하여 자신의 입지를 강화하는 것이, 오늘날 미국 정치의 현실이 되었습니다.

이제, 미국에서 천주교회는 더 이상 소수의 종교가 아니라, 최대 다수의 종교가 되었습니다. 천주교회는 초강대국인 미국에 대하여 정치적으로, 도덕적으로, 그리고 종교적으로, 가장 강력한 영향력을 행사할 수 있는 단체가 되었습니다. 그러므로 이제, 교황권은 미국과 형식적으로 대사를 교환하는 것 이상을 넘어서, 미국 안에 "들어"와 있으며, 앞으로 계속해서 깊숙이 파고들어 갈 것입니다.

2. 교황권이 미국에 들어가려는 이유

성경 다니엘서와 계시록은 예언서이며, 이 두 예언서에는 세상의 역사, 그 중에서도 특별히 마지막 때에 일어날 사건에 대한 예언이 나와 있습니다. 우리 모두가 잘 알고 있듯이 이 세상은 하나님과 사탄 사이에, 그리고 사탄의 백성과 하나님의 참 백성들 사이에 선과 악의 대 쟁투가 벌어지고 있는 장소입니다. 사탄은 진리를 왜곡시키고 변경시켜서 사람들로 하여금 잘못된 진리를 믿게 하고, 하나님의 뜻과 계명을 어기게 하여 영원한 구원을 얻지 못하게 하려고 최후의 노력을 다하고 있습니다.

성경 요한 계시록에 나타나 있는 가장 마지막 예언은, 마지막에 큰 사건, 곧 선악 간의 대 쟁투에 있어서 가장 중요한 관건이 되는 중요한 사건이 일어날 것이라고 말하고 있습니다. 그 사건은 다름이 아니라 마지막에 작은 뿔의 세력이 권세를 잡아 이 세상 모든 사람들에게 짐승의 표를 받게 하는 사건입니다. 그런데 그 사건이 일어나는 중심 장소는 다른 곳이 아닌, "영화로운 땅" 미국이며, 그렇기 때문에 마지막에 온 세상을 자신의 세력에 넣으려는 작은 뿔의 세력인 교황권이 미국에 들어오려고 하는 것입니다.

3. 예언에 나타난 교황권과 미국의 관계

요한계시록 13장에는 교황권과 미국의 관계에 대한 이야기가 매우 구체적으로 묘사되어 있습니다. 거기에는 앞으로 교황권이 미국과 손을 잡은 다음, 미국의 강력한 힘을 이용하여 짐승의 표를 강요하는 모습이 나옵니다.

이 요한계시록 13장에는 두 짐승이 나오는데, 1-10절까지에 나오는 짐승은 교황권을 말하며, 11절에서는 "또 다른 짐승이 땅에서 올라오는데, 새끼 양 같이 두 뿔이 있고", 여기에 등장하는 "또 다른 짐승"은 신대륙인 "땅"에서 올라오는 미국을 말합니다. 이것은 처음에는 "새끼 양"처럼 순결한 청교도 정신으로 시작되지만, 후에는 기독교와 도덕이 깊이 타락하면서 "두 뿔"이 달린 짐승으로 변화되는 미국의 드라마틱한 변화를 묘사하고 있습니다.

그리고 12절부터 15절 전반부에는 첫 번째 짐승(교황권)이 두 번째 짐승(미국)과 손을 잡고, 그의 힘을 이용하여 짐승의 표를 온 세상에게 강요하기 위한 준비 과정이 구체적으로 기록되어 있습니다.

4. 교황권과 미국이 협력하여 강요할 짐승의 표

계시록 13장의 예언을 계속 공부해 봅시다. "저(두 번째 짐승, 미국을 뜻함)가 먼저 나온 짐승(첫 번째 짐승, 교황권을 뜻함)의 모든 권세를 그 앞에서 행하고… 땅에 거하는 자들로 처음 나온 짐승(교황권)에게 경배하게 하니 곧 죽었던 상처가 나은 자니라… 칼에 상하였다가 살아난 짐승을 위하여 우상을 만들라 하더라… 또 짐승의 우상에게 경배하지 아니하는 자는 몇이든지 다 죽이게 하더라"(계 13:12,14,15).

계시록 13장 15절 후반부터 마지막 절까지 보면, 짐승의 표를 거절하는 사람은 모두 죽이라는 사형 명령이 예언되어 있습니다. 참으로 두렵고도 놀라운 예언이지만, 바로 이것이 성경이 지구의 종말에 대해서 예언하는 바입니다. 짐승의 우상에게 경배하지 않고 짐승의 표를 받기를 거절하는 하나님의 백성은, 예수 재림 직전에 옛날 종교 암흑시대 때처럼 다시 엄청난 핍박을 통과하게 되지만, 그러나 살아계신 하나님의 인을 받은 그분의 참 백성은 끝내 승리하게 된다는 것이 요한계시록 13장이 하나님의 백성들에게 주는 메시지입니다.

과연 지구 역사의 종말에 "죽게 된 상처"가 낫게 된 교황권은 중세기 때에 누렸던 권세를 완전하게 회복하면서 짐승의 표를 강요하고 핍박하는 세력으로 부활할까요? 한다면 어떤 방법으로 할까요? 그리고 우리는 이것을 어떻게 식별할 수 있을까요?

한 가지 우리가 생각해 볼 것은 마지막 남방 왕인 공산주의의 몰락에 대한 예언이 놀라운 방법으로 정확하게 이루어졌던 것을 생각하면, "짐승의 표"에 대한 예언도 그대로 이루어질 것이라는 사실을 믿을 수밖에 없습니다.

제5부 짐승의 표와 마지막 종교 개혁 운동

성경의 예언에는 이 세상의 마지막 역사를 앞두고 짐승이 하나님의 백성을 향하여 그의 세력과 권세를 어떻게 펼칠 것인지에 대해 자세히 나와 있습니다. 짐승과 짐승의 표에 대해 함께 연구하겠습니다.

1. 상처가 회복된 짐승

요한계시록 13장은 그(교황권)의 죽게 되었던 상처가 나을 것이라고 말하고 있습니다. 죽게 되었던 상처가 낫는 것은 로마 가톨릭의 이전에 가지고 있었던 권세가 예수님께서 오시기 직전에 다시 회복되는 것을 의미합니다. 라테란 조약(1929년)에서 이태리의 독재자 무솔리니가 바티칸의 교황청을 하나의 교회와 국가로 인정하고 독립시켜주는 협약을 맺자, 샌프란시스코의 한 신문에서는 "죽었던 상처를 낫게 함"이라는 제목으로 글이 실렸습니다.

이때로부터 바티칸은 서서히 그러나 계속적으로 성장하여 근래에 들어와서는 놀라운 정치적 영향력을 세계에 펼치기 시작하였습니다. 1979년 9월 18일자 워싱턴 스타지에는 교황의 첫 번째 미국 방문에 대하여 다음과 같은 기사를 기재하였습니다.

"과거에는 교황이 미국을 방문한다는 것은 상상만 해도 벼락을 맞을 일이었다. 그러나 이제 역사상 최초의 폴란드인인 교황 요한 바오로 2세가 온 세계의 하늘에 빛나는 별로서 만 7일간을 우리와 함께 지내겠다는 약속아래 미국에 오게 되었다. 정치가들은 앞을 다투어 그를 맞을 준비를 하고 있다. 여섯 개 도시의 시장들은 그들의 도시 업무를 실제적으로 중단하고 교황을 맞이할 행사를 열렬하게 준비하였다."

개신교회의 지도자인 빌리 그래함 목사 마저 교황의 미국 방문을 크게 환영하면서 다음과 같은 글을 발표하였습니다. "교황 요한 바오로 2세의 미국 방문은 로마 천주교회뿐만 아니라, 세계는 물론이요 온 미국 사람들에게 참으로 의미 깊은 사건이다... 현 시점에 요한 바오로 2세는 세계의 영적 지도자가 되었다. 그가 여행하는 동안 나의 기도와 헤아릴 수 없이 많은 개신교도들의 기도가 그를 위하여 드려질 것이다." (1979년 9월 27일자, Religious News.)

1984년, 미국은 공식적으로 바티칸의 교황청을 합법적인 정부로 인정하고 대사를 파견했으며, 냉전시대의 초강대국이었던 구소련 역시 1989년 고르바초프가 바티칸 도서관에서 교황을 만나는 자리에서도 교황을 인정하고 그의 협조를 구하였습니다. 옐친이 고르바초프 정권을 넘어뜨리고 러시아를 세운 후에, 그는 곧바로 바티칸과의 관계를 재결성하였습니다(1991년).

또 다른 기사를 보자. "교황 요한·바오로 2세의 도움으로 그의 모국인 폴란드에서 시작된 자유를 향한 불길은 전 동유럽을 휩쓸었다… 고르바초프의 무간섭 정책도 동유럽을 휩쓴 자유주의의 물결의 직접적 원인이었지만, 실제로는 요한 바오로 교황이 더 많은 공로를 세웠다..." (1989년 12월 4일 타임지 기사)

또한 앞서서도 살펴보았듯이, 동유럽 공산권이 무너지는 역사적인 사건에서 미국과 바티칸이 비밀리에 협조하여 어떠한 영향력을 끼쳤는지에 대해 1992년 2월 24일자 Time지에는 "거룩한 협정: 어떻게 레이건과 교황이 폴란드의 자유노조 운동을 돕는데 공모했으며, 공산권의 침몰을 앞당겼는가?" 라는 제목의 기사를 실었습니다. 이러한 사실들은 로마 가톨릭이 계속적으로 그 정치적 세력을 온 세계로 급속히 확산시켜가고 있음을 증거 합니다.

2. 세계를 향한 첫 번째 짐승의 집념

전 예수회 신부였던 말라카이 말틴(Malachi Martin)씨가 쓴 "피의 열쇠"(The Keys of this Blood)란 책은 우리에게 놀라운 사실들을 가르쳐 주고 있습니다. 다음은 이 책의 첫 장의 3쪽과 15쪽에서 간추린 것입니다.

"원하든지 않든지, 준비가 되었던지 그렇지 않던지 간에, 우리 모두는 전면적이고도 무제한의 방법을 통한 3자간의 세계적 정권다툼에 휩싸여 있다… 이 경쟁은 누가 지구 역사상 처음으로 세계를 한 정부 아래로 통합시키느냐 하는 것이다. 비록 많은 사람에게는 숨겨져 있지만, 요한 바오로 교황이 선택한 정책과 매일, 매년 분투하고 있는 그의 싸움의 목표는, 바로 이 경쟁에서 승리하는 것이라는 사실은 너무나도 분명하다… 이 경쟁은 지구 인구 60억 전체에 영향을 미칠 것인데, 모든 개인과 모든 집단을 지배하고 조종할 수 있는 강력한 세력을 누가 확보하여 휘두를 것인가에 관한 경쟁이다... 또한 이 경쟁은 수단 방법을 가리지 않는 무제한의 경쟁이다. 일단 경쟁이 끝나면 세계와 그 안에 있는 모든 것, 즉 개인과 국민의 생활 방식, 가족 관계와 직업, 무역과 상업과 화폐단위, 교육과 종교와 문화, 그리고 이제까지는 누구나가 자동적으로 받았던 시민권(주민등록증)과 같은 제도들이 크게 바뀌게 될 것이기 때문이다…"

말라카이 마틴은 바티칸과 매우 밀접한 관계를 갖고 있었기 때문에 그의 말은 믿을 수 있는 여러 가지 신빙성 있는 증거들을 가지고 있습니다. 같은 책 15쪽에는 다음과 같은 글이 이어집니다. "이 새로운 세계 질서는 먼 훗날에 일어날 어떤 일로서가 아니라 이제 곧 일어날 일로서, 우리가 살고 있는 이 두 번째 천년 기간의 마지막 10년 끝(역자주, 뉴 밀레니움의 시작점)에 소개되고 세워질 것이다."

3. 짐승의 표

많은 사람은 지금처럼 종교의 자유가 보장되어 있는 시대에 과연 짐승의 표를 강요하는 일이 가능한 일일까 하고 생각합니다. 그리고 대부분의 사람들은 "핍박하는 세력은 항상 하나님을 믿지 않는 악인들이다" 라고 생각합니다. 그러나 역사적으로 볼 때, 종교적 핍박은 겉으로 보기에 악인들로부터 일어난 적이 거의 없습니다. 대부분의 경우에, 자신을 의로운 사람이라고 자처하는 사람들이나 종교인들이 자신들과 종교의 신념이나 신조가 다른 사람들을 올바로 교정하기 위하여 강요와 핍박이라는 수단을 사용했었습니다. 중세기의 종교암흑시대 때에 핍박을 행한 사람들(교황권)도 그들 스스로 의로운 일을 행하고 있다고 생각하였으며, 그것을 바라보는 대부분의 사람들도 그렇게 생각하였던 것입니다. 교황권의 가르침과 명령을 거부하는 참된 그리스도인들을 핍박하면서도, 그것이 교회를 정결케 하는 것이며 하나님의 영광을 위하는 것이라고 생각하였습니다. "사람들이 너희를 출회할 뿐 아니라 때가 이르면 무릇 너희를 죽이는 자가 생각하기를 이것이 하나님을 섬기는 예라 하리라"(요 16:2).

1) 짐승의 표란 무엇인가?

짐승의 표: 짐승이 승인해 주는 표를 말한다.

즉, 계시록에 짐승으로 표상된 교황권의 권한과 권위를 인정하고, 그 명령을 따르는 행위가 짐승의 표를 받는 것입니다. 짐승의 표와 짐승의 우상에 관한 이야기는 다니엘 2장의 바벨론의 두라 평지에서 금 신상에게 절하는 사건에서 비롯된 것입니다. 신실한 하나님의 백성이었던 다니엘의 세 친구는 우상에게 절하지 않으므로 왕의 표(승인)를 받기를 거절하고 하나님의 표(승인)를 받았습니다. 짐승의 표를 받는 사람들은 짐승, 곧 교황권의 권위를 인정하되, 심지어는 그가 하나님의 거룩한 계명을 변경할 수 있는 권한도 가지고 있다는 것을 인정하는 사람들이 됩니다.

"그가 또 때와 법을 변경하고자 할 것이며"(단 7:25). - 천주교와 교황권은 임의로 하나님의 십계명을 변경하였습니다. 그 이유는 십계명에 기록되어 있는 "우상을 만들거나 섬기지 말라."라는 두 번째 계명은 그들이 숭배하는 마리아 상이나 각종 성자들의 상을 정죄하기 때문입니다. 그들은 두 번째 계명을 빼버리는 대신에 열 번째 계명을 둘로 나눔으로써, 10개의 계명을 가진 십계명의 형태를 유지시켰습니다. 카톨릭교회가 가르치는 십계명에는 우상숭배에 대한 계명이 없고, 탐심에 대한 계명이 두 개로 중복되어 있습니다. 또한 네 번째 계명인 제 칠일 안식일을 제 일일로 변경하여 준수하게 만들었습니다. 천주교의 교리를 보면, 교황은 십계명을 바꿀 권리가 있다고 쓰여 있습니다.

천주교는 이렇게 거룩하신 하나님의 법인 십계명을 변경시킴으로써, 자신을 데살로니가후서 2장 4절에 나오는 "저는 대적하는 자라. 범사에 일컫는 하나님이나 숭배함을 받는 자 위에 뛰어나 자존하여 하나님 성전에 앉아 자기를 보여 하나님이라 하느니라." 라는 적그리스도의 특성에 적용시키고 있습니다.

2) 짐승의 표가 내릴 때 일어날 완전한 종교 개혁

16세기경, 중세기 종교 암흑시대 때에 왜곡되었던 성경의 진리를 회복하기 위해 종교개혁 운동이 일어났습니다. 그러나 그 종교개혁 운동에도 불구하고, 작은 뿔의 세력이 1260년이란 긴 세월 동안 세상을 통치한 결과로 인해 너무 많이 왜곡되고 변천되었던 진리는 완전히 회복되지 못하였습니다. 그러므로 이 종교개혁 운동은 계속 진행되어야만 하며, 세상 역사가 마쳐져갈 때, 곧 짐승의 표가 내릴 때, 다시 한 번 큰 능력으로 일어나, 아직까지 미처 회복되지 못한 진리들이 완전히 회복되는 일이 반드시 생길 것입니다.

요한계시록 18장 1절에는 이 마지막에 일어날 큰 종교개혁 운동을 "영광으로 온 땅이 환하여 지"는 것으로 묘사하고 있습니다. 그런데 작은 뿔의 세력과 기만을 파헤치며, 짐승의 표를 받지 말라고 경고하는 이 영광스러운 운동과 외침으로 인해 각각 다른 종파에 속해있던 하나님의 참 백성은 참된 진리의 빛을 식별하고 함께 모이게 되며, 그들은 모두 짐승의 표를 받기를 거절하게 될 것입니다. 마지막 때에 일어날 이 종교개혁 운동은 점점 더 온전한 빛으로 나아가 완전한 개혁을 이룰 것입니다. 그런데 옛날에 두라 평지에서 있었던 시험의 관건은 둘째 계명, 곧 우상숭배에 관한 것이었으나, 마지막 쟁점은 짐승이 바꾸어 놓은 하나님의 계명, 곧 넷째 계명이 관건이 될 것입니다. 마지막 짐승의 표가 내릴 때에 일어날 종교개혁 운동으로 인해 짐승의 표의 쟁점이 되는 하나님의 계명에 대한 완전한 회복이 이루어질 것인데, 이 운동으로 하나님의 계명이 완전히 회복될 것이며, 하나님의 신실한 참 백성은 교황권이 변개한 계명을 지키기를 거절하므로 짐승의 표를 받지 않을 것이며, 저들은 "하나님의 계명과 예수 믿음을 지키기" 위해 목숨을 걸고 하나님께 충성할 것입니다.

4. 짐승의 표가 어떻게 강요될 것인가?

교황권이 짐승의 표를 강요하기 위해서는 반드시 교황권의 세력과 그의 다스리는 권세가 이 세상을 지배해야만 하는 사회적인 분위기나 어떤 극적인 상황이 발생해야 합니다. 우리 그리스도인들은 사회의 돌아가는 세태와 징조들을 잘 파악하여 마지막 때를 잘 분별할 수 있어야 합니다. 그러면 지금 우리가 살고 있는 때는 어떤 때이며, 짐승의 표를 받도록 강요할 수 있는 사회적 분위기와 요소와 조건이 얼마만큼 이루어지고 있는가를 살펴봅시다!

5. 짐승의 표의 법령을 가속화 시키고 있는 요소들

1) 사회적 분위기

지금, 미국은 정치적으로뿐만 아니라, 도덕적으로 종교인들의 도움을 절실히 요구하고 있습니다. 각종 범죄, 동성연애, 이혼, 미혼모, 음행, 마약 등과 같은 도덕적 가치기준이 바닥에 떨어져 있는 미국의 현실은 수많은 미국인의 마음에 불안함을 가져다주고 있습니다. 이러한 상황은 미국인들에게 어떤 종교적인 힘이나 회복, 혹은 위대한 지도자의 영적인 지도력을 기대하게 만들고 있습니다.

미국의 기독교 보수파 단체들은 미국의 영적인 회복이 필요하다고 믿으며, 사회의 타락상을 막는 길은 종교의 힘뿐이라고 강력하게 믿으므로 각종 사회 활동과 정치 활동에 참여하여 자신들의 종교를 미국에 반영시키려고 매우 열심히 노력하고 있습니다. 그러나 이 일은 겉으로 보기에는 사회정화 운동같이 좋은 일로 보이고 또 좋은 일이기도 하지만, 각 사람의 양심을 억압하여 종교를 강요할 수 있는 방법이 되므로 하나님의 방법과 다른 위험한 사상이라고 할 수 있습니다.

그리고 또한 이렇게 함으로 "짐승의 우상" - 종교가 정치의 힘을 빌려 자신의 종교를 강요하는 일을 세우고, 또 짐승의 표를 법제화하여 그것에 복종하도록 하는 일이 생기게 될 수 있기 때문입니다. 벌써 천주교와 개신교가 함께 연합하여 "크리스천 코올리션"이라는 단체를 만들어 활동하고 있으며, 그들은 미국의 건국이념이었던 정치와 종교의 분리를 반대하고 있으므로, 이것은 정치적인 힘을 빌려 종교를 강요할 수 있는 지름길, 곧 짐승의 표를 강요할 수 있는 지름길이 되고 있습니다.

A) 미국 사회의 도덕의 타락과 십계명 준수에 대한 관심의 고조

미국의 보수파 기독교인들이 미국의 영적인 회복을 위해 종교운동을 정치에 결합시킨 일과 또 연방 정부의 자금으로 기독교 학교 특히 천주교회의 교구 학교를 지원하는 일과, 낙태를 막는 운동에 있어서 정치적으로 이미 성공을 거두자, 이제는 동성연애를 사회적 문제로 부각시키고 있으며 각 공립학교들과 법정에 십계명을 새긴 돌비를 세우는 운동에 박차를 가하고 있습니다. 이렇게 종교적인 이슈를 정치적인 이슈로 끌어 들여 법제화하는 일에 성공하였기 때문에 짐승의 표를 강요하고 이것을 법제화하는 길이 아주 용이해졌습니다. 2006년도 5월 7일은 미국 보수주의 기독교인들에 의하여 "십계명의 날" (The Ten Commandments Day)로 제정되었습니다.

B) 사회 이슈들을 위한 천주교회와 개신교회의 연합

아동들에 대한 성추행의 범죄들이 속속히 드러나면서 엄청난 숫자의 천주교회의 신부들의 타락상이 폭로되고 있는 현상을 목격하면서도, 즉 바벨론의 무너진 상태를 눈으로 보면서도, 정치적인 연합 세력이 없이는 그들의 목표가 성공하지 못할 것을 알고 그냥 묵과하고 따라가고 있는 개신교회 지도자들의 눈먼 상태는 그들이 교리적인 입장에서뿐만 아니라 영적인 경험에 있어서도 음녀의 딸들이 된 형편이 드러나고 있습니다.

현재 기독교인들에 의하여 추진되고 있는 낙태 법 반대 운동은 그것이 나쁜 일이라 할지라도 양심에 관한 일이요, 도덕적인 일이기 때문에 법으로 강제하는 헌법제도를 만드는 것은 미국 헌법의 정신을 위배하는 것이 됩니다. 그러나 미국의 기독교인들과 천주교회의 연합은 도덕의 개선이라는 명목 하에 낙태 반대 헌법 안을 추진 중에 있습니다.

크리스천 코올리숀의 지도자는 최근에, 그들의 활동이 어느 정도 잠잠한 이유에 대하여 설명하면서, 그 이유는 백악관에 앉아있는 우리 대통령이 우리가 하려는 일을 다 잘 해주고 있기 때문이라고 말하였습니다.

C) 부시 대통령은 그에게 투표를 던지는 세력이 누구인지 잘 알고 있다.

"여기에 내 보수적 지지파들이 정말 좋아할 제안이 있습니다. 그것은 다름이 아니라, 사람들을 일요일에 교회 가도록 요구하는 헌법 개정안이 바로 그것이지요!" (Daytona Beach News Journal, 2004년 2월 26일에 게재된 죠지 부시 대통령에 대한 시사만평)

2) 지구에 이르러 오는 재난들

A) 천연재해의 가속화

최근 미국 국방부 펜타곤에서 나온 보고서에 의하면 우리 지구는 현재 엄청난 천연재해를 직면하고 있습니다. 지구의 온난화 문제가 바로 그것입니다. 그 보고서의 요약은 다음과 같습니다(런던 Newspaper, "The Observer", 2004년 2월 24일).

❶ 2020년도가 되면 영국은 시베리아처럼 변하여 사람들이 살기에 부적합한 곳이 되고 말 것이다.

❷ 이제 몇 년 안에 먹는 물과 에너지의 문제로 인하여 세계적인 전쟁의 양상이 벌어 질 것이다.

❸ 2007년도쯤 되면 네덜란드와 유럽국가의 어느 지역들에는 폭풍과 추위가 몰려와 살기에 부적합한 환경이 조성될 것이다.

❹ 남극과 북극의 빙산들이 녹아내리는 시기가 많이 앞당겨질 것이다.

❺ 이 보고서는 이러한 문제들은 현재 미국이 당면하고 있는 테러리스트들의 위협 보다 훨씬 더 큰 것이라고 적고 있다.

이 지구에 다가오는 천연재해들은 이 세상을 한 세력으로 통제해야 할 상황들을 야기할 수 있습니다. 그런데 지금까지의 닦아 놓은 기반과 모든 활동 상황들로 보아 세계에서 가장 강력한 영적인 지도자로 추앙 받을 만한 사람은 단연 교황일 것입니다.

B) 미국과 온 세계는 갑작스러운 경제적인 파탄을 준비하고 있다

미국을 비롯하여 세계의 많은 나라는 흔들리는 경제를 신기하게 오래 유지해 오고 있습니다. 미국의 부채가 상환하기에 거의 불가능한 상당한 액수라는 사실은 알만한 경제학자들은 알고 있습니다. 이제 머지않은 장래에 야고보서 5장에 있는 부한 자들이 통곡하며 울게 될 것이라는 예언이 세상을 깜짝 놀라게 할 것입니다. 이렇게 갑자기 경제적인 파탄이 올 때, 이것은 미국을 비롯한 많은 나라가 이 문제를 해결하기 위해 바티칸의 부와 리더십으로 향하게 할 것입니다. (짐승의 표는 손에 받는다는 것을 기억하십시오. "손"에 받는다는 것은 노동, 경제력과 관계가 있다는 뜻입니다.)

3) 일곱 나팔의 예언 중에 "셋째 화" 예언의 성취 (계 8~11장)

요한계시록 8~11장에는 마지막에 이르러 올 재앙, 곧 "화"에 대하여 나옵니다. 예언을 연구해 보면, 우리는 현재 일곱째 나팔 시대에 살고 있습니다. 다시 말해서, "세 번째 화"의 시대에 살고 있다는 말입니다. 우리는 첫째 "화"와 둘째 "화"에 사용되었던 이슬람 세력이 현재 다시 일어나 미국을 괴롭히고 있는 모습을 보고 있습니다.

이러한 일들은 결코 우연히 일어나는 사건들이 아닙니다. 지금 미국은 배도한 기독교회의 중심지가 되었으며, 교황권을 지지하는 정치적인 세력이 되었습니다. 만일 이슬람 테러 단체들에 의하여 미국 땅에 한 번 더 큰 참화가 생긴다면, 우리는 잠시 후 짐승의 표를 강요하는 일을 보게 될 가능성이 높습니다. 9.11 사태 이후에 미국의 정치체제는 계시록 13장 예언을 성취시킬 수 있는 체제로 완전히 변모된 사실을 주목하게 됩니다. 지금은 하나님의 천사들이 사방 바람을 붙잡고 있는 시기입니다. 이 "세 번째 화"가 올 때, 세계적으로 또 하나의 놀라운 종교 운동이 일어나게 될 것입니다. 그것은 다름이 아닌 세계에 흩어져 있는 하나님의 참 백성들을 모으는 늦은 비 운동, 곧 큰 소리 외침 운동입니다. 진실된 그리스도인들은 계시록 18장에 기록되어 있는, 이 영광스러운 빛으로 온 땅이 환해지는 거룩한 부르심의 운동을 식별할 수 있을 것이며, 거짓 계명이 강요되고 핍박이 올 때, 하나님의 뜻에 충성하기 위해 목숨을 아끼지 않을 것입니다.

다니엘 11장 42절 : "그(북방 왕)가 열국에 그 손을 펴리니 애굽(이집트) 땅도 면치 못할 것이므로"에 대해서 살펴보도록 하겠습니다.

미국의 정치와 개신교회를 점령하고 자기의 손에 넣은 북방 왕은 이제 아랍권을 굴복시킬 차례입니다. 모든 비밀 조직은 바티칸의 하수인들입니다. 그들의 온 세계 통제 목적의 길을 아랍 독재와 왕정세력들이 발목을 잡아왔습니다. '과연 북방 왕은 이 일을 어떻게 처리할 수 있을까요?' 마지막 때에 애굽이 아랍권 세력의 표상으로 등장합니다. 그러나 북방 왕이 아랍권의 보물을 잡을 것이라고 성경은 예언하고 있습니다. 중동의 오일머니는 세계 경제를 뒤흔드는 기축으로 작용했습니다. 이렇게 막강했던 국가들이 자국민의 폭동과 시위로 무너지고 있는 것입니다. 이것은 경제적인 것으로 인한 폭동입니다. 이 갑작스런 사건들의 배후는 과연 누구일까? 그렇습니다. 북방 왕입니다.

다니엘 11장 43절 : "그(북방 왕)가 권세로 애굽(이집트)의 금과 은과 모든 보물을 잡을 것이요, 리비아 사람과 구스 사람이 그의 시종이 되리라." 43절은 짐승의 표가 강요될 즈음, 유사이래에 없었던 경제 파탄이 온 세상을 덮칠 것이라는 예언입니다. 왜 이것을 경제적인 위기로 해석해야 할까요? 구약시대에 애굽이 "금과 은과 보물"을 잃어

버렸던 때를 생각해 보면, 43절의 의미를 이해할 수 있습니다. 구약시대에, 하나님께서는 이스라엘을 애굽으로부터 해방시키기 위해서, 계속적인 재앙을 애굽 땅에 보내셨습니다. 그리하여 결국에는 바로 왕과 모든 애굽인들은 자신들이 가지고 있던 보물들을 이스라엘 사람들에게 주면서, 애굽을 떠나달라고 애원하였습니다.

마찬가지로, 사탄이 온 세상에 짐승의 표를 강요하는 종말의 시간에는, 하나님의 진노하심을 표시하는 일곱 재앙(계 16장)이 내려지면서 지구의 대기와 땅과 바다에서 엄청난 천연 재해가 덮칠 것인데, 이때에 세계 경제는 파탄을 맞이하게 될 것이고, 이러한 상황은 사탄에 의해서 한층 악용되어서 결국에는 "짐승의 표를 가진 자 외에는 매매를 못"할 정도로 악화될 것입니다(계 13:17). 그러한 때에 온 세상은 고대의 애굽 사람들처럼 하나님의 진노의 재앙을 막아 보려는 인간적인 생각으로 교황권의 영적인 권세 아래에 엄청난 "금과 은과 모든 보물"을 가져다 놓을 것입니다.

성경이 애굽(이집트) 다음으로 리비아를 지목합니다. 그리고 구스를 지목합니다. 애굽과 리비아는 북아프리카 지방에 있는 나라들로 폭동은 애굽, 리비아, 튀니지, 알제리, 모르코 등등 아랍권으로 번져갔습니다. 요르단, 바레인, 쿠웨이트, 사우디아라비아 등은 전쟁으로 이미 그 세력을 상실했으므로 아랍권이 다 몰락한 것이나 다름없습니다. 하루 아침에 북방 왕의 발목을 잡아 오던 이슬람 세력들이 쉽게 넘어갔습니다. 그 중 리비아는 가장 힘든 세력이었습니다. 그러나 아랍 국가연맹은 미국과 유럽에 도움을 요청했습니다. 북방 왕의 오랜 계략은 놀라운 예언을 성취시켰습니다. "그의 시종이 되리라"(단 11:43) 구약시대에 구스(에디오피아)는 애굽과 함께 부자 이웃 나라였으며, 반면에 리비아는 매우 가난한 나라였습니다. 그러므로 이 예언은 부자 나라나 가난한 나라 모두가 교황권이 강요하는 짐승의 표를 받게 될 것이라는 의미입니다. "모든 자 곧 부자나 빈궁한 자나 자유한 자나 종들로 그 오른 손이나 이마에 표를 가진 자 외에는 매매를 못하게 하니 이 표는 곧 짐승의 이름이나 그 이름의 수라"(계 13:16,17. 경제적인 문제)는 (단 11:43 경제적인 문제)와 매우 유사한 의미를 가진 예언입니다.

다니엘 11장 44절 : "그러나 동북에서부터 소문이 이르러 그로 번민케 하므로, 그가 분노하여 나가서 많은 무리를 다 도륙하며 진멸코자 할 것이요." 성경에서 동쪽과 북쪽은 항상 하나님의 보좌의 위치, 그리스도께서 이 땅에 오시는 방향, 그리고 심판을 상징합니다(사 41:25,27; 마 24:27, 렘 1:14,15). 그러므로 "동북에서부터 소문이" 온다는 것은, 하나님의 예언을 정확히 이해하고 "하나님의 계명과 예수 믿음을 지"킴으로써(계 14:12), 짐승의 표를 거절하고 승리한 자들이 예수님께서 곧 재림하신다는 복음과 함께 심판의 소식을 놀라운 성령의 능력을 통하여 온 세상에 전파하는 장면을 묘사한 것입니다. 이러한 하나님의 용사들을 보면서 사탄은 교황권을 선동하고, 교황권은 다시 미국의 힘을 이용하여, 짐승의 표를 거절하는 진실한 그리스도인들을 향하여, 사형 명령을 내리는데, 이것은 중세기의 종교암흑시대 동안에 진리를 고수하고 오류와의 타협을 거절하였던 참된 그리스도인들에게 가해졌던 핍박의 재현이 될 것입니다. "그(북방 왕)가 분노하여 나가서 많은 무리를 다 도륙하며 진멸코자 할 것이요." "짐승의 우상에게 경배하지 아니하는 자는 몇이든지 다 죽이게 하더라"(계 13:15).

다니엘 11장 45절 : "그(북방 왕)가 장막 궁전을 바다와 영화롭고 거룩한 산 사이에 베풀 것이나 그의 끝이 이르리니 도와 줄 자가 없으리라." 다니엘 11장 마지막 절인 45절에서, 하나님께서는 사탄이 마지막 시대에 교황권을 통하여 어떻게 사람들을 기만하는가를 보여주고 계십니다. "장막 궁전"은 전쟁 시에 군인들의 막사로 사용하는 "텐트(Tent)"인데, 북방 왕은 마지막 전쟁을 치루기 위해서, 자신의 활동 거점을 "바다와 영화롭고 거룩한 산 사이에" 세운다는 내용입니다. 그런데, "바다와 영화롭고 거룩한 산" 이란 무엇을 말하는가? 성경에서 "물"은 "사람들"을 말하며 (계 17:15), "거룩한 산"은 하나님께서 거하시는 곳을 뜻합니다.

"영화롭고 거룩한 산" : "영화롭고 거룩한 산"은 고대 이스라엘에 있던 시온 산의 또 다른 표현으로서, "영화롭고 거룩한 산" 또는 "시온 산"은 모두 하나님의 교회를 상징적으로 표현하는 단어입니다. "영화롭고 거룩한 산"을 현재의 이스라엘로 볼 수 없는 이유는 이스라엘은 예수 그리스도와 그분의 진리를 거절함으로써, 국가로서의 그들의 은혜의 기간이 끝났으며, 지금도 한 국가로서 메시야의 초림을 부인하고 있기 때문에, "영화롭고 거룩한 산"이 될 수 없습니다.

"영화롭고 거룩한 산"이 하나님의 교회일 수밖에 없는 증거들을 여러 곳에서 찾을 수 있는데, 문자적 이스라엘 시대가 끝나고 영적 이스라엘 시대가 시작된 신약 시대에, 바울은 그리스도의 복음을 받아들인 그리스도인들을 향하여 "너희가 이른 곳은 시온 산... 장자들의 총회와 교회"라고 말함으로써 "시온 산과 교회"를 그리스도의 복음을 받아들인 하나님의 참 백성들로 표현하였고(히 12:22), 갈라디아 6장에서는 교회를 " 하나님의 이스라엘"로 불렀습니다(갈 6:16). (계 11:2)에는 "저희가 거룩한 성을 마흔 두 달 동안 짓밟으리라."는 예언이 나오는데, 이것은 교황권이 "거룩한 성" 즉, 하나님의 참 교회를 1260년 동안 핍박하겠다는 내용입니다.

여기서 한 가지 이해해야 할 사실은, "하나님의 백성" 또는 "거룩한 성"이라는 표현이 어떤 문맥에서 어떻게 사용되었는가에 따라서 그 말이 의미하는 바가 달라질 수 있다는 것입니다. 예를 들면, 천사가 다니엘 선지자에게, 이스라엘에게 주어진 은혜의 기간을 계시하여 주는 장면인 다니엘 9장 24절의 “네 백성과 네 거룩한 성을 위하여 칠 십 이레로 기한을 정하였나니”에서는, “네 백성과 네 거룩한 성”은 다니엘의 백성인 유대인들과 다니엘의 교회인 유대교회를 말하는 것입니다.

그러나 예수님께서 재림하시기 직전에 관한 예언인 다니엘 12장 1절의 “그 때에 네 민족을 호위하는 대군 미가엘이 일어날 것이요”에 나오는 “네 민족”은 다니엘의 혈통적 이스라엘을 말하는 것이 아니라, 마지막 때에 짐승의 표를 거절하고 승리하는 하나님의 참 교회를 말하는 것입니다. 그러므로 마지막 시대를 배경으로 나오는 “영화롭고 거룩한 산”은 하나님의 참 교회를 의미합니다.

그러므로 마지막 시대에 사탄은 교황권을 “물”(온 세상 사람들)과 “영화롭고 거룩한 산”(하나님의 교회) 사이에 넣어서 가로 막은 다음에, 하나님의 교회에서 퍼져 나오는 마지막 심판과 재림의 기별, 그리고 짐승의 표의 정체를 파헤친 중요한 진리가 사람들의 영혼을 깨우지 못하도록 방해함으로써, 그리스도의 재림을 위해서 준비되지 못하도록 역사하고 있습니다. 그런데, 어떻게 교황권이 사람들로 하여금 하나님의 교회에서 흘러나오는 진리를 이해하지 못하도록 막을까요? 그것은, 종교암흑시대 동안에 교황권에 의해서 조작된 오류가 종교개혁자들의 개혁에 의해서 어느 정도 교정되었지만, 중요한 진리들이 왜곡된 상태 그대로 현대 개신교회 속으로 잠입되어 들어왔습니다. 마지막 북방 왕은 오류에 의해서 사람들의 눈과 귀를 막아 버렸으며, 짐승의 표를 거절하도록 만드는 “하나님의 계명과 예수의 믿음”(계 14:12)에 대한 편견과 오해를 온 기독교계에 가득 퍼트려 놓는데 성공하였습니다.

이제, 11장의 끝인 45절의 후반부에는 교황권의 최후의 종말이 나옵니다. “그의 끝이 이르리니 도와 줄 자가 없으리라.” 예수님께서 재림하시기 전에 북방 왕의 종말이 먼저 오는데, 그 때에는 누구도 교황권의 편에 서지 않을 것이며, 그를 도와줄 자도 없을 것입니다. 왜냐하면, 마지막 시대의 하나님의 용사인 “하나님의 계명과 예수 믿음을 지키는 자”들이 교황권의 기만과 그들의 참된 정체를 폭로할 때에, 온 세상이 그 동안 교황권에게 당했던 기만을 생각하면서, 복수의 칼을 교황권에게 들이댈 것이기 때문입니다.

요한계시록 17장에는 “음녀”로 상징된 교황권이 “참람된 이름”을 가지고 있으며, “일곱 머리와 열 뿔”을 가진 “붉은 빛 짐승” 위에 타고 앉은 모습으로 등장하는데(계 17:3), 16절에서 천사는 세상 사람들에 의해서 처절하게 복수 당하는 음녀(교황권)의 최후의 모습을 이렇게 묘사하고 있습니다. “내가 본 바 열 뿔과 짐승이 음녀를 미워하며 망하게 하고 벌거벗게 하고 그 살을 먹고 불로 아주 사르리라.”

제6부 참고 자료

1. 미국의 출현과 운명

요한계시록 13장에는 두 짐승이 등장하는데, 첫 번째 짐승은 바다에서 부터 올라오고, 이 첫 번째 짐승이 깊은 상처를 받을 무렵에 두 번째 짐승이 출현하는데, 두 번째 짐승은 땅에서부터 올라옵니다. 이 두 짐승의 정체와 상관관계에 대한 이해가 요한계시록 예언 해석의 핵심입니다.

2. 첫 번째 짐승은 누구인가?

이 첫 번째 짐승은 표범의 몸과 곰의 발과 사자의 입을 가지고 있으며 용으로부터 그 권세와 능력을 받는 괴상한 모습으로 등장하고 있습니다. 이 짐승은 머리가 일곱이요 뿔이 열이며 그 열 뿔 위에 면류관을 쓰고 있다고 상징되어 있습니다. 이것이 무슨 뜻일까요? 모든 성경 예언은 성경 자체 속에서 찾아야 합니다. 인간들이 이렇게 저렇게 해석한 설명들은 제각기 다를 뿐더러 신빙성을 갖지 못합니다. 하나님의 계시는 하나님의 말씀 속에 있는 열쇠들을 발견해 냄으로 성경이 성경을 풀도록 해 주어야 하는 것입니다. 구약 성경 중 다니엘서 7장은 이미 바다에서부터 올라오는 사자와 곰과 표범 같은 짐승들과 용과 같은 짐승에 대하여 예언하고 설명하여 두었습니다. 그들은 바벨론과 메데 페르시아와 그리스와 로마 나라인 것을 성경을 연구하는 그리스도인들에게는 잘 알려진 사실입니다. 그런데 그 네 짐승들의 머리들을 세어 보면 모두가 합해서 일곱이었습니다. 바벨론을 상징했던 사자의 머리가 하나요, 페르시아를 상징했던 곰의 머리가 하나요, 그리스를 상징했던 표범의 머리는 나누어진 네 지역을 나타내기 위하여 네 개를 가지고 있었고, 네 번째 로마를 상징하는 무서운 짐승의 머리가 하나, 그래서 도합 일곱이었습니다. 그런데 흥미 있는 사실은 요한계시록 13장에 출현하는 바다에서 올라오는 짐승의 머리가 일곱이요 네 번째 로마 나라가 가졌던 열 뿔도 같이 가지고 있는 모습을 보게 됩니다.

그런데 이 이상한 요한계시록 13장의 짐승의 어느 머리 중 하나가 아니라 바로 열 뿔 위에 면류관이 씌어져 있는 모습으로 나타나 있는데, 바로 이것이 하나님께서 우리에게 이 짐승의 출현 시기를 알려 주시는 비밀 암호로서 그것은 로마가 몰락하면서 열 뿔로 나누어지는 과정과 시기에 시작한다는 뜻입니다. 바벨론 시대가 아니고 페르시아나 헬라 시대나 로마의 전성기 시대도 아닌 열국 분열시기에 시작하는 세력인 것을 암시하여 주고 있는 것입니다.

이 이상한 짐승의 모습이 네 짐승의 복합적인 형태를 가지고 있는 이유는 각 짐승들, 바벨론과 페르시아와 헬라와 로마의 부요함과 그 권력과 힘과, 특히 하나님의 백성을 핍박했던 특성들을 한 몸에 지니고 있다는 뜻이며, 그 모든 세력이 지배했던 모든 지역을 포함하여 권세를 누릴 것에 대한 상징인 것입니다. 이 표범과 같은 짐승이 하는 일과 그 성격을 살펴보면 그 정체를 우리는 곧 파악 할 수 있게 됩니다.

❶ 그는 능력과 보좌와 권세를 용 같은 나라로 상징된 이교 로마 나라로부터 받는다 (계 13:1,2).

❷ 그가 경배를 요구하고 있는 것으로 보아 종교적인 세력인 것을 알 수 있고, 온 세상에 큰 영향력을 행사하게 된다 (계 13:3,4).

❸ 참람된 능력을 가지고 있다 (계 13:5,6).
성경에서 참람됨이란 다음의 두 가지를 주장하는 것입니다.
a. 자기가 죄를 용서한다고 주장 하는 것 (눅 5:21)
b. 하나님과 동등하다고 주장 하는 것 (요 10:33)

❹ 이 세력은 42달, 즉 1260년 동안 지배하는 권세를 가진다 (계 13:5).
서기 538년에 로마의 저스티니안 황제가 로마의 교회 감독을 교회의 머리로 인정하는 조서를 내리고 군대를 사용할 권한을 부여한 후 부터, 교회의 교황권은 1798년 프랑스의 버티어 장군이 교황을 포로로 잡아 갔던 해까지 예언대로 1260년간 큰 권세를 행사하였으며 많은 그리스도인을 핍박 하였고 그 기간 동안 거의 일억에 가까운 숫자의 그리스도인이 순교를 당했습니다.

❺ 이 세력은 하나님의 성도를 핍박한다 (계 13:6,7)

위에 열거된 사실들을 미루어 보아, 그 세력은 다름이 아닌 로마 교회의 교황권임에 틀림이 없습니다. 마틴 루터를 포함하여 유수한 종교 개혁자들인 멜랑히톤, 니콜라스 리들리, 쟌 베일, 래티머, 크래머, 쟌 낙스 등등 많은 개혁자가 요한계시록 13장의 첫 짐승은 다름 아닌 교황권이라는 사실을 확인하고 가르쳤었습니다.

그러나 로마 교회의 감독제로 시작되었던 교황권이 성도들을 핍박하는 장면에서 하나님은 교황 자기 자신도 칼에 죽임을 당할 것이라는 예언을 삽입하여 두셨는데, 그것이 바로 1260년 박해 기간이 끝나던 해에 성취된 일이었습니다. 요한계시록 13장 10절은 다음과 같이 예언 하였습니다. "사로잡는 자는 사로잡힐 것이요, 칼로 죽이는 자는 자기도 마땅히 칼에 죽으리니 성도의 인내와 믿음이 여기 있느니라." 그 예언대로 1798년에 교황 피우스 6세가 포로 되어 가서 죽게 된 것입니다.

그러나 성경은 교황권이 그대로 그렇게 끝날 것이 아니라 그 죽게 되었던 상처가 낫게 될 것이며 온 세상이 기이히 여겨 그를 따를 것이라고 예언되어 있습니다(계 13:3). 우리는 너무나 놀라운 그 예언의 성취를 보고 있습니다! 1929년의 라테란 조약을 기점으로 그 상처가 회복되면서 교황이 가는 곳마다 얼마나 많은 사람이 그를 따르며 존경하며 환호하고 있습니까! 그의 인기가 하늘을 충천하여 올라만 가고 있는 모습을 보면서 우리는 너무나도 정확한 성경 예언의 성취에 감탄하지 않을 수 없게 되는 것입니다.

3. 두 번째 짐승은 누구인가?

그런데, 괄목할만한 것은, 바로 이러한 시점에, 다시 말해서 교황권이 상처를 받게 되는 그 시점에, 인구가 많지 않은 땅에서, 새끼 양 같은 모습 곧 예수 그리스도의 기독교의 정신을 가지고 등장하는 다른 한 짐승이 올라오고 있는 것입니다. 이 짐승은 교회를 핍박으로부터 도와주는 모습으로 12장에서 언급되었던 그 세력입니다.

이러한 부인할 수 없는 지리적이고 시기적이며 특성적인 정확한 묘사와 암시들을 가지고서 우리가 어찌 요한계시록 13장 11절에 나타나는 새끼 양 같은 짐승을 미국이 아니라고 말할 수가 있습니까? 지성과 양심을 가지고 편견 없이 열린 마음으로 살피는 그리스도인이라면 누구나 다 성경에 나타난 미국에 대한 예언에 대하여 의심 없이 깨닫게 될 것입니다. 미국의 출현에 대한 예언과 성취를 다시 요약하여 보자면 다음과 같습니다.

4. 출현하는 위치

성경은 이 짐승이 땅에서 올라온다고 하였습니다(계 13:11). 모든 다른 짐승은 물에서 올라 왔는데, 요한계시록 17장 15절은 물을 백성과 방언과 열국들이라고 해석해 주고 있습니다. 그 이전 제국들은 인구가 많이 밀집한 지역들에서 일어났습니다. 그러나 이 짐승은 인구가 별로 없는 지역에서 일어나는데, 땅은 물의 반대이므로 광야와 같이 사람들이 별로 살지 않는 곳을 상징합니다.

이 짐승이 올라온다는 말의 헬라어 원어를 살펴보면 "자라나다.", 혹은 "식물처럼 솟아 올라오다"는 뜻을 가진 단어로 씌어져 있습니다. "옛 세계를 새 세계와 비교함"이란 책 p. 462에서 G. A. Townsend씨는 다음과 같이 말하고 있습니다. "미국은 그 공허한 곳으로부터 나아오는 신비함이 있고, 마치 씨앗이 조용히 자라 큰 제국으로 성장하는 것과 같다고 할 수 있겠다." 1850년도에 유럽의 알려진 신문이었던 The Dublin Nation지는 미국이 "서서히 조용한 땅에서 올라와 매일 그 힘과 세력을 더해 가고 있다"라고 기록하였습니다.

5. 출현하는 시기

이 짐승은 요한계시록 13장 첫 부분에 나오는 표범처럼 생긴 짐승이 사로잡힘을 당하는 시기에 올라옵니다(계 13:10,11). 교황권이 1798년도에 프랑스에 의하여서 깨어지는 일을 당했기 때문에 두 번째로 올라오는 이 짐승이 1798년도를 전후로 일어나야 하는데, 미국의 건국 시기는 이 예언을 적중시키었습니다. 요한 웨슬레는 1760년도에 요한계시록 13장을 해석하면서 이렇게 말하였습니다. "그가(새끼 양 같은 짐승) 아직 이르지 아니했지만, 그러나 올 날이 결코 멀지 않았다. 그는 첫 번째 짐승의 42달 기간이 끝나는 시기에 나타날 것이기 때문이다"(Explanatory Notes upon the New Testament, 17th ed., 704). 얼마나 놀라운 해석이었습니까!

6. 출현하는 방법

요한계시록 13장 11절은 이 짐승이 새끼 양같이 두 뿔이 있다고 말하고 있습니다. 새끼 양은 무엇을 상징할까요? 우선 어리다는 것을 상징하는 것입니다. 이것은 새로운 세력인 것을 말합니다. 두 뿔을 가지고 있는데, 이 뿔들에는 왕관이 없는 것으로 보아 왕권이 없는 나라이며 오히려 두 세력이 서로 조화되어 운영되는 느낌을 주고 있습니다. 이것은 사법 기관과 입법 기관이 서로 견제하며 통치하는 나라인 것을 말할 수 있을지 모릅니다. 어린 양은 천진난만함을 상징하는 것으로서 이전 유럽의 폭정과 핍박에 비추어 얼마나 대조적입니까! 거기에는 압박과 독재가 없고 자유가 있는 것입니다. 또한 양은 성경에서 그리스도를 상징합니다. 요한복음 1장 29절에는 "보라 세상 죄를 지고 가는 하나님의 어린양이로다"라고 말씀하고 있습니다. 예수님께서는 "수고하고 무거운 짐진 자들아 다 내게로 오라 내가 너희를 쉬게 하리라"라고 말씀하셨습니다(마 11:28).

뉴욕에 있는 자유의 여신상 밑에 기록되어 있는 Emma Lazarus 의 글은 예수 그리스도의 그 초청의 말씀과 아주 비슷한 내용인 것을 보게 됩니다. 그 내용은 다음과 같습니다.

"이곳저곳을 쳐서 점령했던 그리스의 청동 구리와 같은 모습이 아닌, 여기 바닷가 해지는 어구에, 불타는 횃불을 들고 서 있는 강력한 여인이 있으니 그 이름은 방황하는 자들의 어머니라. 그 여인의 등대 같은 횃불은 온 세상을 환영하듯이 조명하고 있고, 그의 미소는 다리로 연결된 두 도시를 주장하고 있습니다. 그의 입술은 '고대의 나라들아 너희의 장식된 허세가 무엇이냐'라고 말하는 듯하다. '너희의 지치고 가난하며 자유를 숨쉬기 위하여 갈망하는 자들을, 너희의 거절하여온 항구들로부터 보내어 내게 달라. 집이 없는 자들을 물 건너 내게 보내어라. 나는 내 횃불을 황금의 문 옆에 높이 들리라!"

7. 어린양! 미국을 위한 얼마나 걸 맞는 상징인가!

그러면, 1798년도를 전후로 하여 인구가 별로 없는 곳으로부터 왕권이 없이 민주공화정치를 구현하며 기독교 정신을 가지고 자유와 천진스러운 성격을 띠고 새끼 양처럼 일어 난 나라가 과연 어느 나라일까요? 미국 이외에 또 어느 다른 나라가 이 예언에 들어맞는 성격을 가지고 있을까요? 하나님께서는 이 지구 역사의 마지막 장면에 핍박당하는 그리스도인들을 구출하고 성경의 복음과 진리를 세상에 널리 전하기 위하여 미국을 세우신 것입니다. 이렇게 하나님께서는 이 미국의 운명을 성경에 미리 예언하여 두셨습니다.

그런데, 또 한 가지 놀라운 사실을 우리는 미국에 관한 성경 예언에서 발견하게 됩니다. 이 미국이 새끼 양처럼 올라왔는데, 용처럼 말하게 된다는 사실입니다. "…새끼 양처럼 두 뿔이 있고 용처럼 말하더라"(계 13:11). 어느 정도 시간이 지나면서 이 미국이 양 같은 정신을 버리고 옛날 유럽의 압박의 정신으로 돌아가 핍박하는 세력으로 결국은 변모할 것을 예언하고 있는 것입니다.

"저가 먼저 나온 짐승의 모든 권세를 그 앞에서 행하고 땅과 땅에 거하는 자들로 처음 짐승에게 경배하게 하니 곧 죽게 되었던 상처가 나은 자니라 큰 이적을 행하되 심지어 사람들 앞에서 불이 하늘로부터 땅에 내려오게 하고 짐승 앞에서 받은바 이적을 행함으로 땅에 거하는 자들을 미혹하며 땅에 거하는 자들에게 이르기를 칼에 상하였다가 살아난 짐승을 위하여 우상을 만들라 하더라. 저가 권세를 받아 그 짐승의 우상에게 생기를 주어 그 짐승의 우상으로 말하게 하고 또 짐승의 우상에게 경배하지 아니하는 자는 몇이든지 다 죽이게 하더라. 저가 모든 자 곧 작은 자나 큰 자나 부자나 빈궁한 자나 자유한 자나 종들로 그 오른 손에나 이마에 표를 받게 하고 누구든지 이 표를 가진 자 외에는 매매를 못하게 하니 이 표는 곧 짐승의 이름이나 그 이름의 수라" (계 13:12-17).

엄청난 예언이 아닐 수가 없습니다. 바로 이 예언이 미국을 통하여서 이루어진다는 말씀입니다. 미국이 머지않은 장래에 종교의 힘을 가지고 사람들을 강제하는 일을 하게 될 것이며, 먼저 나온 짐승을 위하여 일하게 될 것입니다. 이 일은 미국의 국민들이 사회의 혼란과 무질서를 막기 위하여 스스로 원하여서 종교적인 강제성을 입법화할 것이라는 의미입니다. 앞으로 다시 중세기의 핍박이 이 세상에서 잠깐 동안 재현

될 것이며, 바로 미국이 그 선봉세력이 될 것입니다. 그러나 우리에게는 하나님의 밝은 약속이 있습니다.

"이것을 너희에게 이름은 너희로 내 안에서 평안을 누리게 하려 함이라 세상에서는 너희가 환란을 당하나 담대하라 내가 세상을 이기었노라"(요 16:33).

"그 때에 네 민족을 호위하는 대군 미가엘이 일어날 것이요 또 환난이 있으리니 이는 개국 이래로 그 때까지 없던 환난일 것이며 그 때에 네 백성 중 무릇 책에 기록된 모든 자가 구원을 얻을 것이라"(단 12:1)

"볼지어다 내가 세상 끝 날까지 너희와 항상 함께 있으리라"(마 28:20).

미국이 미래에 행할 일들에 관해서는 다른 책 "짐승, 짐승의 우상 그리고 미국"에서 좀 더 자세히 다루도록 하겠습니다. 그리스도인들이 살아남는 길은 성경, 오직 성경대로만 믿고 사는 길입니다. 그리스도께서만이 유일한 길이요 진리요 생명이십니다. 이 종말의 시기를 통과하고 있는 우리 모두에게 하나님의 은혜가 특별히 함께 하시도록 기도하여야 할 시간이 온 것 같습니다.

마지막 벌어지는 시대에 사탄과 하나님의 마지막 투쟁에 있어서 그 쟁점이 되는 "짐승의 표"는 무엇일까요? 앞으로 계속해서 나올 책자들에서 이 문제를 보다 단계적이고, 심도 있게 파헤침으로써, 요한계시록에 나타나 있는 마지막 시대의 비밀을 함께 연구하게 될 것입니다.

이 글은 어떤 특정한 교파를 정죄하거나 지지하기 위해서 준비된 글이 아닙니다. 이 글은 온 세상과 교회 안에 퍼져 있는 잘못된 가르침과 오해에 대해서 하나님의 백성들을 계몽함으로써, 다가오는 심판과 종말에 대해서 사람들을 준비시키기 위한 글입니다. "내 백성아 거기서 나와 그의 죄에 참예하지 말고, 그의 받을 재앙을 받지 말라"는 복음입니다(계 18:4).

그러나 "마지막 때"를 살아가는 성도들의 영생을 위하여, 하나님께서 성경에 기록해 두신 마지막 소식을 온 교회와 세상 앞에 펼치려고 할 때, 사탄은 모든 사력을 다하여 이 일을 방해할 것입니다. 사탄은 마지막 시대인 지금, "여자의 남은 자손 곧 하나님의 계명을 지키며 예수의 증거를 가진 자들로 더불어 싸우려고 바다 모래 위에" 서 있습니다. 우리는 사탄의 도전과 공격을 피하지 않을 것입니다. 열한시선교센터는 여러분이 함께 싸우면서, 최후의 승리의 날까지 함께 전진할 것을 간절한 마음으로 기원합니다!

성경공부
성경의 예언

4장

계시록의 짐승, 용, 그리고 여자

짐승과 용의 정체를 알면 마지막 시대의 위기가 보인다!

제1부 짐승과 그의 배경

1. 두려운 경고

성경에서 마지막 시대를 위한 가장 두려운 경고의 말씀은 계시록 14장 9,10절에 나타나 있습니다. "또 다른 천사 곧 셋째가 그 뒤를 따라 큰 음성으로 가로되 만일 누구든지 짐승과 그의 우상에게 경배(Worship)하고 이마에나 손에 표를 받으면 그도 하나님의 진노의 포도주를 마시리니 그 진노의 잔에 섞인 것이 없이 부은 포도주라 거룩한 천사들 앞과 어린 양 앞에서 불과 유황으로 고난을 받으리니"

이 성경절의 내용은 성경의 다른 곳에 나타나 있는 하나님의 사랑의 성품에 비추어 볼 때에 너무나도 대조될 뿐 아니라, 우리에게 무서운 두려움을 주고 있습니다. 이 성경절은 하나님의 자비가 그분의 진리와 사랑을 계속해서 거절하는 자들로부터 거두어지는 때가 있다는 사실을 말하고 있습니다. 악인에 대한 하나님의 심판이 그분의 자비로 말미암아 거의 6000년 동안이나 지연되어 왔습니다. 그러나 하나님과 그분의 권위에 대한 인류의 반역과 죄악의 정도가 그 한계를 채우게 될 때, 하나님께서는 죄악을 중지시키기 위해서 간섭하시게 됩니다.

우리는 여기서, 사랑의 하나님을 그토록 분노케 하는 죄에 대해서 함께 살펴보려고 합니다. 위에 언급한 성경절을 주의 깊게 읽어보면, 말세의 마지막 사건 가운데에는 짐승에게 잘못된 충성을 바치면서 따르는 상황이 벌어질 것이라는 사실을 알 수 있습니다. 결국 세계는 두 개의 진영으로 나누어지게 되는데, 하나는 참 하나님을 경배(Worship, 예배)하는 무리이고, 다른 하나는 요한계시록 13장에 나오는 짐승을 경배(Worship, 예배)하는 무리입니다. 온 세계가 둘로 나누어지는 배경에는 누구를 경배할 것인가에 대한 문제가 깊이 관련되어 있습니다. 또한 "경배"라는 말은 종교계에서만 사용되는 말입니다. 그러므로 하나님을 경배하는 무리뿐만 아니라, 짐승을 경배하는 무리도 종교적인 사람들이 그 핵심을 이루고 있음을 알 수 있습니다.

그런데 무엇이 세상에 있는 모든 사람을 두 개의 커다란 무리로 나눕니까? 사도 요한은 요한계시록 14장 9-11절에서 짐승을 경배하는 자들에 대하여 묘사한 후에, 곧 이어서 12절에 다음과 같은 말씀을 기록하였습니다. "성도들의 인내가 여기 있나니 저희는 하나님의 계명과 예수 믿음을 지키는 자니라." 바로 이것이 짐승을 따르는 자들과 어린 양을 따르는 자들 사이에 있는 분명한 경계선입니다!

온 세계가 두 무리로 나뉘는 것이 “하나님의 계명을 지키는” 것과 깊은 관련이 있다는 사실을 주목해야 합니다. 사도 요한이 짐승의 표를 받지 않는 무리를 설명하면서, “저희는 하나님의 계명을 지키는 자들”이라고 묘사하고 있는 사실을 주목하십시오. 또한, 사도 요한은 하나님의 계명을 지키지 않는 나머지 무리에게 하나님의 진노가 부어질 것이라고 말하고 있는데, 이것은 로마서 6장 16절에서 사도 바울이 말하는 바와 정확하게 일치하는 것입니다. “너희 자신을 종으로 드려 누구에게 순종하든지 그 순종함을 받는 자의 종이 되는 줄을 너희가 알지 못하느냐? 혹은 죄의 종으로 사망에 이르고 혹은 순종의 종으로 의에 이르느니라.”

가장 고결한 충성심은 순종이라는 분명한 행위를 통하여 드러나게 됩니다. 결국, 지구에 사는 대다수의 사람은 하나님의 거룩한 십계명을 불순종함으로써, 적그리스도의 가짜 권위를 인정하고 받아들이게 될 것입니다. 모든 사람은 개인적으로 어떤 한 쪽을 선택하게 될 것입니다. 성경은, 요한계시록 13장에 나오는 짐승을 경배하는 문제에 대한 최종적인 결정에는 삶과 죽음 중에서 어느 하나를 선택하는 것이 포함되어 있다는 사실을 명백하게 말하고 있습니다.

그런데 참으로 이상한 사실은, 수많은 현대 신학자들이 짐승의 표와 관련된 요한계시록 14장의 경고를 무시하거나 소홀히 여기고 있다는 것입니다. 요한의 예언에 나타난 심각한 경고의 말씀에 주의를 기울이지 않는 목사들 때문에, 수많은 그리스도인뿐만 아니라 세상 사람들도 제대로 하나님의 경고를 받지 못하고 있습니다. 어떤 경우에는 요한계시록의 말씀이 단순히 초기 그리스도 교회에게 보내는 경고의 글로 해석됨으로써, 신자들에게 혼돈을 일으키고 있습니다. 또한, 어떤 이유에서인지는 모르겠지만, 요한계시록을 봉해진(덮여진) 책으로 취급함으로써, 요한계시록이라는 이름이 가지고 있는 분명한 의미를 부인하고 있습니다. 그러나 이 놀라운 계시의 말씀을 연구하는 사람들에 대한 약속이 요한계시록 서두에 기록되어 있다는 사실을 결코 간과해서는 안 됩니다. “이 예언의 말씀을 읽는 자와 듣는 자들과 그 가운데 기록한 것을 지키는 자들이 복이 있나니 때가 가까움이라”(계 1:3).

사탄과 그리스도 사이에서 전개되는 마지막 대 쟁투에 대한 시나리오를 요한계시록에서 탐구하기 전에, 먼저 대 쟁투에 참가한 두 투사(그리스도와 사탄)에 대해서 알아보는 시간을 갖기로 합시다.

2. 놀라운 능력을 지닌 두 투사

커다란 투쟁의 클라이맥스(정점) 즉, 온 세계가 두 무리로 나누어지는 놀라운 사건이 인류 역사의 마지막 종점에서 일어나지만, 그리스도와 사탄 사이의 대 쟁투의 역사는 거의 6000년 동안 계속되어왔습니다. 대 쟁투는 우주의 통치자이신 하나님의 권위에 대항하는 루시퍼(사탄)의 반역에서 시작되었습니다. 하나님의 위치를 시기했던 한 천사에 대한 이야기가 구약 성경에 여러 번 기록되어 있습니다. 이사야는 그 아름답고 영광스럽던 존재의 반역에 대해서 다음과 같이 서술하였습니다. "너 아침의 아들 계명성(Lucifer, 루시퍼 - 킹제임스 성경)이여, 어찌 그리 하늘에서 떨어졌으며 너 열국을 엎은 자여, 어찌 그리 땅에 찍혔는고, 네가 네 마음에 이르기를 내가 하늘에 올라 하나님의 뭇 별 위에 나의 보좌를 높이리라, 내가 북극 집회의 산 위에 좌정하리라, 가장 높은 구름에 올라 지극히 높은 자와 비기리라 하도다"(사 14:12-14).

한 천사장의 이기적인 반역의 씨앗은 신속하게 퍼져서, 다른 천사들의 충성심에도 영향을 미쳤습니다. 그리하여 하늘 천사들의 삼분의 일이 루시퍼의 불만족에 가담하게 되었으며, 이로써 대 쟁투는 시작되게 되었습니다. "하늘에 또 다른 이적이 보이니 보라 한 큰 붉은 용이 있어 머리가 일곱이요 뿔이 열이라 그 여러 머리에 일곱 면류관이 있는데 그 꼬리가 하늘 별 삼분의 일을 끌어다가 땅에 던지더라"(계 12:3,4). 이렇게 시작된 대 쟁투가 어느덧 육천 년 동안이나 계속되어 왔으며, 이제는 세상의 종말이 되어서 모든 사람이 누구를 지지하고 경배할 것인가에 대한 최후의 결정과 선택을 해야만 하는 시기가 된 것입니다.

하늘에 반역이 생기자 즉시로 전쟁이 일어나게 되었으며, 그 전쟁 때문에 루시퍼라고 불렸던 천사장과 그에게 가담하였던 무리는 하나님의 임재 앞으로부터 쫓겨나게 되었습니다. 사도 요한은 하늘에서 있었던 대 반역의 사건을 이렇게 묘사하였습니다. "하늘에 전쟁이 있으니 미가엘과 그의 사자들이 용으로 더불어 싸울새 용과 그의 사자들도 싸우나 이기지 못하여 다시 하늘에서 저희의 있을 곳을 얻지 못한지라. 큰 용이 내어 쫓기니 옛 뱀 곧 마귀라고도 하고 사탄이라고도 하는 온 천하를 꾀는 자라 땅으로 내어 쫓기니 그의 사자들도 저와 함께 내어 쫓기니라"(계 12:7-9).

계명성(Star of the morning, 새벽 별)이라는 의미를 가진 루시퍼(Lucifer) 천사장이 타락하여서 사탄이 되었기 때문에, 사탄(Satan)이라는 단어에는 "대항자”(Adversary)라는 뜻이 포함되어 있습니다. 사탄과 하나님과의 대 쟁투는 하늘에서 지구로 옮겨졌으며, 말세에 지구에 사는 모든 사람이 하나님의 계명을 순종함으로써 그분을 따르든지, 또는 불순종함으로써 반대할 것인지를 각자가 개인적으로 결정함으로써, 온 세상은 두 무리로 나누어지게 되는데, 이 같은 극적인 클라이맥스에 도달할 때까지, 하나님과 사탄 사이의 대 쟁투는 계속될 것입니다. 하나님의 권위에 도전하는 불충성에 의해서 반역이 시작되었던 것처럼, 하나님의 권위를 나타내는 율법(계명)에 결정적으로 도전하고 거절함으로써 대 쟁투는 종결될 것입니다.

사탄은 그가 하늘로부터 쫓겨난 이후부터 지금까지 그의 추종자인 악한 천사들과 함께 일해 왔습니다. 악마와 같은 교활함을 가지고, 사탄은 하나님과 그분의 구속의 계획에 대항하는 전쟁에서 성공적으로 싸워왔습니다. 매우 다양하고 음흉한 방법들을 통하여, 하나님의 권위를 전복하기 위하여 최고의 노력을 기울여 왔습니다. 이 소책자를 발간하는 목적은 진리의 기초를 파괴해 왔으며, 지금도 파괴하고 있는 사탄의 음흉한 흉계를 폭로하는 것입니다.

인류의 역사가 에덴동산에서 시작된 이래로 지금까지, 각 세대마다 세상을 구원하기 위한 하늘의 계획을 무산시키기 위해서 펼쳐지는 악의 세력들이 현저하게 그 정체를 드러내어 왔습니다. 그러나 마지막 시대에 펼쳐지는 사탄의 마지막 공격은 요한계시록 13장에 나오는 짐승의 모습으로 기록되어 있습니다. 놀라운 거짓 권세가 하나님의 계명을 공격하기 위해서 세워질 것입니다. 온 세상은 어느 한 쪽을 선택하라는 요구를 받게 될 것입니다. 악한 천사들은 사람들의 충성과 결정적인 지지를 얻기 위해서 강력한 방법으로 일할 것입니다. 모든 사람이 이 문제에 부딪히게 될 것이며, 아무도 중립적인 입장을 취할 수 없습니다. 짐승의 권세가 온 세상을 압도할 때, 모든 사람은 하나님과 사탄 둘 중 어느 한 존재에 순종해야 하는 분명한 선택을 해야만 합니다.

“또 다른 천사 곧 셋째가 그 뒤를 따라 큰 음성으로 가로되 만일 누구든지 짐승과 그의 우상에게 경배하고 이마에나 손에 표를 받으면 그도 하나님의 진노의 포도주를 마시리니 그 진노의 잔에 섞인 것이 없이 부은 포도주라 거룩한 천사들 앞과 어린 양 앞에서 불과 유황으로 고난을 받으리니 그 고난의 연기가 세세토록 올라가리로다. 짐승과 그의 우상에게 경배하고 그 이름의 표를 받는 자는 누구든지 밤 낮 쉼을 얻지 못하리라”(계 14:9-11).

3. 삶과 죽음의 문제

두투사에 대한 배경을 이해했으면, 그리스도와 사탄 사이에 펼쳐지는 대 쟁투의 마지막 국면에 대해서 좀 더 자세하게 살펴봅시다. 요한계시록 13장에 나오는 짐승은 하나님의 권위를 완전하게 파괴하려고 노력하는 적그리스도 세력이라는 사실을 이해해야만 합니다. 요한계시록 13장 1-7절에 상징적인 언어로 표현되어 있는 적그리스도의 모습을 주의 깊게 읽어봅시다.

"내가 보니 바다에서 한 짐승이 나오는데 뿔이 열이요 머리가 일곱이라 그 뿔에는 열 면류관이 있고 그 머리들에는 참람된 이름들이 있더라. 내가 본 짐승은 표범과 비슷하고 그 발은 곰의 발 같고 그 입은 사자의 입 같은데 용이 자기의 능력과 보좌와 큰 권세를 그에게 주었더라. 그의 머리 하나가 상하여 죽게 된 것 같더니, 그 죽게 되었던 상처가 나으매 온 땅이 이상히 여겨 짐승을 따르고, 용이 짐승에게 권세를 주므로 용에게 경배하며 짐승에게 경배하여 가로되 누가 이 짐승과 같으뇨 누가 능히 이로 더불어 싸우리요 하더라. 또 짐승이 큰 말과 참람된 말을 하는 입을 받고, 또 마흔 두 달 일할 권세를 받으니라. 짐승이 입을 벌려 하나님을 향하여 훼방하되 그의 이름과 그의 장막 곧 하늘에 거하는 자들을 훼방하더라. 또 권세를 받아 성도들과 싸워 이기게 되고 각 족속과 백성과 방언과 나라를 다스리는 권세를 받으니"

위의 성경 절이 뜻하는 바를 구체적으로 정확하게 설명하지 않는다고 할지라도, 적그리스도의 세력이 하나님과 그분을 따르는 참 그리스도인들을 박해하는 모습을 분명하게 볼 수 있습니다. 여기서 용은 옛 뱀 즉 사탄을 뜻합니다(계 12:9). 짐승의 권세가 지구의 모든 사람에게 미칠 만큼 강성하게 되면, 사람들은 그들의 이마나 손에 짐승의 표를 받도록 강요받게 됩니다(계 13:16). 이때 그 표를 받는 사람들은 요한계시록 14장 9,10절에 묘사된 하나님의 진노를 받게 됩니다. 또한, 짐승의 표를 받은 사람들에 대한 하나님의 진노가 요한계시록 15장 1절에 다음과 같이 설명되어 있습니다. "일곱 천사가 일곱 재앙을 가졌으니, 곧 마지막 재앙이라. 하나님의 진노가 이것으로 마치리로다."

짐승의 표를 받은 사람들에게 부어지는 재앙과 고통이 요한계시록 16장에 자세하게 설명되어 있습니다. 여기서 재앙들에 대해서 자세하게 설명하지는 않겠지만,

지금 우리가 거론하고 있는 문제는 우리 모두의 영원한 생명과 죽음이 걸려 있는 중대한 문제라는 사실을 기억하기를 바랍니다. 짐승의 정체에 대해서 얼마나 열심히 연구해야만 할까요? 짐승의 표를 피할 수 있는 방법에 대해서 얼마나 진지하게 연구해야만 할까요? 이 문제에 관한 한 어떠한 추측이나 상상도 허용되어서는 안 됩니다. 우리는 모두 위험이 어디에 있는지 정확하게 알아야 하며, 그것을 피하는 방법을 구체적으로 이해해야만 합니다.

수많은 그리스도인이 이 중요한 문제에 대해서 거의 듣지 못하고 있습니다. 이 문제가 자신의 운명과 깊은 관련을 맺고 있음에도 불구하고, 짐승이나 그 표에 대해서 전혀 알지 못하고 있습니다. 많은 목사는 교인들의 마음을 불편하게 만들지 않기 위해서 이 문제를 건드리지 않고 있습니다. 그들은 말하기를 "짐승에 대해서 걱정하지 마세요. 그것은 우리가 이해하기에 너무 어렵고 복잡한 문제입니다. 여러분이 주님을 사랑하기만 한다면, 그것은 아무런 문제가 되지 않습니다. 여러분은 짐승의 정체를 알 수 없습니다!" 그러나 주의하십시오! 하나님께서는 마지막 시대를 살아가는 우리 모두에게 짐승의 위험에 대해서 경고해 주셨습니다. 짐승에 관한 문제는 우리의 생과 사를 결정할 만큼 중요한 문제입니다.

그런데 어떤 사람들은 짐승의 정체는 우리가 이해할 수 없는 것이므로 그냥 덮어두자고 이야기하고 있습니다. 그러한 사람은 마치 이렇게 이야기하는 것이나 다름없습니다. "여러분이 짐승의 표를 받으면 지옥 불에 던져질 것입니다. 그것이 매우 나쁜 것이긴 하지만, 짐승의 표가 무엇인지를 구태여 알 필요는 없습니다." 그러나 하나님께서는 그렇게 말씀하지 않으셨습니다. 그분께서는, 우리가 모두 그것을 피할 수 있는 것이기 때문에 경고하시는 것입니다. 짐승의 정체가 무엇인지를 우리가 알 수만 있다면, 우리는 모두 그것을 피할 수 있는 것입니다. 또한, 짐승의 표가 무엇인지를 우리가 알기만 한다면, 우리는 그것도 역시 피할 수 있습니다.

4. 상징적으로 묘사된 짐승

짐승의 표가 무엇인지 알 수 있을까요? 이 질문에 대한 우리의 자세는, 우리는 그것을 알 수 있고 반드시 알아야 한다는 것입니다. 짐승의 표가 무엇인지를 알기 위해서는 먼저 짐승이 누구인가를 알아야 합니다. 짐승이 누구인지 알게 되면, 그가 마지막 시대에 강요하게 될 "짐승의 표"가 무엇인지를 정확하게 알 수 있기 때문입니다. 요한계시록 13장 1-7절에 나오는 짐승의 모습은 매우 이상하고, 이 세상에 존재하지 않는 여러 가지 동물들의 복합적인 형태를 가지고 있는 것을 볼 때, 우리는 이 말씀을 문자 그대로 해석해서는 안 되며 상징적인 표현으로 받아들여야 합니다. 표범의 몸과 사자의 입과 곰의 발을 가지고 있는 동물을 본 적이 있습니까?

성경의 예언은 상징과 표상으로 구성되어 있습니다. 하나님께서는 여기에 표현된 짐승을 통하여 무엇을 우리에게 알려주고자 하시는 것입니다. 이 짐승은 무엇을 상징하는 것일까요? 추측이나 상상을 통하여 짐승의 정체를 파악하려고 해서는 안 됩니다. 성경은 성경을 통해서 해석하고 이해해야만 합니다. 성경 속에는 예언을 풀 수 있는 열쇠들이 이곳저곳에 담겨 있습니다.

짐승을 묘사하기 위해서 사용된 표현은 모두 상징적으로 받아들여야 합니다. 예를 들면, 짐승이 나타나는 장소로 표현된 물(바다)은 무엇을 상징할까요? 성경은 성경 자체가 설명한다는 사실을 잊지 마십시오. 요한계시록 17장 15절에서 그 열쇠를 찾을 수 있습니다. "또 천사가 내게 말하되 네가 본바 음녀의 앉은 물은 백성과 무리와 열국과 방언들이니라." 이처럼 예언에 나타난 상징적인 표현인 물(바다)을 백성 또는 사람들이라고 풀이할 수 있는 것입니다. 하나님께서는 예언에 나타난 물의 의미를 분명하고도 정확하게 성경 속에서 설명해 놓으셨습니다. 성경에서 물이 예언적인 상징으로 사용되었을 때에는 항상 "사람들"이라는 의미로 사용되고 있습니다.

자, 그러면 짐승과 관련하여 사용된 다른 상징적인 표현들은 무엇을 의미합니까? 요한계시록에 나타나 있는 짐승의 정체를 이해하기 위해서, 우리는 구약 성경에 있는 다니엘서로 돌아가서 성경절과 성경 절을 서로 비교하는 일이 필요합니다. 성경을 연구해 본 사람들은 이해하겠지만, 다니엘서와 요한계시록은 서로 상대방에 대해서 설명해 줍니다. 이 둘은 손과 장갑처럼 서로 들어맞게 되어 있습니다.

다니엘은 요한이 받았던 계시와 유사한 계시를 보았습니다. 다시 말하자면, 사도 요한은 구약시대에 다니엘이 보았던 계시를 이용하여 짐승의 정체와 모습을 묘사하였습니다. 그러므로 다니엘서 7장에 기록된 4짐승의 예언을 이해하면 요한계시록 13장에 나오는 4가지 짐승의 혼합 형태가 가지고 있는 의미를 이해할 수 있습니다.

이제 다니엘 7장 2, 3절에 있는 장면을 살펴봅시다. "내가 밤에 이상을 보았는데, 하늘의 네 바람이 큰 바다로 몰려 불더니 큰 짐승 넷이 바다에서 나왔는데 그 모

양이 각각 다르니." 다니엘은 요한이 보았던 것처럼 상징적인 바다(물)를 보았습니다. 그러나 그는 바다에서 한 짐승이 올라오는 것을 보는 대신에 네 짐승이 올라오는 것을 보았습니다. 우리는 앞에서 이미 물은 백성이나 사람들을 상징한다는 것을 배웠습니다. 그렇다면 짐승들은 무엇을 의미할까요? 성경이 성경을 설명한다는 원칙을 잊지 마십시오. 다니엘 7장 17절에 정확하게 설명되어 있습니다. "그 네 큰 짐승은 네 왕이라, 세상에 일어날 것이로되"

의문의 여지 없이 분명하게 설명되어 있습니다. 예언에서 짐승들은 국가들을 의미하는 것이라고 설명하시는 하나님의 말씀을 우리는 신뢰해야만 합니다. 오늘날, 독수리가 미국을 대표하고, 곰이 옛 소련을 대표하는 짐승으로 사용되었던 것처럼, 하나님께서도 오래전에 다니엘을 통하여 장차 세상에 나타날 국가들을 나타내시기 위해서 짐승들을 사용하셨던 것입니다. 하나님께서는 짐승에 대한 설명을 다니엘 7장 23절에서 좀 더 자세하게 하셨습니다. "넷째 짐승은 곧 땅의 넷째 나라인데" 만일 넷째 짐승이 역사에서 네 번째 제국을 대표한다면, 나머지 세 짐승, 즉 첫째, 둘째, 셋째 짐승은 첫째, 둘째, 셋째 제국을 의미하는 것으로 보아야 합니다.

여기서 잠깐 멈춰서, 다니엘 시대로부터 오직 4개의 큰 제국이 차례로 나타났다가 사라졌던 역사를 생각해 본다면, 짐승에 관한 예언의 해석이 좀 더 간단하고 쉽게 설명될 수 있습니다. 다니엘 시대로부터 4개의 대 제국이 떠올랐다가 사라져간 역사를 되돌아보면, 다니엘의 예언과 세계사를 잘 접목시킬 수 있습니다. 이들 제국의 이름이 다니엘서의 다른 곳에서 여러 번 언급되고 있습니다.

예를 들면, 다니엘 8장 20, 21절과 다니엘 11장 2절에서 제국의 이름들이 나타나 있습니다. 또한 다니엘 2장에서는 4개의 제국이 바벨론의 왕인 느브갓네살의 꿈에 나타난 거대한 신상에서 4개의 서로 다른 금속 종류로 상징되어 있는데, 그 이름은 바벨론, 메데 페르시아(메데 바사), 그리스(헬라), 로마입니다. 바벨론은 메데와 페르시아의 동맹군에게 멸망당하고, 메데 페르시아는 그리스(헬라)에게 망하였으며, 그리스는 로마에게 멸망했던 역사를 우리는 세계사에서 확인할 수 있습니다.

5. 역사에 나타난 네개의 제국들

자 이제 바다에서 떠올라 오는 짐승들을 하나씩 살펴봅시다. 첫 번째 짐승은 "사자와 같은데 독수리의 날개가 있더니"(단 7:4) 다니엘 2장에 나오는 신상에 관한 예언에서 바벨론은 금으로 만든 머리로 상징되었고, 다니엘 7장에서는 바벨론이 독수리의 날개를 가진 사자도 상징되었습니다. 다니엘 2장과 7장에서 바벨론을 각각 금과 사자로 묘사한 것은 매우 적절한 상징을 사용했다고 말할 수 있습니다.

왜냐하면 바벨론은 역사상 가장 부유하고 강력한 국가로 평가되고 있습니다. 사자에 독수리의 날개가 달렸다는 사실은 무엇을 의미할까요? 독수리 날개는 성경의 예언에서 신속함을 표현하는데 사용됩니다(합 1:6-8). 세계역사를 살펴볼 때 우리는 바벨론이 매우 신속한 속도로 세계를 제패했던 사실을 발견할 수 있습니다.

B.C. 605년부터 B.C. 539년까지 바벨론은 굉장한 세력을 온 세계에 행사하였습니다. 그러나 변화가 일어났습니다. 다니엘이 보았던 두 번째 짐승이 일어났던 것입니다. "다른 짐승 곧 둘째는 곰과 같은데, 그것이 몸 한편을 들었고 그 입의 잇사이에는 세 갈빗대가 물렸는데"(단 7:5). 바벨론은 B.C. 539년에 메데-페르시아의 연합군에 의해서 순식간에 무너졌는데, 이로써 두 번째 대 제국이 등장하게 되었습니다. 곰의 모습이 묘사될 때, 몸의 한쪽이 들린 것으로 표현된 것은 메데 보다 페르시아의 힘이 강했던 사실을 증명하고 있습니다. 이 두 개의 강대국은 서로 힘을 합해서 세계를 지배했었습니다. 곰의 입에 물고 있는 세 개의 갈빗대는 대제국을 구성하고 있던 세 개의 지역을 상징한다고 보아야 할 것입니다(바벨론, 리디아, 이집트).

역사의 주인이 바뀌는 시간이 다시 찾아왔습니다. B.C. 331년, 메데 와 페르시아가 무너지고 세 번째 제국이 등장했습니다. 다니엘의 예언은 이 사건을 이렇게 표현하였습니다. "다른 짐승 곧 표범과 같은 것이 있는데 그 등에는 새의 날개 넷이 있고 그 짐승에게 또 머리 넷이 있으며 또 권세를 받았으며"(단 7:6). 지나간 세계 역사는 메데-페르시아의 뒤를 이어서 군림하는 초강대국으로써 그리스를 지목하고 있습니다. 알렉산더 대왕은 세계의 동쪽으로부터 서쪽까지의 지역을 매우 짧은 시간 안에 자신의 발아래에 굴복시켰습니다.

표범이 가지고 있는 네 날개는 알렉산더 대왕이 매우 빠른 속도로 세계를 점령해 나간 모습을 상징합니다. 알렉산더 대왕은 25세 때에 그리스의 왕이 되어서 8년 만에 세상을 정복하였으며, 인도의 갠지스 강까지 가서 더 이상 정복할 나라가 없다고 하여 강을 바라보면서 말 잔등에서 울었다는 이야기는 유명한 설화로 전해져 내려오고 있습니다. 그러나 그가 세상을 정복하였지만 자기 자신을 올바로 절제하지 못했습니다. 그는 33세의 젊은 나이에 술로 인한 방탕함으로 인하여 절명하였습니다.

그의 죽음과 동시에, 그리스는 알렉산더 휘하에 있던 네 명의 장군(탈러미, 캇산더, 리시마커스, 셀류커스)에 의해서 4개의 국가로 분리되었습니다. 표범의 머리가 넷으로 상징된 것은 알렉산더의 제국이 4개의 국가로 나누어질 것이라는 운명을 묘사한 것입니다. 이로써, B.C. 168년에 그리스 제국이 역사의 저편으로 사라짐으로써 예언에 나타나 있는 세 번째 짐승까지 정확하게 성취되었습니다.

6. 무서운 네 번째 짐승

다니엘 7장 23절에 나오는 "넷째 짐승은 곧 땅의 넷째 나라인데"라는 네 번째 짐승에 대한 예언에 우리 모두는 주의를 집중시켜야 합니다. 다니엘은 그의 계시 가운데서 바다로부터 올라오는 첫째, 둘째, 셋째 짐승을 모두 보았지만, 어떤 짐승도 네 번째 짐승처럼 무섭고 놀랍지는 않았습니다. 성경은 네 번째 짐승에 대해서 다음과 같이 묘사하고 있습니다. "내가 밤 이상 가운데 그 다음 본 넷째 짐승은 무섭고 놀라우며 또 극히 강하며 또 큰 철 이가 있어서 먹고 부서뜨리고 그 나머지를 발로 밟았으며, 이 짐승은 전의 모든 짐승과 다르고 또 열 뿔이 있으므로"(단 7:7).

우리는 이미 넷째 짐승은 철의 군주국가인 로마를 가리킨다는 사실을 배웠습니다. 오늘날에도, 로마가 잔혹한 압제와 강력한 힘으로 세계를 주름잡았던 흔적과 역사를 쉽게 발견할 수 있습니다. 그러나 그처럼 강력했던 국가도 정해진 운명의 시간이 되자, 열 조각으로 나누어졌던 사실을 다니엘 7장 24절에서 보게 됩니다. "그 열 뿔은 이 나라에서 일어날 열 왕이요." 여기서, 하나님께서는 짐승의 뿔이 무엇을 상징하는지를 해석해 주셨습니다. 역사는 로마가 열 개의 분리된 국가로 나누어졌음을 증명해주고 있습니다.

유럽의 북쪽으로부터 여러 부족이 로마가 약해진 틈을 타서 공격해 내려와서 서부 유럽지역을 휩쓸었으며, 결국 로마는 열 조각으로 분리되었습니다. A.D. 476년에 로마가 멸망하게 됨으로써, 예언은 다시 한 번 정확하게 성취되었습니다. 이로써, 다니엘 2장의 거대한 금 신상의 열 발가락 시대가 열리게 된 것입니다. 역사를 공부한 사람이라면, A.D. 476년에 로마를 분열시킨 열 개의 부족들의 이름을 기억할 수 있을 것입니다. 앵글로 색슨, 프랑크, 알레마니, 벌건디언, 반달, 수에비, 동고트, 서고트, 헤룰리, 롬바르드. 이들 중의 7부족은 오늘날까지 현대 국가의 형태를 유지한 채 존재하고 있습니다. 이들 일곱 부족은 유럽 지역에서 아직도 강력한 힘을 행사하는 현대국가로서 살아남았으나, 세 부족(반달, 동고트, 헤룰리)은 역사의 장에서 사라졌습니다.

7. 작은 뿔 = 적그리스도 세력

지금까지 설명한 네 짐승에 대한 예언을 이해했으면, 다음에 나오는 예언으로 넘어갈 준비를 할 것입니다. 다니엘에서 작은 뿔에 대한 의미를 찾아봅시다. 다니엘 7장은 작은 뿔의 정체를 상세하게 묘사하고 있는데, 특히 다니엘 7장 8절, 24, 25절은 그 핵심을 이루고 있습니다. "또 열 뿔이 있으므로, 내가 그 뿔을 유심히 보는 중 다른 작은 뿔이 그 사이에서 나더니 먼저 뿔 중에 셋이 그 앞에 뿌리까지 뽑혔으며, 이 작은 뿔에는 사람의 눈 같은 눈이 있고 또 입이 있어 큰 말을 하였느니라"(단 7:8).

"그 열 뿔은 이 나라에서 일어날 열 왕이요, 그 후에 또 하나가 일어나리니 그는 먼저 있던 자들과 다르고 또 세 왕을 복종시킬 것이며, 그가 장차 말로 지극히 높으신 자를 대적하며 또 지극히 높으신 자의 성도를 괴롭게 할 것이며, 그가 또 때와 법을 변개코자 할 것이며 성도는 그의 손에 붙인 바 되어 한 때와 두 때와 반 때를 지내리라"(단 7:24,25).

여기서, 우리는 매우 조심스럽고 주의 깊게 이 예언에 접근해야만 합니다. 우리는 이 작은 뿔의 세력이 무엇인지를 밝히는 일에서 추호의 실수나 잘못을 범하면 안 되는데, 그 이유는 작은 뿔은 역사 속에서 활동해온 적그리스도의 세력을 뜻하기 때문입니다.

이 문제에 대해서 어떠한 잘못이나 실수를 범하지 않기 위해서, 우리는 다니엘서의 예언 가운데에 기록되어 있는 적그리스도 세력의 9가지 특징들을 하나씩 살펴보고자 합니다. 다음에 설명하는 적그리스도 세력의 특징들은 우리 모두에게 이 문제에 대해서 확고부동한 확신을 줄 것입니다. "작은 뿔"에 대해서 말해주는 예언과 역사는 우리가 모두 적그리스도의 세력에 대해서 상상하거나 추측할 여지를 완전하게 없애줍니다.

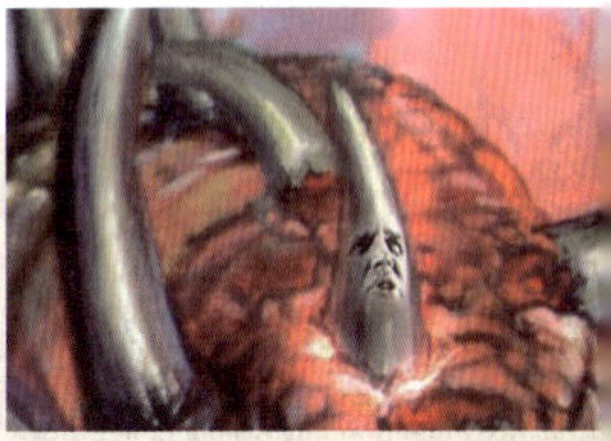

8. 작은 뿔의 정체를 밝혀주는 아홉가지 증거

첫째, 서부 유럽에서 일어나는 작은 뿔

작은 뿔이 등장하는 지리적인 위치는 서부 유럽입니다. "열 뿔이 있으므로 내가 그 뿔을 유심히 보는 중 다른 작은 뿔이 그 사이에서(Among them) 나더니… 이 짐승(로마제국)은 전의 모든 짐승과 다르고 또 열 뿔이 있으므로"(단 7:8,23). 천사는 다니엘에게 열 뿔에 대해서 이렇게 설명해 주었다. "열 뿔은 이 나라(로마제국)에서 일어날 열 왕이요"(단 7:24). 로마제국을 상징하는 네 번째 짐승의 머리에는 열 뿔이 있는데, 열 뿔은 당시에 서부 유럽에 자리 잡았던 로마제국이 열 나라로 분열되는 것을 상징하였습니다. 그런데 작은 뿔은 열 뿔 가운데서 나타나므로 작은 뿔은 지리적으로 로마제국의 심장부였던 서부 유럽에서 나타나야만 합니다.

둘째, 로마제국의 분열 이후에 강성해지는 작은 뿔

작은 뿔은 열 뿔보다 조금 늦게 나타나야 합니다. 왜냐하면, 작은 뿔은 이미 존재하는 "열 뿔 사이에서 나" 타나는 것으로 예언되어 있기 때문입니다. 그렇다면 로마제국이 멸망하고 열 나라로 분열되는 사건은 언제 일어났는가? A.D. 476년. 열 뿔(국가)이 A.D. 476년에 일어났으므로, 작은 뿔은 열 뿔이 나타난 잠시 후에 그 세력을 얻으면서 부상하는 세력이어야 합니다.

셋째, 세 뿔을 뿌리째 뽑아 버리는 작은 뿔

작은 뿔이 강성해졌을 때, 그것은 세 뿔(세 국가)을 뿌리째 뽑아 버려야 합니다. 왜냐하면, 다니엘 7장 8절은 이것에 대해서 다음과 같이 예언하고 있기 때문입니다. "먼저 뿔 중에 셋이 그 앞에 뿌리까지 뽑혔으며"

넷째, 국가적인 속성을 가지고 있는 작은 뿔

작은 뿔도 열 뿔과 마찬가지로 뿔이므로 국가적인 속성을 가지고 있어야 합니다. "열 뿔은 열 왕이요"(단 7:24). "작은 뿔에는 사람(a man)의 눈 같은 눈이 있고, 또 입이 있어 큰 말을 하였느니라"(단 7:8). 왕권과 같은 조직을 가지고 있을 뿐 아니라, 어떤 한 사람(a man)이 작은 뿔로 상징된 세력의 우두머리 역할을 합니다.

다섯째, 열 뿔과는 다른 속성을 가지고 있는 작은 뿔

"그 열 뿔은 이 나라에서 일어날 열 왕이요 그 후에 또 하나가 일어나리니 그는 먼저 있던 자들과 다르고"(단 7:24). 이것은 작은 뿔이 먼저 일어났던 정치적인 왕국들과는 다른 종류의 세력이라는 사실을 말하는 것입니다. 작은 뿔은 정치적인 왕권뿐만 아니라 종교적인 속성을 가진 세력이라는 사실이 다음에 계속되는 여섯 번째 특징에 잘 나타나 있습니다.

여섯째, 종교적인 속성을 가지고 있는 작은 뿔

다니엘 7장 25절의 앞부분에서 작은 뿔에 대한 또 한 가지의 특성을 공개하고 있습니다. "그가 장차 말로 지극히 높으신 자를 대적하며." 요한계시록 13장 1-7절은 적그리스도의 세력에 대한 예언인데, 거기에는 작은 뿔의 이러한 특성이 다음과 같이 표현되어 있습니다. "큰 말과 참람된 말하는 입을 받고"(계 13:5). 성경에서 "참람된"이라는 말은, 자기가 죄를 용서할 수 있다고 주장하는 것(눅 5:21)과, 자신을 하나님과 동등한 위치에 올려놓는 것(요 10:33), 이 두 가지 경우를 의미합니다. 예수께서 자신과 하나님이 하나라고 말씀하시자 유대인들은 예수께 참람되다고 말하면서 향하여 돌을 던지려고 하였습니다(요 10:30-33). 또한 예수께서 문둥병자에게 "소자야 네 죄 사함을 받았느니라"고 죄를 사하는 권세를 나타내시자 예수께 참람되다는 말을 하였습니다(막 2:5-7). 물론 예수께서는 참람된 분이 아니십니다. 왜냐하면, 그분께서는 하나님과 하나이시며, 죄를 사할 수 있는 권세를 가지고 있기 때문입니다. 그러나 만일 어떤 사람이 이와 같은 주장을 한다면, 그에게야 말로 "참람"이라는 말이 적용되어야 합니다. 다니엘서와 요한계시록은 적그리스도의 세력이 "하나님을 대적하고 참람된 말을" 한다고 기록하고 있습니다.

일곱째, 하나님의 성도들을 핍박하는 작은 뿔

다니엘 7장 25절에는 적그리스도 세력에 대한 또 하나의 특징이 나타나 있습니다. "또 지극히 높으신 자의 성도를 괴롭게 할 것이며" 작은 뿔은 하나님의 백성을 박해하는 것으로 묘사되어 있습니다. 그는 하나님의 백성을 죽음으로 몰고 가는 세력을 의미합니다.

여덟째, 때와 법을 변경시키는 작은 뿔

다니엘 7장 25절에서, 우리는 다음과 같은 예언의 말씀을 보게 됩니다. "그가 또 때와 법을 변개 코자 할 것이며" 작은 뿔이 하나님의 "때"와 하나님의 "법(십계명)"을 변경할 것이라는 예언에 대해서 주의를 집중시켜 봅시다. 작은 뿔의 이러한 움직임은 하나님의 법(십계명)이 작은 뿔로 상징된 어떤 인간들에 의해서 변경될 것이라는 사실을 말해주고 있습니다.

아홉째, 한 때와 두 때와 반 때 동안의 전성기를 갖는 작은 뿔

작은 뿔에 대한 마지막 증거로서 다니엘 7장 25절을 들 수 있는데, 여기에는 작은 뿔이 지상에서 정확하게 얼마나 오랫동안 권세를 누릴지에 대한 예언적 기간이 나타나 있습니다. "성도는 그의 손에 붙인 바 되어 한 때와 두 때와 반 때를 지내리라." 여기서 매우 이상한 표현을 접하게 되는데, 성경에서 기간적인 예언을 나타낼 때 사용되는 표현으로써, 성경 자체에서 이 기간에 대한 구체적인 설명을 찾을 수 있습니다. "그 여자가 큰 독수리의 두 날개를 받아 광야 자기 곳으로 날아가 거기서 그 뱀의 낯을 피하여 한 때와 두 때와 반 때를 양육 받으매"(계 12:14). 이 예언과 동일한 예언이 같은 장에 나와 있는데, 여기서는 한 때와 두 때와 반 때 대신에 일천 이백 육십일이라는 표현을 사용하고 있습니다. "그 여자가 광야로 도망하매, 거기서 일천 이백 육십일 동안 저를 양육하기 위하여 하나님이 예비하신 곳이 있더라"(계 12:6).

이 두 성경 절을 비교해 보면, 이 두 예언적인 기간이 정확하게 같은 기간을 의미한다는 사실을 알게 됩니다. 즉 한 때와 두 때와 반 때는 1260일과 동일한 기간임을 알 수 있습니다. 또한, 우리는 다니엘 11장 13절에 나오는 "몇 때 곧 몇 해 후에"라는 말씀에서, "때(Time)"는 "해(Year)"를 의미하는 상징임을 알 수 있습니다. 그러므로 "한 때와 두 때와 반 때"는 1년+2년+반년, 즉 3년 반이 됩니다. 결론적으로 말해서, 한 때와 두 때와 반 때는 1260일이며, 또한 이것은 3년 반을 가리키는 예언적인 기간입니다. 한 때와 두 때와 반 때=3년 반=42달=1260일(물론, 이것은 성경의 유대력에서 1년은 360일임을 근거로 한 것임).

여기서, 우리는 또 하나의 중요한 예언 해석의 원칙을 적용해야만 하는데, 그것은 하루=일 년이라는 기간적인 예언에 대한 해석 법칙입니다. 하나님께서는 하루는 일 년을 대표한다고 말씀하셨습니다. "일일이 일 년이니라"(겔 4:6). "하루를 일 년으로 환산하여"(민 14:34). 이러한 법칙은 어떤 정해진 예언적 기간을 환산할 경우, 반드시 적용해야 하는 예언 해석 원칙입니다. 그러므로 작은 뿔이 큰 권세를 가지고 성도를 핍박하는 기간으로 예언된 한 때와 두 때와 반 때는 1260년의 기간을 의미합니다. (한 때와 두 때와 반 때=3년반=42달=1260일은 모두 1260년을 의미하는 예언적인 기간 임)

예언해석을 위한 3가지 원칙

1 성경은 성경을 통해서 해석해야 한다. 알고자 하는 예언의 상징적 표현이나 비유가 성경의 다른 곳에서는 어떤 의미로 사용되었는가를 찾아보고, 기도와 상식적인 판단을 통하여 그 의미를 파악한다.

2 예언을 나타내고 있는 표현이 상징인지 또는 실제인지를 전후 문맥을 통해서 구별해야 한다. 만일 그것이 상징일 경우에는 그 의미를 풀 수 있는 열쇠들을 성경 안에서 찾아보아야 한다.

3 성경에서 기간을 나타내는 예언은 대부분의 경우에 있어서, 하루는 상징적으로 일 년을 의미한다. 기간에 대한 예언 해석의 정확성 여부를 확인하기 위해서는 이미 성취된 과거 역사를 살펴봄으로써 알 수 있다.

예언에 나오는 상징과 그 의미

상징	의미	관련 성경절 (열쇠)
여자	하나님의 교회	호세아 2:19,20, 이사야 54:1-8, 에스겔 16:8-14, 예레미야 6:2, 에베소서 5:21-23, 고린도후서 11:2
한 때	일 년	다니엘 11:13 ; 4:16,32
마흔 두 달	1260년	민수기 14:34, 에스겔 4:6
물	사람들, 백성	요한계시록 17:15
바람	전쟁	예레미야 25:32,33 ; 49:36
어린양	예수 그리스도	요한복음 1:29
용, 옛 뱀	마귀, 사탄	요한계시록 12:9
짐승, 뿔	나라, 세력, 왕권	다니엘 7:17,24
독수리 날개	신속함	하박국 1:6-8

기간을 나타내는 예언에서
하루는 일 년이므로,
42달
= 3년 반
= 한 때와 두 때와 반 때
= 1260일
= 모두 1260년을 나타냄

9. 예언의 정확한 성취

우리는 지금까지 다니엘 7장에서 작은 뿔의 세력에 대한 9가지 특징들을 살펴보았습니다. 우리가 작은 뿔 세력이 무엇인지를 찾고자 할 때, 우리는 이 9가지의 특징을 모두 완전하게 만족시킬 수 있는 세력을 찾아야만 합니다. 다니엘 7장의 작은 뿔에 대한 9가지 특징을 모두 만족시키는 세력은 역사를 되돌아 볼 때에 오직 한 세력밖에 없음을 알게 됩니다.

하나님께서는 다니엘 7장에서 작은 뿔에 대한 세력을 연구하는 사람마다 모두 동일한 결론을 얻을 수밖에 없도록 다니엘을 통하여 예언을 기록해 놓으신 것입니다. 그분께서는 성경을 연구하는 그리스도인마다 작은 뿔의 정체에 대해서 분명하고도 정확한 이해를 소유하게 되기를 원하셨던 것입니다. 오직 카톨릭교회만이 모든 면에서 다니엘 7장에 나타난 작은 뿔의 예언과 정확하게 일치하고 있습니다.

지금까지 살펴본 다니엘 7장의 예언과 카톨릭교회의 과거 역사를 비교해 보면, 하나님의 예언이 얼마나 정확하게 성취되었는지를 알 수 있습니다. 카톨릭교회를 다니엘 7장에 나오는 작은 뿔로 지목할 수밖에 없는 9가지 증거들에 대해서 함께 살펴봅시다.

첫째 증거, 서부 유럽에서 일어난 교황권

"열 뿔이 있으므로 내가 그 뿔을 유심히 보는 중 다른 작은 뿔이 그 사이에서(Among them) 나더니"(단 7:8). 서부 유럽에 자리 잡았던 로마제국이 열 나라로 분열되는데, 그 가운데서 작은 뿔이 나타난다는 의미입니다. 카톨릭교회가 생성된 지리적인 위치가 정확하게 예언과 일치합니다. 교황권은 서부 유럽에서 발생하였습니다. 좀 더 구체적으로 말하자면, 로마 제국의 심장부인 이태리 반도의 로마 시에서 일어났습니다.

둘째 증거, 로마제국의 분열 이후에 강성해진 교황권

"열 뿔이 있으므로 내가 그 뿔을 유심히 보는 중 다른 작은 뿔이 그 사이에서(Among them) 나더니"(단 7:8). 카톨릭교회가 강력한 세력으로 등장한 역사적인 연대가 정확하게 예언과 일치합니다. 카톨릭교회는 로마 제국이 열 나라로 나누어진 A.D. 476년 이후에 출현하였습니다. A.D. 538년에 저스티니안황제는 로마 교회(Church of Rome, 카톨릭교)에게 막강한 권세(종교, 정치, 군사)를 주는 조서가 완전한 효력을 발휘하게 되었는데, 이로써 교황권이 세상을 지배하는 중세기의 종교 암흑시대가 열리게 되었습니다. 이러한 역사적 사실들은 수많은 역사가의 기록에서 쉽게 확인할 수 있습니다.

셋째 증거, 세 뿔을 뿌리째 뽑아버린 교황권

"먼저 있던 뿔 중에서 셋이 그 앞에 뿌리까지 뽑혔더니"(단 7:8). 교황권은 로마제국이 열 뿔(열 나라)로 분리되면서 일어난 열 뿔 중에서 특히 세 뿔(세 나라)들에 강력한 반대를 받았는데, 왜냐하면 그들은 아리안족인 동고트, 헤룰리, 반달족으로서 교황권의 신앙과 상충하는 아리안주의를 신실하게 믿었던 국가들이었기 때문입니다. A.D. 538년, 저스티니안 황제가 포고령이 발표된 즉시, 교황권의 군대는 이 세 국가를 뿌리째 뽑아버림으로써 예언을 정확하게 성취시켰습니다.

넷째 증거, 국가적인 특성이 있는 교황권

"열 뿔은 … 열 왕이요"(단 7:24). 열 뿔이 열 왕이라면 작은 뿔도 같은 뿔이기 때문에 왕권과 같은 조직을 가지고 있어야 합니다. 피라미드 형태의 조직을 가지고 있는 교황권은 교황을 최고의 위치로 섬기고 있는 강력한 왕권을 연상시키기에 충분합니다. 로마의 바티칸은 지금도 교황이 군주로서 군림하는 하나의 독립된 도시 국가인 동시에 절대적 군주 국가의 형태로 존재하고 있습니다. 이 세상의 어떤 나라도 교회 자체가 국가로서 군림하는 형태는 없습니다.

다섯째 증거, 열 뿔과는 다른 속성을 가지고 있는 교황권

"열 뿔은 … 열 왕이요 그 후에 또 하나가 일어나리니 그는 먼저 있던 자들과 다르고"(단 7:24). 교황권은 그 이전에 존재했던 정치적인 왕국들과는 다른 종류의 권세를 가지고 있었습니다. 교황권은 종교적이면서 동시에 정치적인 조직과 영향력을 가지고 있기 때문에, 이전에 있던 어떠한 제국들과도 다른 종류의 모습을 취하고 있습니다. 이전의 왕국들은 사람의 몸을 다스렸지만, 교황권은 사람의 영혼까지 다스렸습니다. 또한, 작은 뿔에는 "사람의 눈 같은 눈"이 있어서 (단 7:8), 통찰력 있는 눈을 통하여 세계 정치와 종교계를 감독하고 판단하는 역할을 합니다.

여섯째 증거, 하나님께 대적하고 "큰 말"을 하는 교황권

작은 뿔의 정체를 드러내는 결정적 단서가 여기에서 나타납니다. 여섯 번째 특징은 "지극히 높으신 자"(하나님)에 대하여 "큰 말과 참람된 말"을 하는 것입니다(단 7:8,25). 과연, 교황권은 이러한 작은 뿔의 특징을 만족시킬까요?

카톨릭교회는 과거부터 지금까지 자신들이 죄를 용서할 수 있는 권세를 가지고 있다는 주장을 해오고 있습니다. 카톨릭교회가 공식적으로 주장하는 크고 참람된 말을 들어 보십시오. 로마에 있는 교황권에서 발행했으며, 카톨릭교회 백과사전에 의해서 인정받고 있는 책인 Prompta Bibliotheca Cononica Juridica Moralis Theologica에 기재되어 있는 루실 페라리스의 글에는 다음과 같은 기록이 실려 있습니다. "교황은 너무나 위엄이 있고, 지고하기 때문에 그는 단순한 사람이 아니라, 하나님인 동시에 하나님의 대리자이시다. 교황은 지상에서의 하나님이시며, 왕 중의 왕이시고, 최고의 권세를 가지고 계시다."(Vol. VI, p. 25~29)

"성경에서 교회의 머리 되시는 그리스도를 지칭하는 모든 명칭과 그분의 최상권에 관한 모든 것은 모두 다 교황에게도 적용된다."(Bellarmin, On the Authority of Councils Vol. 2). "주 하나님이신 교황"(Extravagantes 4장, title 14, Declaramus 주해). "교황이 삼층 면류관을 쓴 까닭은 이것이니 그가 하늘의 왕, 땅의 왕, 또 지옥의 왕인 연고이다."(Lucius Ferraris, Prompta Bibliotheca 6권, p.26, "para" 함) "교황만이 가장 거룩하다고 불릴 수 있으며 … 거룩한 군주, 지고한 황제, 그리고 왕중왕이라고 불릴 수 있다. 교황은 … 그리스도와 하나가 되어 동일한 심판을 구성할 수 있다. 그래서 교황이 행한 바는 무엇이든지 하나님의 입으로 발해진 것처럼 여김을 받는다."(Pope, Perraris, Ecclesiastical Dictionary). 이 외에도 성경이 참람되다고 선언하는 수많은 주장이 카톨릭교의 가르침 속에 포함되어 있습니다. 바로 이러한 교황권의 주장은 작은 뿔에 대한 예언과 정확하게 일치하는 것입니다.

일곱째 증거, 하나님의 성도들을 핍박하였던 교황권

"지극히 높으신 자의 성도들을 핍박할 것이며"(단 7:25). 우리는 지나간 역사 속에서 교황권이 수백만의 참된 그리스도인들을 핍박하고 순교시켰던 무서운 역사의 장면을 쉽게 발견하게 됩니다. 중세기의 종교 암흑시대에 대한 역사적인 지식이 조금이라도 있는 사람이라면, 수백만 명의 성도들이 교황권에 의해서 주도된 종교 재판을 통하여 잔혹하게 죽어 갔던 이야기를 기억할 것입니다. 천주교회의 한 주교에 의해서 기록되었으며, 카톨릭교회의 인가를 얻어서 출판된 책에는 다음과 같은 기록이 실려 있습니다.

"카톨릭교회 … 무서운 피의 역사를 가지고 있다. 그럼에도 불구하고, 교회가 오류와 직면하게 되면, 교회는 힘과 육체적 형벌과 고문의 수단을 사용해야만 한다. 교회는 종교 재판과 같은 재판정을 만들어야 한다. 교회는 국가의 법이 교회를 지원하도록 요구해야 한다. … 특히, 교회가 16세기 때에 개신교도들에게 행하였던 것과 같은 것들이 재현되어야 한다. … 프랑스의 프란시스 1세와 헨리 2세 그리고 영국의 메리 튜더 왕가 당시에, 교회는 이단자들을 고문하였다."(The Catholic Church, The Renaissance and Protestantism,pp. 182-184).

우리는 카톨릭과 개신교회 양측의 역사가들로부터, 교황권이 개신교도들을 고문하였던 기록들을 수없이 얻을 수 있습니다. 이제, 다니엘 7장 25절에 나오는 작은 뿔에 대한 예언의 완벽한 성취를 입증하는 여덟 번째 증거로 넘어가 봅시다.

여덟째 증거, "때와 법"을 변경시킨 교황권

다니엘 7장 25절은 작은 뿔이 하나님의 계명을 변경시키는 시도에 대해서 기록하고 있습니다. "그가 또 때와 법을 변개코자 할 것이며" 작은 뿔에 대한 이 예언을 교황권에 적용시킬 수 있을까요? 교황권은 하나님의 법인 십계명에서 두 가지 계명을 변경시켰습니다. 카톨릭교회는 자신들의 교리 문답과 교리 책에서 두 번째 계명을 제거하였는데, 십계명에 기록되어 있는 "우상을 만들거나 섬기지 말라"는 두 번째 계명은 그들이 숭배하는 마리아상이나 각종 성자의 상을 정죄하기 때문입니다.

두 번째 계명을 빼어버리는 대신에 열 번째 계명을 둘로 나눔으로써, 10개의 계명을 가진 십계명의 형태만을 그대로 유지시켰습니다. 십계명을 이렇게 변경시킴으로써, 카톨릭교회가 가르치는 십계명에는 우상 숭배에 대한 계명이 없고, 대신에 탐심에 대한 계명이 두 개로 늘어났습니다.

둘째 계명뿐 아니라 네 번째 계명에 대한 변경도 교황권에 의하여 이루어졌습니다. 교황권은 창조의 기념일인 안식일(토요일)을 일요일로 대체하는 놀라운 시도를 하였습니다. 중세기의 종교 암흑시대 동안에 이루어진 이러한 변경으로 말미암아 지금은 거의 모든 개신교도까지도 일요일에 예배드리는 비성서적 관습을 따르게 되었습니다.

사탄은 교황권을 통하여 이토록 하나님의 "때와 법"을 변경시키고자 노력했지만, 신실한 그리스도인들에 의해서 하나님의 법은 지금까지 변경되지 않은 채 그대로 보존되어 왔습니다. 왜냐하면, 하나님의 법은 결코 변경되거나 폐지될 수 없는 것이기 때문입니다.

아홉째 증거, "한 때와 두 때와 반 때" 동안의 전성기를 누렸던 교황권

"성도가 그의 손에 붙인 바 되어 한 때와 두 때와 반 때를 지내리라"(단 7:25). 이 말씀은 작은 뿔 세력이 1260년 동안 지상에서 권세를 휘두를 것이라고 예언하고 있습니다. 이 예언도 교황권에게 정확하게 이루어졌을까요? 교황권이 중세기의 천년 이상 동안 전성기를 누리며, 하나님께 대적하고, 그분의 성도들을 핍박하며, 율법을 유린할 것에 대한 예언이 다니엘서와 요한계시록에7번이나 반복되어 있다는 사실을 아십니까? (7번이나 반복된 하나님의 경고 - 단 7:25, 단 12:7, 계 11:2, 계 11:3, 계 12:6, 계 12:14, 계 13:6)

이 놀라운 예언의 성취를 확인하기 위해서, 우리는 다시 지나간 역사를 들추어 보아야만 합니다. A.D. 538년, 저스티니안 황제의 명령에 의해서 교황권에게 막대한 권세가 부여되었습니다. 이때부터 1260년의 시간을 내려가면 1798년이라는 역사적인 해를 만나게 되는데, 바로 이 해에 프랑스의 버티어 장군은 군대를 이끌고 로마로 쳐들어가서 교황을 그의 권좌에서 끌어내렸습니다. 교황은 프랑스의 감옥에서 병으로 죽었으며, 교회의 모든 재산은 몰수되었습니다. 프랑스 혁명정부는 결코 로마 교회의 차기 교황은 없을 것이라고 선언하였습니다. 그 당시, 온 세상은 카톨릭교회가 이제는 완전히 죽었다고 생각하였습니다.

이처럼 A.D. 538년으로부터 시작된 1260년의 예언은 A.D. 1798년에 교황과 로마 교회가 붕괴됨으로써 정확하게 성취되었습니다. 로마 천주교회는 더 이상 세상을 주관할 수 있는 정치적, 종교적 권세를 잃어버렸습니다. 이리하여 다니엘 7장에 나오는 작은 뿔에 관한 9가지 예언이 도무지 부인할 수 없을 정도로 정확하게 카톨릭교회에게 성취된 모습을 확인하였습니다. 작은 뿔에 대한 9가지 예언을 모두 정확하게 만족 시킬 수 있는 세력은 오직 교황권외에는 없습니다.

10. 요한계시록 13장의 복합 짐승 = 작은 뿔

앞에서 했던 다니엘서 7장 예언 연구를 통하여, 이제 우리는 요한계시록 13장 초반에 등장하는 이상한 복합 짐승의 정체를 분명하게 밝힐 수 있는 준비를 갖추게 되었습니다. 다니엘 7장에 나오는 작은 뿔에 대한 예언을 공부하면서, 작은 뿔과 요한계시록 13장에 나오는 복합 짐승과는 어떤 상관관계가 있을까? 라는 의문을 가지게 됩니다. 다니엘 7장의 작은 뿔과 요한계시록 13장의 짐승은 동일한 세력인가? 아니면 서로 다른 세력을 말하는 것인가? 이 질문에 대한 정확한 답변을 하기 위해서, 우리는 요한계시록 13장에 나오는 이상하고 복합적으로 생긴 짐승을 살펴보아야 합니다.

요한계시록 13장 1,2절에는 표범의 몸과 곰의 발과 사자의 입을 가지고 있는 이 짐승의 모습이 나오는데, 5절에는 다음과 같은 눈에 익은 표현이 나옵니다. "또 짐승이 큰 말과 참람된 말하는 입을 받고" 요한계시록에 나오는 짐승도 다니엘 7장의 작은 뿔과 똑같은 말을 하고 있음을 알 수 있습니다. 5절의 나머지 부분을 계속해서 읽어봅시다. "또 마흔 두 달 일할 권세를 받으니라."

42달 동안 권세를 휘두를 것이라는 이야기는 우리가 다니엘 7장에서 배웠던 기간 예언에서 공부했던 것이 아닙니까? 한 때 두 때 반 때=3년 반=42달=1260일, 그런데 기간을 말하는 예언에서 하루는 일 년이므로 1260일은 1260년으로 해석해야 하는 예언 해석 원칙이 기억하십니까? 마흔 두 달은1260년에 대한 다니엘 7장의 예언과 동일한 예언입니다. 7절에는, 짐승의 정체를 이해하는데 도움을 주는 또 다른 정보가 나와 있습니다. "또 권세를 받아 성도들과 싸워 이기게 되고, 각 족속과 백성과 방언과 나라를 다스리는 권세를 받으니" 이 짐승 역시 성도들을 핍박하는 권세를 가지고 있는 모습을 볼 수 있습니다.

이제, 우리는 요한계시록 13장의 짐승과 다니엘 7장의 작은 뿔은 동일한 세력이라는 결론을 내릴 수 있습니다. 다니엘 7장에 작은 뿔로 상징된 세력이 요한계시록에서는 이상한 짐승으로 상징된 것입니다. 사용된 상징이 다를 뿐이지 그것이 의미하는 바는 동일하다는 사실을 확신할 수 있습니다. 다니엘 7장의 작은 뿔과 요한계시록 13장의 짐승은 모두 교황권을 가리키는 것입니다. 하나님께서는 교황권이 중세기의 1260년 동안에 지상에서 그 권세를 휘두르는 모습을 작은 뿔과 이상하게 생긴 복합 짐승의 모습을 통하여 그려 놓으셨습니다.

요한계시록 13장 3절에서 우리는 작은 뿔과의 또 하나의 유사점을 발견할 수 있습니다. "그의 머리 하나가 상하여 죽게 된 것 같더니, 그 죽게 되었던 상처가 나으매 온 땅이 이상히 여겨 짐승을 따르고" 우리가 앞에서 배웠던 것처럼, 1260년의 예언이 끝나는 시점인 A.D. 1798 년에 교황권은 치명적인 상처를 받았습니다. 프랑스의 버티어 장군은 교황을 사로잡아서 파리 감옥에 투옥시킴으로써, 교황은 거기서 옥사하였습니다. 그때, 온 세상은 교황권은 이제 사라졌다고 생각하였습니다. 그러나 요한계시록 13장 3절은 "그 죽게 되었던 상처가 나으매 온 땅이 이상히 여겨 짐승을 따르고"라고 말함으로써, 1798년 이후의 교황권의 부활을 예언하고 있습니다.

과연, 이 예언대로 교황권의 죽었던 상처는 나았고, 온 세상은 교황권을 중심으로 다시 뭉치고 있습니다. 이 예언은 우리들의 눈앞에서 지금 너무도 분명하게 성취되고 있지 않습니까! 1929년, 이태리의 무솔리니 총통은 카톨릭교회가 과거에 몰수당했던 재산을 회복시켜 주겠다는 화친 조약에 서명한 문서를 교황에게 주었습니다. 이로써 교황은 다시 한 번 권세를 잡을 수 있게 되었으며, 바티칸 시는 정치적으로 주권을 행사할 수 있는 권력을 회복하였습니다. 그때부터 지금까지, 교황권의 영향력은 놀라운 속도로 증가하여 왔습니다.

그리하여 지금은 교황이 거의 모든 중요한 정치적, 종교적, 도덕적인 문제에 막대한 영향력을 막후에서 행사하고 있습니다. 이전에 소련과 동유럽이 무너지는 대사건이 있은 후, 미국의 시사 주간지인 타임지는 레이건 대통령과 교황의 사진을 표지에 싣고, 공산정권을 무너뜨리기 위해서 교황과 미국 정부가 막후에서 일했던 내용을 "거룩한 동맹"(Holy alliance)이라는 제목으로 기사화하였습니다. 이제는 아무도 교황권이 세상에 미치는 영향력에 대해서 무시할 수 없는 상황이 되었습니다.

오늘날, 거의 모든 국가는 바티칸에 그들의 정치적인 대사들을 주재시키고 있습니다. 교황권이 세계정세에 미치는 놀라운 영향력들이 각종 주요 신문의 표지 기사로 등장하고 있습니다. 교황이 말하는 거의 모든 메시지는 온 세상에서 인쇄되며 전파되고 있습니다. 수억의 사람이 교황을 오늘날의 정치와 종교의 지도자로 바라보고 있습니다. 그렇습니다. 죽게 되었던 상처가 분명히 나았습니다! 지금, 온 세상은 짐승의 뒤를 따르고 있습니다!

제2부 용과 여자

도대체, 짐승은 어디에서 그러한 권세를 받았을까요? 누가 작은 뿔에게 1260년 동안 성도들을 핍박할 수 있는 권세를 주었을까요? 요한계시록 13장 2절에는 우리에게 이 질문에 대한 정확한 답변을 보여줍니다. "용이 자기의 능력과 보좌와 큰 권세를 짐승에게 주었더라." 용이 짐승에게 권세를 주었다는 말에 주목해봅시다. 그런데 용은 누구인가요? 요한계시록 12장 7-9절에 용으로 상징된 정체가 나와 있습니다. "하늘에 전쟁이 있으니 미가엘과 그의 사자들이 용으로 더불어 싸울새 용과 그의 사자들도 싸우나 이기지 못하여 다시 하늘에서 저희의 있을 곳을 얻지 못한지라. 큰 용이 내어 쫓기니 옛 뱀 곧 마귀라고도 하고 사탄이라고도 하는 온 천하를 꾀는 (Deceive, 기만하다) 자라 땅으로 내어 쫓기니"

용 = 옛뱀 = 마귀 =사탄

물론, 용은 사탄 자신을 의미합니다. 그런데 사탄은 언제 그리고 어떻게 온 세상을 기만하였습니까? 사탄이 하늘에서 쫓겨났을 때, 이 지구에는 오직 두 사람만이 있었습니다. 그 두 사람은 장차 태어날 온 세상의 모든 사람을 대표하는 사람들이었습니다. 그 두 사람은 누구였습니까? 물론 아담과 하와였습니다. 사탄이 뱀으로 가장하여 에덴동산에서 아담과 하와를 속임으로써, 사탄은 아담과 하와의 후손들로 구성된 온 세상을 기만하였으며, 그 결과 이 세상을 자신의 것으로 소유하게 되었던 것입니다. 그리하여 사탄은 자신의 권세를 어떤 인간에게 부여할 수 있는 권한을 얻게 된 것입니다. 선과 악의 대 쟁투는 하늘에서 시작되었지만, 에덴동산을 통하여 그것은 이 지구로 옮겨지게 되었습니다.

1. 여자와 원수가 되는 사탄

에덴 동산에서 인간이 타락한 후에, 하나님께서는 최초의 범죄에 가담한 범죄자들에게 저주를 선언하셨습니다. 창세기 3장 15절에서, 우리는 뱀 곧 사탄(용)에게 선언되는 하나님의 저주를 발견하게 됩니다. "내가 너로 여자와 원수가 되게 하고, 너의 후손도 여자의 후손과 원수가 되게 하리니, 여자의 후손은 네 머리를 상하게 할 것이요, 너는 그의 발꿈치를 상하게 할 것이니라 하시고" 이것은 성경에 나오는 가장 긴 기간에 관한 예언으로써, 용과 여자 그리고 용의 후손과 여자의 후손 사이에 펼쳐지는 치열한 투쟁을 묘사한 것입니다.

그런데 이 예언에서 여자(Woman)는 누구를 상징하고 있습니까? 성경에서 상징적으로 표현된 "여자"는 언제나 하나님의 교회라는 의미를 가지고 있습니다. "아름답고 묘한 딸 시온을 내가 멸절하리니"(렘 6:2) 여기서 시온은 누구를 뜻할까요? "시온에게 이르기를 너는 내 백성이라."(사 51:16) 신약에서도 여자는 하나님의 백성을 상징하고 있습니다. "내가 너희를 정결한 처녀로 한 남편인 그리스도께 드리려고 중매함이로다."(고후 11:2)

그러므로 에덴동산 이후부터 세상이 끝나는 날까지, 사탄의 세력과 하나님의 백성 사이에는 항상 치열한 대 쟁투가 벌어지게 될 것입니다. 아담과 하와 이후로 지금까지 항상 두 진영이 존재해 왔습니다. 지금도 용과 그의 추종자들은 하나님과 그분을 따르는 백성을 향하여 공격하고 있습니다. 그리스도인은 진리와 오류, 그리고 사탄과 하나님의 교회 사이에 존재하는 격렬한 투쟁을 올바로 이해해야만 합니다.

2. 두 진영

하나님과 사탄은 지구에 사는 각 개인에 대한 주도권을 놓고서 투쟁하고 있습니다. 우리는 아담의 자녀를 통해서 후세에 계속해서 존재할 두 무리의 투쟁을 볼 수 있습니다. 가인은 용의 진영에 속하였음이 그의 생애를 통해서 드러났습니다. 가인은 하나님께서 그에게 명하신 방법 대신에 자신이 원하는 방법을 고집하였습니다. 아벨은 하나님의 진영에 속한 자였으며, 그의 생활이 너무도 의로웠기 때문에 가인은 마침내 그의 아우를 살인하였습니다.

하나님께서는 아담의 두 아들에게 각각 양을 잡아서 희생 제사를 드리도록 말씀하셨지만, 가인은 하나님께서 명하신 제물 대신에 "땅의 소산"(곡식과 채소 등)으로 제물을 삼았습니다. 앞으로 함께 공부하겠지만, 가인의 이러한 특성은 세대를 내려오면서 짐승의 변치 않는 특성으로 나타났습니다. 가인은 하나님의 분명한 진리 대신에 자신이 고안한 위조물로 하나님께 경배를 드렸는데, 가인의 이러한 특징은 용(사탄)의 후손들에게 계속해서 전수되어 내려왔습니다.

가인의 후손들로 말미암아서, 세상은 너무도 타락하게 되었기 때문에, 하나님께서는 홍수로 세상을 멸망시킬 수밖에 없으셨습니다. 그러나 홍수 이후, 또다시 두 진영이 나타났습니다. 용(사탄)의 추종자들은 바벨에 모여서 하늘에 닿을 수 있는 거대한 탑을 건축함으로써, 하나님께 도전하고자 하였습니다. 물론, 그들의 그러한 계획은 실패하였으며, 바벨탑이 세워졌던 장소에는 후에 바벨론이라는 대제국이 세워졌습니다. 바벨론은 세계를 지배하는 대제국 중에서 역사에 나타난 첫 번째 대제국이 되었습니다(B.C. 605년). 바벨론 시대 초기에, 하나님께서는 아브라함을 바벨론에서 불러내서 그를 가나안으로 보내셨습니다. 하나님의 계획은 언제나 당신의 백성이 잘못된 오류와 풍습으로부터 분리되는 것입니다.

3. 용(사탄)과 태양 숭배

용(사탄)의 진영에 대한 역사를 연구하여 봅시다. 바벨론은 지상에 세워진 용의 첫 번째 수도였습니다. 바벨론에서부터, 이방 종교가 태양 숭배의 형태로 일어났습니다. 바벨론 사람들의 종교였던 태양 숭배는 참람된 우상 숭배이며, 부도덕함과 혼잡한 의식이 가득 차 있었습니다. 바벨론이 메데-페르시아(메데 바사)의 연합군에 의해서 멸망되었지만, 메데와 페르시아에서 흥왕하였던 태양 숭배 종교는 그대로 전수되었으며, 메데와 페르시아 역시 용의 사령부로 전락하였습니다. 바알(태양신의 이름) 숭배는 바벨론 때와 마찬가지로 메데, 페르시아를 장악하였습니다.

메데-페르시아가 멸망하고 그리스가 패권을 잡았지만, 여전히 태양 숭배는 계속해서 이어져 내려갔습니다. 그리스가 무너지면서, 로마 제국이 세계를 지배하는 세력으로 들어섰지만, 여전히 태양 숭배에는 아무런 변화도 없었습니다. 미트라교와 태양 숭배는 로마 제국 당시 전국적으로 편만해 있던 이방 종교였습니다. 바벨론 시대부터 로마 제국 시대까지, 용은 태양 숭배 사상을 통하여 세상을 지배하여 왔습니다.

그러나 로마 제국이 세계를 통치하는 동안, 놀라운 변화가 일어났습니다! 여자의 후손이 로마 제국 시대에 이 지상에 나타났습니다. 창세기 3장 15절에 기록되어 있는, 여자의 후손과 용의 후손 사이의 적대감(Enmity, 원수)에 관한 예언을 기억하십니까? 요한계시록 12장 1절에 상징되어 있는 여자의 모습은 참된 교회의 모습을 묘사하고 있습니다. "하늘에 큰 이적이 보이니 해를 입은 한 여자가 있는데, 그 발아래는 달이 있고 그 머리에는 열두 별의 면류관을 썼더라." 앞에서 언급했던 것처럼, 성경에서 여자는 교회를 상징합니다. 그러므로 순결한 여자는 참 교회를 상징하고, 타락한 여자(음녀)는 비성서적 교리와 오류 위에 세워진 거짓 종교를 의미하는 것입니다.

4. 여자의 후손

요한계시록 12장 1절에 나와 있는 여자는 순결한 진리를 보존하고 있던 참 교회 즉, 사도시대의 교회를 대표합니다. 여자의 머리에 쓴 면류관에 달린 열두 별은 12제자를 의미합니다. 계속해서 이어지는 장면을 살펴봅시다. "이 여자가 아이를 배어 해산하게 되매 아파서 애써 부르짖더라. 하늘에 또 다른 이적이 보이니 보라 한 큰 붉은 용이 있어 머리가 일곱이요 뿔이 열이라 … 용이 해산하려는 여자 앞에서 그가 해산하면 그 아이를 삼키고자 하더니 여자가 아들을 낳으니 이는 장차 철장으로 만국을 다스릴 남자라 그 아이를 하나님 앞과 그 보좌 앞으로 올려가더라"(계 12:2-5).

자, 여기에 나오는 이 남자는 누구입니까? 만국을 다스리고, 하나님의 보좌로 올라간 남자아이는 오직 한명밖에 없습니다. 예수 그리스도 이외에 어떤 다른 사람일 수 있겠습니까! 예수님께서 탄생하셨을 때, 그분을 죽이려 하였던 자는 누구인가요? 우리가 모두 잘 아는 대로, 로마 제국의 분봉왕인 헤롯대왕입니다. 헤롯은 아기 예수를 죽이기 위해서, 유대 나라에 있던 2살 이하의 모든 아이를 살해하였습니다.

여기서, 성경은 예수 그리스도를 죽이려고 하는 로마 제국을 묘사하기 위해서, 사탄을 묘사할 때 사용하는 것과 동일한 상징인 "붉은 용"을 사용하고 있습니다. 사탄은 예수 그리스도를 죽이기 위해서 로마 제국과 너무나 긴밀하게 함께 일했기 때문에, 로마 제국은 사탄과 동일한 상징을 사용하여 묘사되었습니다.

마리아와 요셉은 살인 명령을 피하기 위해서, 아기 예수를 품에 안고 이집트로 도망하였습니다. 십자가에서 예수 그리스도께 가한 사탄의 치명타는 일요일 아침에 예수께서 죽음의 굴레를 부수고 부활하심으로써 실패로 돌아갔습니다. 그로부터 40일 후, 예수 그리스도는 하늘로 올리어져 가심으로써, 예언의 말씀을 완전하게 성취시켰습니다.

용(사탄)이 그리스도를 향한 그의 목적을 이루지 못하자, 그는 자기의 분노를 초기 그리스도교회에 돌렸습니다. 요한계시록 12장 13절에서 우리는, "용이 자기가 땅으로 내어 쫓긴 것을 보고 남자를 낳은 여자를 핍박하는지라"라는 핍박의 장면을 볼 수 있습니다. 그 당시, 세상에는 오직 소수의 그리스도인들이 있었으므로, 사탄은 그들을 핍박함으로써 완전하게 박멸시키고자 하였습니다. 그리하여 수많은 그리스도인이 로마 황제의 극렬한 핍박 하에서 순교자의 길을 걸어야만 하였습니다.

그러나 복음의 불은 점점 더 크게 타올랐고 퍼져나갔습니다. 수없이 죽어간 순교자들이야말로 참된 여자의 후손들이었습니다. 한 사람이 순교했을 때, 수백 명의 영혼이 그가 남기고 간 자리를 채웠습니다. 사도 바울은 로마의 성문 앞에서도 복음을 전하였습니다. 로마는 점점 더 쇠약해짐에 따라서, 용의 후손이 나타날 시간이 점점 더 가까워졌습니다.

5. 용의 후손

수세기 동안, 사탄은 바벨론, 메데-페르시아, 그리스, 그리고 로마 제국을 통하여 여자의 후손인 하나님의 백성을 핍박하였습니다. 하나님의 진리를 짓밟고 박멸시키기 위해서, 온갖 박해와 핍박을 자행하였지만, 결국 사탄은 실패하였습니다. 그리하여 사탄은 힘을 이용한 작전을 사용하는 대신에 전략적이고 기만적인 작전을 펼치기로 결정하였습니다. 사탄은 고대 바벨론부터, 메데-페르시아, 그리스를 통하여 로마 제국까지 전수되어 내려온 이교의 가르침을 그리스도 교회의 가르침과 섞어놓고자 하였습니다. 사탄은 수백만의 그리스도인들을 기만 속으로 몰고 가고자 하였습니다.

용의 후손 즉, 사탄의 후손은 어떠한 형태로 나타날까요? 그것은 요한계시록 13장에 나오는 짐승의 형태로 표현되었습니다. "내가 보니 바다에서 한 짐승이 나오는데 뿔이 열이요 머리가 일곱이라 그 뿔에는 열 면류관이 있고 그 머리들에는 참람된 이름들이 있더라. 내가 본 짐승은 표범과 비슷하고 그 발은 곰의 발 같고 그 입은 사자의 입 같은데, 용이 자기의 능력과 보좌와 큰 권세를 그에게 주었더라"(계 13:1,2).

여기에 나오는 짐승이 사자, 곰, 표범, 그리고 다니엘 7장에 나오는 이상한 동물의 복합적인 모습을 지니고 있는 것은 매우 중요한 의미를 가지고 있습니다. 하나님께서는 교황권을 상징적으로 묘사하시면서, 과거에 지나간 이교 제국들의 모습에서 각각 일부분을 취하여 짐승 전체의 모습을 만드셨습니다. 교황권이 복합적인 동물의 모습을 취하고 있는 짐승으로 묘사된 이유는, 바벨론, 메데-페르시아, 그리스, 그리고 로마 제국의 부유함, 권력, 우상숭배, 인본주의, 영혼불멸사상, 엄격한 법 제도 그리고 하나님의 백성을 핍박하는 특성들을 교황권이 모두 포함하고 있기 때문입니다.

6. 요한계시록 13장에 나오는 짐승 설명

① **모습:** 다니엘 7장에 나오는 4가지 짐승 즉 사자, 곰, 표범 그리고 무섭고 놀라운 짐승을 합쳐 놓은 것과 같은 모습을 하고 있음. 즉, 사자의 입, 곰의 발, 표범의 몸, 일곱 머리, 열 뿔과 4가지 짐승의 특성을 모두 포함하고 있음.
② **일곱 머리의 구성:** 다니엘 7장에 나오는 네 짐승의 머리 숫자의 합, 즉, 사자(바벨론) 머리(1개) + 곰(페르시아) 머리(1개) + 표범(그리스)머리(4개) + 무섭고 놀라운 짐승(로마) 머리(1개)=일곱 머리
③ **열 뿔의 위치:** 다니엘 7장에 있는 넷째 짐승 즉, 무섭고 놀라운 짐승(로마)의 머리에 있던 열 뿔을 그대로 가지고 있음. 나머지 세 짐승에는 뿔이 없음.
④ **열 면류관의 위치:** 짐승의 머리에 나와 있는 열 뿔 위에 열 면류관이 있음.

사탄은 교황권에게 어떤 권위를 주었습니까? "용이 자기의 능력과 보좌와 큰 권세를 그에게 주었더라"(계 13:2). 사탄은 A.D. 330년에 로마 제국의 콘스탄틴 대제를 통하여 교황에게 로마 시 전체를 양도하면서 보좌를 내주었습니다. 우리는 이 사건에 관한 기록을 카톨릭교회에서 나온 역사서에서 찾아볼 수 있습니다. "로마 황제가 그리스도인으로 개종함으로써, 평화와 안전이 보장되었다. 황제는 교황이 그리스도의 대리자로서의 권좌를 소유할 수 있도록 로마 시를 교황에게 넘겨주었다. 그리하여 교황은 모든 인간의 권위로부터 세상 끝까지 벗어날 수 있게 되었다."(Papal Rights and Privileges, pp.13).

"A.D. 330년, 로마 제국의 수도를 로마에서 콘스탄티노플로 이전함에 따라서, 사실상 유럽의 서쪽에 있는 교회들은 황제의 권력의 영향력 밖으로 벗어났으며, 교회 자체의 조직을 발전시킬 수 있었다. 교황이 로마 황제의 권좌를 물려받음에 따라서, 교황은 서쪽에서 가장 위대한 사람이 되었으며, 영적인 지도자뿐 아니라 정치적인 지도자로서 추대 받았다."(The Rise of the Medieval Church, pp. 168). 이러한 역사의 기록은 교황권이 어떻게 사탄이 주는 권좌에 앉을 수 있었는지를 분명하

게 보여주고 있습니다. 사탄은 로마 제국의 황제를 통하여 교황권에게 그의 권세를 주었습니다(공식적인 선언은 A.D. 538년에 있었으나, 사실상 A.D. 330년부터 그러한 인정이 시작되었음).

로마 제국이 가지고 있던 권세와 보좌는 어디로부터 얻은 것입니까? 그리스로부터 얻은 것입니다. 그리스는 어디에서 권세와 힘을 얻었습니까? 메데-페르시아로부터 얻었습니다. 메데-페르시아는 어디에서 얻었습니까? 바벨론으로부터 얻었습니다. 그렇다면, 바벨론은 어디에서권세를 얻었습니까? 용으로부터 얻었습니다. 바벨론에서부터 시작된 태양 숭배가 계속해서 대제국들에게 전수되어온 역사적 사실을 기억하십시오. 사탄은 대제국들에게 태양 숭배 사상을 접목시킴으로써, 대제국들로 하여금 하나님의 백성을 핍박하는 세력으로 이용하였던 것입니다. "용이 자기의 능력과 보좌와 큰 권세를 그(짐승)에게 주었더라."(계 13:2)는 예언의 말씀을 기억하십시오. 하나님께서 짐승의 권세에 대하여 경고하시는 이유를 분명하게 이해해야만 합니다. 왜냐하면, 짐승의 뒤에는 용이 서 있기 때문입니다.

7. 이방 종교의 가르침이 카톨릭교회의 가르침 속으로!

어떻게 이방 종교의 교리가 교황권이 이끄는 카톨릭교회의 가르침 속으로 들어갔을까요? 사탄은 진리를 위조하는 일과 진리를 오류로 대치하는 일에 매우 노련한 전문가입니다. "위조와 대치"야말로 사탄이 관여하는 모든 일에서 발견할 수 있는 증거입니다. 용의 후손으로 등장한 짐승의 세력인 교황권의 가르침 속에는 진리가 이방 종교의 오류에 의해서 대치되거나 위조된 것들이 많이 있습니다. 아담의 아들, 가인이 행하였던 것처럼, 교황권도 하나님의 계명(명령)을 다른 것으로 대치하였습니다.

태양 숭배에 관련된 많은 관습이 그리스도 교회로 들어왔습니다. 교황권은 당시 수많은 이방 종교인의 호감을 얻기 위해서, 각종 이방 종교의 가르침을 그리스도 교회 안으로 가지고 들어왔습니다. 이방 종교에서 섬기는 우상을 교회 안으로 가지고 들어오지는 않았지만, 베드로, 마리아 그리고 각종 성자의 상을 교회 안에 만들어 놓음으로써, 이방 종교인들로 하여금 호의를 느끼도록 유도하였습니다.

어떻게 이방 종교의 관습이 교회 안으로 들어올 수 있었는지를 보여주는 한 가지 예로서 크리스마스의 경우를 살펴봅시다. 크리스마스를 지키는 관습이 어디에서 유래되었는지를 아십니까? 크리스마스를 축제일로서 준수하는 관습은 그리스도께서 이 땅에 태어나기 이전부터 존재하였습니다. 12월 25일은 예수께서 태어나시기 수백 년 전부터 축제일로 지켜졌습니다.

그 당시, 이방 종교인들은 태양을 숭배하였습니다. 그들은 12월에는 낮의 길이가 점점 더 짧아지는 것을 보면서, 태양이 그들에게서 멀어진다고 생각하였습니다. 태양이 그들을 완전히 떠나갈 것을 두려워했기 때문에, 그들은 기도하면서 희생 제물을 드렸습니다. 그러다가 25일이 되면, 태양이 자신들에게 좀 더 가까워지면서 낮의 길이가 길어지기 시작한다고 생각하였습니다. 사람들은 "태양이 다시 태어났다"고 말하면서, 12월 25일을 태양 또는 태양신의 출생일로 불렀습니다. 이렇게 시작된 12월 25일이 나중에는 이방 종교인들에게 커다란 축제일이 되었습니다.

교황권이 이방 종교인들의 축제일을 교회 안으로 가지고 들어오기 전까지, 태양 축제일은 이방 종교인들에 의해서만 지켜지던 날이었습니다. 그러나 교황권은 이방 종교인들의 신인 태양(SUN)의 축제일을 하나님 아들(SON)의 탄생일로 부르기 시작하였습니다. 옥스포드 대학의 헬라어 교수인 길버트 머레이 박사는 자신의 저서에서 다음과 같은 글을 남겼습니다. "이방 종교인 미트라(Mithraism) 종교인들이 매우 많이 그리스도 교회로 개종하게 되자, 그들은 성경적인 안식일(Sabbath) 대신에 그들의 태양일(Sun-day)을 준수하자고 압력을 가할 수 있었으며, 태양의 출생일인 태양일(12월 25일)을 그리스도의 탄생일로 준수하자고 주장할 수 있었다."(History of Christianity in the Light of Modern Knowledge Chapter III).

사실, 우리는 그리스도의 실제 탄생일을 모릅니다. 12월 25일이 교회에서 준수되고 있는 이유는 태양 숭배의 축제일을 교황권이 채택하였기 때문입니다. 교황권이 채택하였던 태양의 축제일이 개신교회에까지 그대로 전수된 모습을 보면서 매우 놀라지 않을 수 없습니다.

부활절(Easter)은 어떻습니까? 부활절은 오늘날 거의 모든 현대 교회들 가운데서 지켜지고 있는 준수 일입니다. 그러나 역사는, 부활절이 그리스도께서 부활하기 훨씬 이전부터 이방인들 사이에서 준수되던 축제일이었다는 사실을 증명하고 있습니다. 이방 종교인들은 오래전부터, 태양이 낮과 밤의 길이가 같은 지점에서 비추는 이른 봄이 되면 모든 만물이 새로운 생명을 얻는다고 생각하였습니다. 그래서 그들은 신의 재생산 활동을 영예롭게 하려고 한 날을 지정하였는데, 그날은 특별히 자연계에 새로운 생명과 성장을 가져다주는 이스터신(Ishtar, 생산과 생식의 신)을 위해서 제정되었습니다. Easter(이스터, 부활절)라는 단어는 Ishtar(이스터) 라는 신의 이름으로부터 유래된 단어입니다. 교황권이 부활절(Easter)을 채택함으로써, 교회는 이스터 신의 숭배를 기념하게 되었습니다.

수많은 그리스도 교회의 신자들은 부활절 토끼(Bunny rabbit)나 부활절 달걀 (Easter egg)이 예수 그리스도의 부활과 무슨 상관이 있느냐고 의아해 하고 있습니다. 물론, 아무런 상관도 없습니다. 토끼는 이교도들에 의해서 이스터신을 경배하는 날의 상징으로 선택되었는데, 그 이유는 토끼는 매우 왕성한 생식 활동을 하는 동물이기 때문입니다. 달걀 역시 풍부한 생식과 증식의 상징으로서 취급되었습니다. 이교도들 사이에서, 그날은 매우 부도덕한 성행위를 갖는 날로 인식되었습니다.

이교도들이 대거 개종함에 따라 교황권이 크게 성장하게 되자, 교회는 이스터신의 경배 일을 받아들이기로 결정하고, 그날을 부활절(Easter)이라고 불렀습니다. 이스터신의 날과 함께 토끼나 달걀 같은 상징물들도 받아들임으로써, 그날이 이교도들에게서 유래되었다는 증거를 오늘날까지 남기고 있습니다.

이러한 예증들은 단지 사탄이 어떻게 이교도의 사상과 관습을 그리스도 교회에 이끌어 들였는가를 보여주는 일면에 불과합니다. 교황권이 흥왕하게 되면서, 비 성서적인 가르침과 관습을 받아들일 수 있는 문이 활짝 열리게 되었습니다. 교황권은 그 권세와 기만적인 술책으로 교회를 주도해 나갔으며, 참된 진리를 고수하고자 하는 여자의 후손들을 박해와 핍박으로 박멸하고자 하였습니다.

여기서, 우리들의 마음에 다음과 같은 질문이 떠오를 수 있습니다. 오늘날 우리는 모든 면에서 성경이 말하는 참된 가르침을 충성스럽게 따르고 있습니까? 만일 인간의 전통과 이교도의 관습이 지나간 역사를 통하여 그렇게 쉽게 들어왔다면, 우리가 지금 믿고 있는 다른 가르침들은 하나님의 진리로서 확신할 수 있습니까?

지금까지 언급한 문제들은 비록 그것들이 이교도들의 관습에서 유래된 잘못된 것들이 섞여 있긴 하지만, 하나님의 계명과 직접적으로 어긋나는 것들은 아닙니다. 왜냐하면, 성경에는그리스도의 부활절과 탄생일을 반드시 준수하라는 하나님의 계명(Commandments, 명령)이 없기 때문입니다. 우리는 그리스도의 부활과 탄생을 일 년 중 어떤 시기나 날짜에 기념하거나 준수할 수 있습니다. 성경은 이 문제에 대해서 어떤 정확한 가르침도 제시하지 않고 있습니다.

천주교(로마 카톨릭)의 모자상

다음 장에서는, 그리스도 종교의 심장부를 강타한 이교도의 가르침에 대해서 살펴보고자 합니다. 하나님의 계명과 분명하게 어긋나지 않는 문제에 대해서 지나친 염려를 나타내서는 안 됩니다. 왜냐하면, 그러한 태도는 교회 안에 불필요한 불화와 논쟁을 불러일으키기 때문입니다. 교황권의 권세가 날로 커짐에 따라서, 사탄은 하나님의 말씀 가운데에 포함된 몇몇 핵심적인 진리들을 거짓 교리로 대치하는 데에 성공하였습니다. 부디, 우리 모두의 영적 눈이 열려서, 사탄의 위조물들을 정확하게 분별하여서 하나님의 진리에 충성하게 되기를 기원합니다.

한복 입은 모자상에 경배하는 천주교 프란치스코 교황

제3부 짐승의 숫자와 표

짐승의 세력을 나타내는 면 중에서 가장 중요한 두 가지가 요한계시록 13장에 나와 있습니다. "저가 모든 자 곧 작은 자나 큰 자나 부자나 빈궁한 자나 자유한 자나 종들로 그 오른손에나 이마에 표를 받게 하고 누구든지 이 표를 가진 자 외에는 매매를 못하게 하니 이 표는 곧 짐승의 이름이나 그 이름의 수라. 지혜가 여기 있으니 총명 있는 자는 그 짐승의 수를 세어보라. 그 수는 사람의 수니 육백 육십육이니라"(계 13:16-18). 지금까지 우리는 짐승의 세력(작은 뿔)을 나타내는 9가지 예언과 교황권에 대한 그것의 적용에 대해서 공부하였습니다. 지금부터, 우리는 짐승의 이름과 숫자를 설명함으로써, 요한계시록 13장에 나오는 짐승의 세력은 교황권이라는 사실을 증명하는 10번째 증거를 추가하고자 합니다.

요한계시록 13장 17, 18절에 근거하여 볼 때, 논리적으로 우리는 짐승의 이름의 수는 결국 사람의 수와 같다는 결론을 내릴 수 있습니다. "곧 짐승의 이름이나 그 이름의 수라 … 그 짐승의 수를 세어보라. 그 수는 사람의 수(The number of a man)니 육백 육십육이니라." 그러므로 짐승의 이름=짐승의 이름의 수=짐승의 수=한 사람의 수(The number of a man). 여기서 한 "사람(a man)"이란 누구일까요? 의심할 여지없이, 짐승의 세력을 주도하는 최고 우두머리를 의미합니다. 다니엘 7장 8절과 요한계시록 13장 5절에서도, 작은 뿔과 짐승을 각각 "큰 말과 참람된 말"을 하는 입을 가진 한 "사람(a man)"으로 지목하고 있는 점을 기억하십시오.

고대로부터 사람의 이름의 수를 계산하는 방법이 있는데, 그것은 각 알파벳마다 고유 숫자를 가지고 있기 때문에 이름을 구성하고 있는 알파벳의 숫자들을 모두 합하면, 그 이름이 가지고 있는 수를 알 수 있습니다. 우리가 이 방법을 교황에게 적용하기 위해서는, 먼저 카톨릭교회의 머리인 교황의 공식 칭호를 알아야만 합니다. 또한, 짐승의 이름을 대표하는 한 사람의 수(The number of a man)는 당연히 그 조직의 최고 지도자의 공식 칭호의 수이어야 합니다.

교황에게는 라틴어로 된 공식 칭호가 있는데, 이것은 카톨릭교회가 교황에게 부쳐준 이름입니다. 우리는 교황의 공식 칭호를 카톨릭교회에서 발행한 출판물에서 쉽게 발견할 수 있습니다.

1915년 4월에 발행된 〈Our Sunday Visitor〉라는 이름의 카톨릭 주간지에서, 우리는 교황이 쓰는 삼층관에 새겨진 공식 칭호를 발견할 수 있습니다. 그 카톨릭 주간지에 실렸던 원문을 다음과 같이 소개하고자 합니다.

"Vicarius Filii Dei, 이것은 라틴어인데, '하나님의 아들의 대리자(Vicar of the Son of God)'라는 의미가 있다. 카톨릭교회는, 지상에 있는 교회는 지상에 있는 지도자(Head)를 가져야 하기 때문에, 예수님께서는 하늘로 승천하기 전에 베드로를 당신의 대표자로 지정하셨으며, 교회의 머리인 교황에게는 '그리스도의 대리자(Vicar of Christ)'라는 직위를 주었다고 믿는다."

또한 브리태니커 백과사전에는 "Vicar of Christ(그리스도의 대리자)"에 대해서 "8세기부터 시작된 교황의 특별 칭호"라고 설명되어 있습니다. 현재, 교황이 쓰고 있는 삼층관에는 라틴어로된 직함(칭호)이 새겨져 있지 않지만, 새로 즉위하는 교황의 대관식 때에 이 직위를 받게 됩니다.

자, 이제 짐승의 이름이 가지고 있는 수를 계산해 봅시다. "Vicarius Filii Dei"라는 이름의 각 라틴어 철자가 가지고 있는 숫자의 합을 계산해 보면, 우리는 666이라는 실제숫자를 얻게 됩니다(자료출처: "Roman Numerals"-숫자를 표시하기 위해 사용된 로마글자(철자, Letters)). 아래와 같은 계산법을 사용하여서 교황의 공식 직함(Official title)을 계산하면, 정확하게 666이 나옵니다.

Vicarius Filii Dei

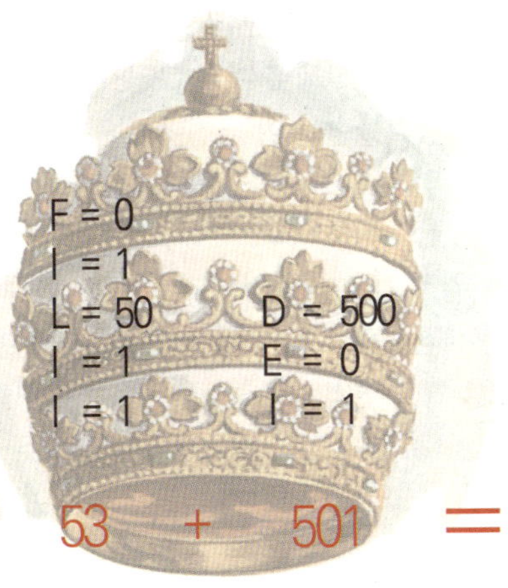

V = 5
I = 1
C = 100
A = 0
R = 0
I = 1
U = 5
S = 0

F = 0
I = 1
L = 50
I = 1
I = 1

D = 500
E = 0
I = 1

112 + 53 + 501 = 666

어떤 사람은 이것은 우연한 일치라고 말할 수 있습니다. 만일 우리가 오직 이것에만 의존해서 교황권을 짐승의 세력이라고 주장한다면, 이것을 우연한 일치라고 생각할 수도 있습니다. 그러나 이것은, 교황권이 짐승의 세력임을 증명하는 10개의 증거 가운데 하나에 불과하다는 사실을 이해해야만 합니다. 이 계산 결과를 우연한 일치로 보기에는 나머지 9 예언들이 너무나 정확하고도 분명하게 교황권을 짐승(작은 뿔)으로 지목하고 있습니다. 성경이 짐승의 정체를 드러내기 위해서 기록해 놓은 10개의 예언들이 모두 교황권에 정확하게 들어맞는 것을 보면서 엄숙함을 느끼지 않습니까? 성경과 역사에 나타난 인물이나 세력 가운데, 과연 어떤 것이 지금까지 연구한 10가지의 예언을 모두 만족시킬 수 있습니까? 오직 교황권 이외에는 어떤 것도 10가지 예언을 모두 만족시키지 못한다. 교황의 공식 칭호와 짐승의 수인 666과의 정확한 일치는 이미 성경을 통하여 분명하게 확인된 사실 위에 하나의 증거물을 더 올려놓는 것에 불과합니다.

1. 짐승의 표, 마귀가 만들어 놓은 최고의 기만

이제, 짐승의 세력에 대한 문제에서 가장 절정에 속한 것을 연구해봅시다. 앞에서, 우리는 짐승의 세력이 하나님의 진리를 위조한 거짓 가르침을 교회 안에 가지고 들어왔던 것을 배웠습니다. 거짓 가르침은 항상 하나님의 진리와 이교 사상의 혼합 형태를 취하고 있는데, 성경에서는 "바벨론" 즉 "혼잡"이라는 이름으로 이것이 표현되고 있습니다.

교황권은 하나님의 진리를 위조한 거짓 가르침들을 만들어 냈는데, 그중에는 다음과 같은 것들이 포함되어 있습니다. 하나님의 말씀 대신에 인간의 전통을 따르는 것, 침례 대신에 세례를 받는 것, 예수 그리스도 대신에 인간 마리아를 중보자로 믿는 것, 성만찬 예식 대신에 빵과 포도주가 실제로 예수 그리스도의 피와 살로 변한다고 믿는 예식을 행하는 것, 하나님의 영원불변한 법 대신에 변경된 법을 지키는 것, 죽음 대신에 연옥을 믿는 것, 하나님의 인 대신에 짐승의 표를 지지하는 것.

위에 언급한 여러 가지 위조 가르침들 가운데, 짐승의 표에 대한 연구를 집중적으로 해봅시다. "만일 누구든지 짐승과 그의 우상에게 경배하고 이마(Forehead, 앞이마)에나 손에 표를 받으면, 그도 하나님의 진노의 포도주를 마시리니 그 진노의 잔에 섞인 것이 없이 부은 포도주라"(계 14:9,10). 이 성경절이야말로 삶과 죽음의 문제를 다루고 있습니다. 우리는 모두 이 표가 무엇인지 반드시 알아야 하며, 그것을 피하는 방법 또한 알아야 합니다.

무엇보다도 먼저 이해해야 할 사실이 있는데, 그것은 성경에서 짐승의 표는 언제나 하나님의 인과 반대된다는 것입니다. 그러므로 우리는 짐승의 표를 보다 정확하게 이해하기 위해서 하나님의 인이 무엇인지를 살펴보아야 합니다. 요한계시록 7장 2, 3절에서, 우리는 하나님의 인도 짐승의 표와 마찬가지로 앞이마(Forehead)에 받는다는 사실을 알 수 있습니다. "다른 천사가 살아계신 하나님의 인을 가지고 해 돋는 데로부터 올라와서 땅과 바다를 해롭게 할 권세를 얻은 네 천사를 향하여 큰 소리로 외쳐 가로되 우리가 우리 하나님의 종들의 이마(Forehead, 앞이마)에 인치기까지 땅이나 바다나 나무나 해하지 말라 하더라"(계 7:2,3).

하나님의 인과 짐승의 표는 완전히 반대되는 것이지만, 그것을 받는 위치는 둘 다 앞이마 입니다. 그러므로 우리는 "무엇이 하나님의 인(The seal of God)인가?"라는 질문에 먼저 답해야 합니다. 만일 우리가 이 질문의 답을 성경에서 찾을 수 있다면, 그것과 반대가 되는 짐승의 표가 무엇인지를 식별하는 데도 많은 도움을 받을 수 있습니다.

2. 하나님의 인(The seal of God)

인(Seal, 도장, 봉함)이란 법적인 문서와 관계있는 용어입니다. 모든 공식적인 문서에는 항상 그 문서에 대해서 책임을 지는 사람의 인이 찍혀져야 합니다. 각국의 정부마다 법적인 문서에 찍을 수 있는 인을 가지고 있습니다. 인을 찍는 목적은, 인이 찍혀진 문서에 권위를 부여하기 위함입니다. 특히, 국회에서 통과된 나라의 법규문에는 반드시 국가 수뇌인 대통령의 인이 찍혀져야만 하는데, 왜냐하면 법 조항의 권위와 집행력을 대통령이 보장하기 때문입니다.

인에는 반드시 다음과 같은 세 가지의 내용이 담겨 있어야 합니다.

1 통치자의 이름 **2** 통치자의 칭호 **3** 통치 구역

미국 대통령의 인에는 무엇이 새겨져 있는지 살펴봅시다! 미 합중국 대통령 버락 오바마의 인(印)은 다음과 같이 세 부분으로 구성되어 있습니다. ① 도널드 트럼프(통치자의 이름) ② 미합중국(통치 구역) ③ 대통령(통치자의 칭호). 대통령의 인이 어떤 공식 문서에 찍힐 때, 그것은 대통령의 권위에 의해서 시행될 것을 보장하는 것을 의미합니다.

하나님의 율법(계명)과 하나님의 인 사이에는 어떤 관계가 있을까요? 만일 어떤 관계가 있다면, 그것은 어디에, 어떻게 찍혀질까요? 이사야 8장 16절을 함께 읽어봅시다. "너는 증거의 말씀을 싸매며, 율법을 나의 제자 중에 봉함(Seal, 인을 치라)하라." 실제로 하나님의 율법은 제자들, 즉 하나님을 신실하게 따르는 사람들에게 봉함됩니다(인이 됩니다). 그런데 하나님의 법이 제자들의 어디에 봉함될까요(인이 쳐질까요)? 히브리서 10장 16절은 율법이 봉함되는(인 쳐지는) 장소를 말해줍니다. "주께서 가라사대 그날 후로는 저희와 세울 언약이 이것이라 하시고 내 법을 저희 마음에 두고 저희 생각에 기록하리라."

바로 이것이, 새 언약 하에서 하나님의 율법이 당신을 따르는 제자들에게 봉함되는 방법입니다. 하나님의 율법이 마음에 기록되는 사실을, 성경은 이마에 기록되는 것으로 표현하고 있습니다. 우리의 마음이 어디 있습니까? 우리의 마음과 양심은 앞이마(Forehead), 즉 두뇌의 앞부분인 전두엽에 있습니다. 이마에 있는 전두엽에서는 이성적인 의지와 판단을 하는 기능을 갖추고 있습니다.

잠언 7장 2,3절은 이 문제에 대해서 명백하게 설명하고 있습니다. "내 명령을 지켜서 살며 내 법을 네 눈동자처럼 지키라. 이것을 네 손가락에 매며 이것을 네 마음 판에 새기라." 하나님의 법을 "네 손가락에 매며 네 마음 판에 새기라"는 말은, 하나님의 율법은 우리의 마음과 생각과 자신의 판단에 따라 준수되어야 한다는 의미가 아닙니까? 그러므로 하나님의 율법이 인쳐지는 장소는 그분을 충성스럽게 따르는 자들의 이마(마음과 생각)에 새겨지게 됩니다.

3. 하나님의 권위의 표

세상 법이 최고 통치권자의 인에 의해서 그 권위가 보장된 것처럼, 하나님의 율법도 하나님의 인에 의해서 그 권위가 보장되어야 합니다. 하나님의 율법 중에서 어떤 부분이 하나님의 인 역할을 할까요? 우선 하나님의 율법 가운데서 하나님의 능력과 권위를 포함하고 있는 율법을 찾아봅시다. 한 국가의 대통령은 그 직책에 의해서 권한을 수행합니다. 하나님께서도 온 우주를 창조하신 창조주로서의 권한에 근거해서 당신의 권위를 주장하시는 것입니다. 예레미야 10장 10-12절을 읽어봅시다.

"오직 여호와는 참 하나님이시요 사시는 하나님이시요 영원한 왕이시라 … 너희는 이같이 그들에게 이르기를 천지를 짓지 아니한 신들은 땅 위에서, 이 하늘 아래서 망하리라 하라. 여호와께서 그 권능으로 땅을 지으셨고, 그 지혜로 세계를 세우셨고 그 명철로 하늘들을 펴셨으며"

또한 시편 96장 5절에 나오는 말씀을 보십시오. "만방의 모든 신은 헛것이요, 여호와께서는 하늘을 지으셨음이로다." 이사야 40장 25,26절에 역시 하나님의 창조와 권위를 증거하고 있습니다. "거룩하신 자가 가라사대 그런즉 너희가 나를 누구에게 비기며 나로 그와 동등이 되게 하겠느냐 하시느니라. 너희는 눈을 높이 들어 누가 이 모든 것을 창조하였나 보라."

참 하나님을 구별하는 한 가지 놀라운 증거가 있는데, 그것은 창조의 권능입니다. 하나님께서는 당신 자신이 진리이고 유일신이라는 사실을 창조에 근거하여서 주장하십니다. 하나님께서는 당신의 창조에 권능을 사람들이 언제나 기억함으로써, 사람들이 참 하나님을 구별할 수 있게 되기를 원하셨습니다. 그리하여 그분께서는 창조를 기념하는 기념일과 표징을 태초의 창조 주일에 만들어 놓으셨습니다.

"하나님의 지으시던 일이 일곱째 날이 이를 때에 마치니 그 지으시던 일이 다하므로 일곱째 날에 안식하시니라. 하나님이 일곱째 날을 복 주사 거룩하게 하셨으니 이는 하나님이 그 창조하시며 만드시던 모든 일을 마치시고 이날에 안식하셨음이더라"(창 2:2,3). 안식일은 하나님과 다른 잡신을 구별하는 창조의 권능을 기념하는 날입니다.

4. 율법 속에 들어 있는 인

하나님의 율법은 하나님의 인에 의해서 그 권위가 보장되어야 합니다. 그런데 어떤 것이 율법 중에서 하나님의 권위를 나타내는 것일까요? 인에는 반드시 통치자의 이름과 직위와 통치 구역이 포함되어 있어야 한다는 사실을 기억하십니까? 하나님께서 친히 손가락으로 기록하여 주셨던 영원불변의 십계명을 살펴보면, 오직 한 계명이 인의 조건을 충족시킨다는 사실을 알게 됩니다. 인을 구성하는 세 가지 요구 조건이 한 계명 안에 모두 들어 있는 것을 보게 됩니다.

십계명의 중심부에 하나님의 창조 능력을 기념하는 법이 있는데, 그 계명에는 인의 세 가지 구성요소가 들어 있습니다. "안식일을 기억하여 거룩히 지키라. 엿새 동안은 힘써 네 모든 일을 행할 것이나 제 칠일은 **너의 하나님 여호와** (1. 통치자의 이름)의 안식일인즉 … 이는 엿새 동안에 나 여호와가 **하늘과 땅과 바다** (2. 통치 구역)와 **그 가운데 모든 것을 만들고** (3. 창조주, 통치권자의 직위) 제 칠일에 쉬었음이라"(출 20:8-11). 넷째 계명인 안식일 계명은 하나님의 율법에서 인에 해당하는 역할을 하며, 지구를 통치하는 유일한 신이 누구인가를 증명하는 계명입니다. 하나님께서는 십계명의 넷째 계명에 당신의 인을 기록해 놓으심으로써, 나머지 모든 계명도 동일한 하나님의 권위로 보장하고 있음을 보여주고 계십니다.

"안식일이 정말 하나님의 인 인가요?"라고 질문하는 사람도 있을 것입니다. 에스겔 20장 12절에는 그 질문에 대해서 이렇게 답하고 있습니다. "또 나는 그들을 거룩하게 하는 여호와인 줄 알게 하려 하여, 내가 내 안식일을 주어 그들과 나 사이에 표징(Sign)을 삼았었노라." 여기서 하나님께서는 안식일을 당신 자신의 표징(Sign)이라고 칭하셨습니다. 그런데 성경에서 표징(Sign)과 인(Seal)은 동일한 것으로 사용됩니다. 로마서 4장 11절은 인과 표징이 동일한 것이며, 성경에서 이 둘은 서로 호환성 있게 사용되고 있는 표현임을 말해주고 있습니다. "저가 할례의 표(Sign)를 받은 것은 무 할례 시에 믿음으로 된 의를 인(Seal)친 것이니" 인(Seal) = 표징(Sign).

5. 인(Seal)과 표(Mark)의 비교

하나님의 인과 짐승의 표 사이에 존재하는 관계를 비교 분석해봅시다. 이 둘은 서로가 완전히 대조적인 것들입니다. 요한계시록 14장 9,10절에 나오는 셋째 천사 기별 속에는 짐승의 표에 대한 설명이 나옵니다. "또 다른 천사 곧 셋째가 그 뒤를 따라 큰 음성으로 가로되 만일 누구든지 짐승과 그의 우상에게 경배하고 이마에나 손에 표를 받으면 그도 하나님의 진노의 포도주를 마시리니 그 진노의 잔에 섞인 것이 없이 부은 포도주라 거룩한 천사들 앞과 어린 양 앞에서 불과 유황으로 고난을 받으리니"

계속해서 12절부터는 또 다른 무리가 설명되고 있습니다.

"성도들의 인내가 여기 있나니 저희는 하나님의 계명과 예수 믿음을 지키는 자니라." 결론적으로, 성경은 하나님의 계명을 지키는 자들은 결코 짐승의 표를 받지 않을 것이라고 말하고 있습니다. 마지막 시대에, 하나님의 인을 포함하고 있는 십계명은 짐승의 표를 피할 수 있는 유일한 안전 책이 될 것입니다. 특히, 하나님의 인은 안식일이므로, 짐승의 표는 안식일과 정반대로 대조되는 것이 될 것입니다. 그렇다면, 짐승의 표(Mark)는 무엇입니까?

6. 율법을 변경시키기 위한 시도들

짐승의 표가 무엇인가에 대한 답을 찾기 위해서, 우리는 교황권의 행적이 묘사되어 있는 다니엘 7장 25절로 되돌아가야 합니다. "그가 또 때와 법을 변개코자 할 것이며" 이미 앞에서 우리는 교황권이 두번째 계명을 없애고, 열 번째 계명을 둘로 나누어 그것을 카톨릭교회의 공식적인 교리로 만들었던 사실을 살펴보았습니다. 이렇게 해서 카톨릭교회가 "법"을 변경시켰던 사실은 입증되었습니다. 그런데 "때"도 변경시켰을까요? 십계명 중에 "때"를 가리키는 계명이 있습니까? 넷째 계명이 유일하게 시간(때)과 관련된 계명입니다. 교황권이 "때"를 나타내는 안식일 계명도 바꾸었을까요? 그렇습니다! 매우 희한한 과정을 거쳐 안식일을 변경시켰습니다.

앞에서 배운 바와 같이, 이교도들은 태양을 숭배하는 종교를 가지고 있었습니다. 그들이 예배일로 준수하던 날은 주일 중 첫째 날이었는데, 그들은 자신들의 예배일을 영예롭게 하려고 그날을 태양일(Sun-day, 일요일의 기원)이라고 불렀습니다. 그리스도인들은 일곱째 날인 안식일을 준수하였으며, 이교도들은 첫째 날을 준수하였습니다. 그러나 로마 황제인 콘스탄틴 대제의 임기 동안에 놀라운 사건이 벌어졌습니다. 태양신을 믿는 이교도였던 콘스탄틴 황제가 그리스도인으로 개종함으로써, 그를 따르던 수많은 이교도가 그리스도 교회로 들어오게 되었습니다.

콘스탄틴 황제는 자신의 집권을 안정시키고, 이교도들의 호감을 사며, 또한 더 많은 사람을 그리스도 교회로 개종시키기 위해서, 태양 숭배자들이 하던 여러 가지 관습과 의식을 그리스도교회에서도 할 수 있도록 허용하였습니다. 크리스마스나 부활절과 같은 것들이 바로 이때에 시작된 관습들이며, 일요일 예배 전통도 이때부터 시작되었습니다. 예배의 편리함을 도모하기 위해서, 이교도들에게 일요일에 예배드릴 수 있도록 허용하면서, 그리스도인들도 그날에 함께 예배드리라고 포고령과 함께, 일요일 예배가 그리스도 교회 안에서 시작되게 되었습니다.

이렇게 해서 콘스탄틴 황제는 안식일 대신 일요일을 지킬 것을 요구하는 첫 번째 법령을 만든 사람이 되었습니다. 교황권은 일요일 휴업령이 온 교회와 세상에 퍼질 때까지 계속해서 일해왔습니다. 교황권의 적극적인 지지와 후원 없이는 일요일 예배 전통이 기독교회 안에서 자리를 잡을 수 없었을 것이라는 사실을 쉽게 이해할 수 있습니다.

7. 역사적인 증거들

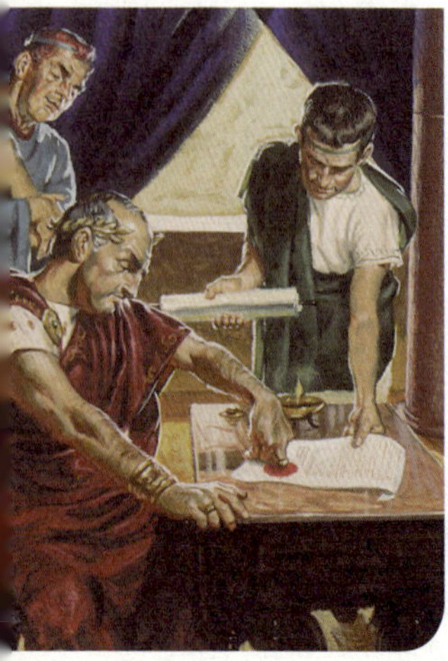

세상 역사가들이 안식일의 변경에 대해서 제시하는 증거들을 살펴봅시다. 여러분 자신의 눈으로 변경된 역사를 보기 전에는 믿기 어려울 것입니다. 유명한 브리태니커 백과사전에는 일요일(Sunday)에 대한 역사적인 사실들이 다음과 같이 기록되어 있습니다. "콘스탄틴은 일요일 준수를 위한 첫 번째 법령을 만든 사람인데, 그는 로마 제국 전체를 통하여 정규적으로 축하 되어야 되는 날로서 일요일을 지정하였다."

영국 옥스포드 대학의 헬라어 교수인 길버트 머레이 박사는 일요일 준수에 대해서 이렇게 기록하였습니다. "미트라 신은 '무적의 태양'이고, 태양은 '충성스런 별'이었기 때문에, 미트라 교도들은 지상에서 미트라 신의 대리자로서 일할 수 있는 왕을 찾게 되었다 … 그들의 눈에는 로마 황제야말로 그들이 찾는 참된 왕으로 보였다. 그리스도 교회와 날카로운 대립 관계에 있던 미트라 교도들에게 있어서, 로마 황제는 거룩한 신의 은총을 지닌 자로 생각되었기 때문에, 군대와 민간 기관에서 일하고자 하는 미트라 교도들의 지원이 넘쳤다 … 이러한 분위기는 그리스도 교계로 하여금 안식일 대신에 일요일을 지키며, 예수 그리스도의 탄생일로서 태양의 출생일인 12월 25일을 지킬 것에 대한 미트라 교도들의 요구를 받아들이도록 만들었다."(History of Christianity in the Light of Modern Knowledge).

윌리암 후레드릭 박사 역시 동일한 역사적 진리를 증거하고 있습니다. "이방인들은 태양을 숭배하는 우상 숭배자였는데, 그들에게 있어서 일요일은 가장 거룩한 날이었습니다. 그들에게 접근하기 위해서, 교회는 일요일을 쉬는 날로 만드는 것이 필요하고도 당연한 일이 되었습니다. 이러한 상황에서, 교회는 이방인들의 예배일을 그리스도교회의 예배일로 채택하던지, 아니면 이방인들로 하여금 예배일을 안식일로 바꾸도록 해야만 하였습니다. 교회가 이방인들로 하여금 자신들의 예배일을 안식일로 바꾸게 하는 것은, 이방인들을 공격하는 일이 될 뿐 아니라, 교회 자신에게도 거침돌이 되는 일이었습니다. 교회는 이방인들이 자신들의 예배일을 그대로 지킬 수 있도록 허용함으로써, 좀 더 자연스럽게 그들에게 접근할 수 있었습니다."(Sunday and Christian Sabbath, pp. 169).

그리스도 교회가 이방인들의 태양일(Sun-day)을 받아들이게 된 이유에 대해서 'The North British Review'지는 다음과 같이 설명합니다. "이방인 이웃들과 동포, 그리고 애국자들은 편의상 일요일을 주의 날인 안식일로 만드는 일에 연합 하였다 … 사실, 일요일이 반드시 준수되어야 하는 날로 확고하게 되었을 때까지, 교회는 일요일 예배를 채택하지 않았다."(Vol. XVIII, pp. 409).

8. 카톨릭교회의 동의

다니엘 7장은 교황권이 "때와 법을 변개코자 할" 것이라고 예언하고 있는데, 과연 교황권은 안식일의 변경과 어떤 관계가 있습니까? 우리는 이 문제를 매우 공정하게 취급해야만 하므로, 여러 분야의 사람들로부터 증언을 들어야 합니다. 다음에 소개하는, 카톨릭교회에서 잘 알려진 권위 있는 저자들의 글은 카톨릭교회의 입장을 분명하게 밝히고 있습니다.

"유대인의 안식일인 제 칠일 안식일을 주일 중 첫째 날로 변경한 후에, 교회는 일요일을 주의 날로서 거룩하게 지켜야 한다는 내용으로 셋째 계명을 만들었다."(Catholic Encyclopedia, Vol. IV, pp. 153).

"주의 날을 토요일에서 일요일로 변경하라는 말이 성경에는 전혀 없습니다. 우리는 이러한 변경이 교회의 전통에 의해서 지금까지 내려온 사실을 알고 있습니다. 바로 이것이 우리가 수많은 개신교인에게 느끼고 있는 비논리적인 점입니다. 그들은 오직 성경에 기록된 것 외에는 어떤 것도 받아들이지 않는다고 주장하면서도, 카톨릭교회가 그렇게 하라고 했기 때문에 변경된 주의 날을 일요일로 지키고 있습니다."(Salvation History and the Commandments, pp. 294, 1963 edition).

"카톨릭교회는 안식일을 일곱째 날에서 첫째 날로 변경시켰다 … 카톨릭교회는 그리스도인들의 축제일로서 토요일보다 일요일이 더욱 적합하다고 생각하였다."(This is Catholicism, 1959 edition, pp. 325).

킬겔런과 위버의 저서인 Life in Christ에 실려 있는 천주교의 1958년도 판 교리문답에 다음과 같이 천주교의 신앙을 소개하는 글이 기록되어 있습니다. "왜 교회는 주의 날을 안식일에서 일요일로 변경시켰는가? 그리스도께서 교황에게 주신 묶거나 푸는 능력을 사용할 수 있는 교회는 주의 날을 일요일로 변경시켰다."(pp. 243).

스테판 키넨의 저서, A Doctrinal Catechism에는 다음과 같은 기록이 실려 있다. "질문: 천주교회가 축하의 개념을 새로 만들 수 있는 권한이 있다는 사실을 증명할 수 있는가? 대답: 만일 천주교회에 그러한 권한이 없다면 모든 현대 종교인들이 동의한다고 할지라도 그러한 것을 만들 수 없었을 것이다. 다시 말하자면 교회에 그러한 권한이 없다면 교회는 토요일 준수를 성경으로 증명할 수 없는 일요일 준수로 대체할 수 없었을 것이다." 여기서 "대체"라는 말을 주목해야 합니다. 예로부터 사탄은 하나님의 말씀을 대체하거나 위조하기 위해 온갖 노력을 기울여 왔습니다.

카톨릭 교회의 기본스 추기경은 그의 저서, The Question Box, pp. 179에서 다음과 같은 놀라운 말을 하였습니다. "만일 성경이 그리스도인들을 위한 유일한 안내서라면, 유대인과 함께 토요일을 준수하는 제칠일 안식일 예수 재림교인들이 올바른 그리스도인들이다 … 성경을 자신들의 유일한 선생으로 삼고 있는 개신교도들이 일관성이 없게 카톨릭 교회가 만든 전통을 따른다는 것이 이상하지 않은가?"

존 오브리엔은 그의 저서, 'Understanding the Catholic Faith, p. 13(1955년도 판)'에 다음과 같은 기록을 남겼습니다. "성경은 카톨릭교회의 가르침뿐만 아니라, 카톨릭 신자들이 행하고 있는 종교적 행습 역시 지지하지 않는다. 예를 들면, 일요일 예배 전통이나 그날에 불필요한 노동을 삼가는 전통은 성경의 지지를 받지 못한다. 개신교회 형제들도 일요일 준수 문제에 대해서 매우 강력한 강조를 하고 있지만, 성경의 어느 곳에도 일요일을 주의 날 즉, 안식일로 지적하고 있지 않다. 교회 역사의 초기에, 교회는 의도적으로 안식일이 일요일로 변경되었다고 가르쳤다."

미국에 있는 Redemptorist 대학의 학장인 엔라이트 주교는 개신교회에 다음과 같은 강력한 도전을 던졌습니다. "안식일을 토요일에서 주일 중 첫째 날인 일요일로 바꾼 것은 카톨릭교회였다. 일요일을 준수하라는 명령과 제7일인 안식일에 노동하라는 명령이 파문의 위협 하에서 모든 사람에게 하달되었다. 개신교인들은 성경의 존엄성을 크게 인정하는 사람들이다. 그러나 그들이 일요일을 안식일로 인정함으로써, 카톨릭교회의 권위를 인정하고 있다. 성경은 말하기를 '안식일을 기억하여 거룩하게 지키라'고 증거하고 있다. 그러나 카톨릭교회가, '아니다. 주일 중 첫째 날인 일요일을 지키라'고 말하자, 모든 사람이 거룩한 카톨릭교회의 명령에 경건하게 순종하였다."

그뿐만이 아닙니다. "안식일을 일요일로 바꾼 조치는 개신교 신자들도 인정하는 것으로 … 그들은 일요일을 지키는 바로 그 행위로서 … (천주) 교회가 축일을 제정하고 이를 지키지 않으면 죄가 되도록 명할 권세를 가졌음을 인정한다."(Henry Tuberville 저, An abridgment of the Christian Doctrine, p.58)

"교황의 권세는 사람의 권세가 아니요 하나님의 권세이므로 그는 하나님의 법도 수정할 수 있다."(Lueius Ferraris, Prompta Bibliotheca Canorica Vol. lv,)

이 글을 읽고 있는 여러분도 이 도전에 대답해야만 합니다. 여러분은 누구에게 순종하겠습니까? 대주교인 C.F. 토마스가 안식일의 변경에 대해서 하는 말을 들어보십시오. "물론, 카톨릭교회는 안식일이 자신들에 의해서 변경되었다고 주장하고 있다. 이러한 카톨릭교회의 행위는 종교적인 문제에 있어서 교회의 권세와 권위를 상징하는 표(Mark)이다."

이제, 이 문제에 대한 쟁점이 분명해졌습니다. 하나님께서는 당신께서 모든 만물을 창조하셨다는 권위에 대한 증표로서 안식일을 우리에게 주시면서, 당신이 참 하나님이라고 주장하십니다. 그러나 카톨릭교회는 "아니다. 안식일을 지키지 말라. 주일 중 첫째 날을 지켜라. 우리가 그것을 변경시켰다. 이러한 변경이야말로 카톨릭교회의 권위가 하나님의 법과 그 권위보다 우위에 있다는 사실을 증명하는 표(Mark)이다." 라고 말하고 있습니다.

짐승의 표는 제칠 일 안식일 대신에 일요일을 주의 날로 지키는 것을 말하는데, 왜냐하면 일요일 예배는 짐승의 권세가 창조주 하나님의 권위보다 위대하다는 주장을 인정하는 것이기 때문입니다. 하나님의 십계명에서 넷째 계명인 안식일 계명은 하나님의 통치 권한과 통치자의 이름, 통치 구역을 나타내는 하나님의 인의 역할을 하는데, 교황권은 안식일을 일요일로 대체함으로써, 일요일을 자신의 권위를 나타내는 표로서 사용하고 있습니다.

오늘날, 온 세상은 교황권이 변경시킨 위조물을 따라서 움직여지고 있습니다. 우리 각자의 앞에는 하나님의 권위와 짐승의 권위 중에서 하나를 선택해야만 되는 결정이 놓여 있습니다. 하나님의 안식일을 지킴으로써 그분의 권위를 인정하겠습니까? 아니면 거짓 안식일을 지킴으로써 카톨릭교회가 세워놓은 짐승의 권위를 인정할 것입니까? 오직 두 길만이 있을 뿐인데, 그 두 길은 다음과 같이 표현됩니다. 하나님과 용, 진리와 오류, 성경과 전통.

성경은 짐승의 표를 피하는 방법을 명백하게 제시하고 있습니다. 요한계시록 14장 11절에 나오는 짐승의 표를 피할 수 있는 유일한 길이 12절에 분명하게 제시되어 있습니다. "성도들의 인내가 여기 있나니 저희는 하나님의 계명과 예수 믿음을 지키는 자니라." 하나님의 계명을 지키는 자들만이 짐승의 표를 피할 수 있습니다. 하나님의 계명 속에는 안식일 계명이 네 번째 계명으로 들어 있는데, 여기에는 하나님의 권위를 증거하는 그분의 인이 찍혀져 있습니다. 짐승은 바로 이 넷째 계명을 변경시킴으로써, 자신의 권위를 하나님의 권위보다 높은 곳에 두려고 하고 있다는 사실을 주목하십시오. 짐승은 십계명에 있는 하나님의 인을 짐승의 표로 대체시키는 놀라운 기만을 시도해 왔습니다.

1956년에 발간된 카톨릭 종교를 소개하는 서적으로 카톨릭 서점에서 판매되고 있는 'The Faith of Millions'라는 책에는 다음과 같은 놀라운 기록을 담고 있습니다. "성경은 일요일이 아닌 토요일을 안식일로서 증거하고 있음에도 불구하고, 자신의 신앙을 교회가 아닌 성경에만 두고 있다고 공언하는 개신교인들이 일요일을 예배일로서 준수하고 있는 현실이 이상하지 않은가? 물론이다. 그것은 너무나 앞뒤가 맞지 않는 것이다. 그러나 안식일에 관한 이러한 변화는 개신교 주의가 태어나기 이전인 15세기경에 이루어진 것으로서, 그때부터 일요일 준수 전통이 전 세계적으로 이루어졌다. 일요일 준수 전통이 성경이 아닌 카톨릭교회의 권위에 의해서 이루어진 것임에도 불구하고, 그러한 전통은 계속해서 전수되었다. 마치 집을 도망나간 아이가 주머니 속에 어머니의 사진이나 머리카락을 가지고 다니는 것처럼, 일요일 준수는 카톨릭교회를 버리고 떠난 모든 비 카톨릭교회들로 하여금 어머니 교회인 카톨릭교회를 생각나게 만드는 것이다."

오래전에 기본스 추기경은 안식일에 관하여 직면하게 되는 모든 질문에 대해서 다음과 같은 요약적인 말을 하였습니다. "논리와 이성은 우리에게 둘 중 하나를 선택하도록 요구한다. 즉, 개신교 주의와 토요일의 신성성을 지키든지, 아니면 카톨릭 정신과 일요일 신성성을 지킬 것을 요구한다. 이 둘 사이에는 어떠한 타협도 불가능하다."(Catholic Mirror, 1893년 12월 23일).

9. 개신교회는 어떻게 생각하는가?

어떤 분들은, 지금까지 우리가 살펴본 사실에 대해서 여러 개신교단은 어떻게 생각하고 있을까? 라는 의문을 가질 것입니다. 개신교회들로부터 직접 그들의 의견을 들어보겠습니다. 안식일 문제에 대한 그들의 정직한 의견을 들어봅시다. 다음에 소개할 인용구절들은 개신교회 내에서 가장 권위 있는 대변인들의 글입니다.

침례교회

침례교회의 교회 수칙을 작성한 에드워드 히스콕스 박사의 이야기를 먼저 들어봅시다. 이 침례교회의 지도자는 우리가 지금까지 살펴본 내용을 다음과 같이 간단하게 요약하고 있습니다. "과거부터 지금까지 안식일을 거룩하게 지키라는 계명이 존재해왔는데, 그 안식일은 토요일이다. 그러나 사람들은 안식일이 제7일로부터 제1일로 옮겨졌다는 말을 한다. … 그러한 변경에 대한 말이 성경의 어디에 기록되어 있는가? 신약 성경에는 없다. 전혀 그러한 말을 발견할 수 없다. … 물론, 나는 일요일이 그리스도인의 초기역사에서 종교적인 날로 변경된 사실을 역사적인 기록을 통하여 잘 알고 있다. 이교도들의 표이며, 태양신의 이름과 관련 있는 일요일이 교황권의 배도에 의해서 안식일로 채택되었는데, 그것이 개신교회의 거룩한 법까지 전수된 사실은 정말 슬픈 사실이다!"(1893년 11월 13일 자 뉴욕 신문).

장로교회

장로교회에서 나온 서적인 'Christian at work'에서 우리는 다음과 같은 기록을 발견하게 됩니다. "어떤 사람들은 사도들이 그러한 명령을 전혀 한 적이 없음에도 불구하고, 사도들의 명령이라는 이유 하에 일요일 준수 전통을 세우려고 노력하고 있다 … 우리가 성경을 최상의 권위로 인정한다면, 안식일 준수자들이 진리 위에 있다는 사실을 인정할 수밖에 없다."(Ed. 1883년 4월19일).

감리 교회

감리 교회 신학 개요에는 다음과 같은 기록이 있습니다. "유아 세례에 대한 분명한 성경적 확실성이 없으며 … 주일 중 첫째 날을 거룩하게 지키는 것에 대한 어떠한 성경적 근거도 없다."

회중 교회

회중(Congregational) 교회의 W.D. 데일 박사는 그의 저서 십계명에서 다음과 같이 기록하였습니다. "아무리 우리가 일요일을 엄숙하고 굳건하게 지킨다고 하여도, 우리는 안식일을 지키는 것이 아니다. 안식일은 특별하고 거룩한 계명으로 십계명에 기록되어 있다. 일요일을 준수하면서 계명을 지킨다고 내세울 수 없다. … 일요일을 범함으로써 어떤 형벌을 받는다는 기록이 신약 성경에 단 한 줄도 나와 있지 않다."

루터 교회

Augsburg Confession of Faith에 나타나 있는 루터 교회의 입장을 살펴봅시다. "주일(일요일)의 준수에 대한 내용을 하나님의 계명에서 발견할 수 없다. 그것은 다만 교회의 권위에 의해서 세워진 것이다."

감독 교회

감독 교회의 대변인인 닌덜은 그의 저서 'The History of Christian Religion and Church, pp. 187'에서 다음과 같이 기록하였습니다. "모든 다른 축제처럼, 태양일 축제(Festival of Sunday)도 인간이 고안해낸 것이다. 그것은 사도들의 거룩한 명령과는 전혀 상관없는 것이며, 초기 기독교회가 안식일의 법을 일요일로 옮김으로써 생겨난 것이다."

클로비스 챠펠의 저서인 'Ten Rules For Living'에서 우리는 다음과 같은 기록을 읽을 수 있습니다. "우리는 안식일은 하나님께서 인류에게 주신 선물이라는 사실을 기억해야만 한다. 물론, 우리는 우리의 안식일이 유대인들이 지키던 안식일과 같지 않다는 사실을 알고 있다. 그들이 지켜온 안식일은 주일 중 일곱 번째 날이고, 우리가 지키는 안식일은 첫째 날이다. 우리가 일곱째 날 대신에 첫째 날을 지키는 이유는 어떤 계명에 근거한 것이 아니다. 안식일이 일곱째 날에서 첫째 날로 변경되었다는 것을 성경에서 찾으려고 하는 사람은 자신의 노력이 헛되다는 사실을 깨닫게 될 것이다. 초기 그리스도교회 당시에 예수님의 부활을 기념한다는 이유 하에 주일 중 첫째 날에 예배드리는 전통이 시작되었다. 또한, 일요일 예배 전통은 국가가 일요일을 법적 휴일인 휴식의 날로 정함으로써 시작되었는데, A.D. 321년에 이러한 사건이 발생하였다. 그러므로 그리스도인의 안식일은 명백한 계명에 근거해서 준수되고 있는 것이 아니다."

10. 국가에 의해서 강요될 짐승의 표

위에 제시한 것 외에도, 수십 개의 다른 기독교단의 기록을 제시할 수 있지만, 지면이 제한되어 있으므로 여기서 줄이기로 하겠습니다. 이러한 기록들을 보면서, 여러분은 자신들의 개인적인 답변을 준비하였습니까? 앞에서 공부한 내용을 간단하게 요약해봅시다.

❶ 우리는 하나님의 안식일을 변경시키려고 하는 세력이 예언 가운데에 나와 있는 사실을 분명하게 이해하였다.

❷ 또한 역사는 그 세력이 안식일을 변경시킨 사실을 입증하고 있다.

❸ 짐승의 세력(교황권)은 자신이 안식일을 변경시켰던 사실을 인정하고 있으며,

❹ 개신교회 또한 안식일의 변경을 시인하였다.

이보다 더 많은 증거와 자료를 필요로 합니까? 이제는, 여러분들이 자신의 입장을 결정해야 할 차례가 되었습니다. 얼마나 많은 사람이 주님의 진리를 위해서 희생과 헌신의 결정을 하게 될까요?

세상에서, 하나님의 안식일이 그분께 대한 순종의 표로서 드러나게 될 때가 점점 더 가까워 오고 있습니다. 지구상에 살고 있는 모든 사람에게 안식일에 대한 이슈가 결정적으로 제시될 때가 다가오고 있습니다. 그 때, 모든 사람은 하나님의 인을 받든지 아니면 짐승의 표를 받든 지를 결정해야 합니다. 요한계시록은 지상에 있는 정부들이 모든 사람에게 짐승의 표를 강제하는 장면을 보여주고 있습니다. "저가 모든 자 곧 작은 자나 큰 자나 부자나 빈궁한자나 자유 한 자나 종들로 그 오른 손에나 이마에 표를 받게 하고"(계 13:16).

국가에 의해서 이러한 법령이 내려질 때까지 어떤 사람도 짐승의 표를 받지 않을 것입니다. 참된 안식일과 거짓 일요일 예배가 그 정체를 온 세상에 드러낼 때에, 모든 사람은 개인적으로 결정해야 합니다. 참 안식일을 마음과 손으로 지킬 것인지, 아니면 교황권이 만들어 놓은 위조 안식일을 지킬 것인지를 선택해야만 합니다. 다음 장에서, 우리는 일요일을 안식일로 받아들이라고 강요하는 국가의 영향력과, 교황권에게 충성의 표를 던지는 세상 정부에 대해서 공부하고자 합니다.

제4부 예언에 나타나 있는 미국

미국인 치고 자신이 미국인이라는 사실을 자부하지 않는 사람을 거의 본적이 없습니다. 미국에서 누릴 수 있는 자유와 같은 자유를 세계 어디에서도 찾아볼 수 없습니다. 여러분은 미국이 왜 이러한 자유를 가지게 되었는지를 생각해 본적이 있습니까? 자유 미국이 등장하게 된 데에는 이유가 있습니다. 이것은 우연히 일어난 일이 아닙니다. 요한계시록 13장에 나오는 짐승의 세력과 미국의 출현은 매우 긴밀한 관계가 있습니다. 여러분들은 "어떻게 교황권의 세력과 미국의 등장이 관계가 있는가?"라고 질문할 것입니다. 유럽에서 있었던 하나님의 백성에 대한 짐승의 핍박으로 인하여, 미국이라는 나라가 존재하게 되었습니다. 미국인들의 조상은 교황권의 종교적인 핍박 때문에 예배와 양심의 자유를 지키기 위해서 유럽으로부터 그 당시 신세계였던 미국으로 도망 왔습니다.

하나님의 예언의 말씀으로부터 그 당시의 역사적인 장면을 찾아봅시다. 요한계시록 13장 10-18절은 큰 세력으로 일어나는 교황권의 모습을 묘사하고 있습니다. 10절에는, 교황이 프랑스 혁명정부군에 의해서 포로로 사로잡혀서 죽는 모습이 나옵니다(1798년). "사로잡는 자는 사로잡힐 것이요, 칼로 죽이는 자는 자기도 마땅히 칼에 죽으리니 성도들의 인내와 믿음이 여기 있느니라"(계 13:10). 바로 다음에 요한은 두 번째 짐승을 계시 가운데서 보면서 다음과 같이 기록하였습니다. "내가 보매 또 다른 짐승이 땅에서 올라오니 새끼 양 같이 두 뿔이 있고, 용처럼 말하더라"(계 13:11). 여기에 나오는 두 번째 짐승의 모습을 조심스럽게 분석하여봅시다. 이 짐승의 권세를 조명해주는 몇 가지 요소들이나 나타나 있습니다.

❶ 두 번째 짐승이 나타나는(Coming up) 시기는 첫 번째 짐승이 치명적인 상처를 입었던 시대이다. 프랑스 혁명정부의 버티어 장군이 교황을 사로잡았을 때에 교황권(첫 번째 복합 짐승)은 치명적인 상처를 입게 되었는데, 요한은 이 사건 이후에 두 번째 짐승이 올라오는 것을 보았다. 이것은 1798년 무렵에 두 번째 짐승의 세력이 세상에 나타나는 것을 의미한다.

❷ 두 번째 짐승은 땅으로부터(Out of earth) 올라온다. 첫 번째 복합 짐승이 물에서 올라오는 것과는 대조적으로 두 번째 짐승은 땅에서부터 올라오는 것으로 묘사되어 있다. 여기서 우리는 예언에서 상징적으로 사용된 "물"과 "땅"의 의미를 이

해할 필요가 있다. 요한계시록 17장 15절에서, 물은 사람들과 국가들을 상징한다는 성경의 해석을 발견하게 된다. "물은 백성과 무리와 열국과 방언들이니라." 첫 번째 짐승이 "물"에서부터 올라온다는 것은, 첫 번째 짐승은 백성과 사람들이 이미 많이 있는 곳에서 나타난다는 의미로 받아들여야 한다. 그러나 "땅"은 "물"과 대조적인 의미를 가지고 있다. 그러므로 두 번째 짐승이 "땅"에서부터 올라온다는 것은, 두 번째 짐승은 기존의 백성이나 사람들이 없는 곳에서 나타난다는 것을 의미한다.

❸ 이 국가는 새끼 양같이 두 뿔이 있으며, 첫 번째 짐승이 가졌던 왕관(Crown)을 가지고 있지 않았다. 이 국가의 평화로운 양의 모습과 왕관을 쓰고 있지 않은 모습은, 이 국가는 왕권을 휘두르는 세력이 아니라는 사실을 말해준다. 또한, 두 번째 짐승이 어린 양의 모습을 하고 있는 것은 이 국가가 예수 그리스도의 정신을 가지고 태동한다는 것을 의미한다. (성경에서 "어린양"은 예수 그리스도를 상징한다.) 이 국가는 군국주의나 독재주의를 주장하지 않는 나라이어야 한다. 요한계시록에 나오는 두 번째 짐승의 성격에 대한 묘사는 이 국가가 평화스럽고 기독교 정신이 충만한 자유주의 국가라는 사실을 말해주고 있다.

1. 두 번째 짐승의 정체

이제, 우리는 두 번째 짐승의 정체를 역사 가운데서 찾아낼 수 있습니다. 지나간 역사를 통하여 위의 3가지 조건을 모두 만족시키면서 건국되는 국가는 오직 하나밖에 없습니다. 미국은, 첫 번째 짐승이 치명적인 상처를 받았던 해인 1798년 무렵에 나타난 (Coming up) 유일한 국가입니다. 미국은 이 무렵부터 세계적인 세력으로 주목을 받기 시작하였습니다. 역사가들이 미국의 등장에 대해서 기록할 때, 그들은 하나님의 예언의 성취를 증거하는듯한 놀라운 기록을 남겼습니다.

예언에 따라서, 미국은 당시 문명 세계가 아니었으며, 사람들이 많이 살고 있지 않은 장소인 신세계에서 태동하였습니다. 미국은 자유를 최대한으로 보장한 형태의 헌법을 만들었으며, 개신교주의와 공화주의라는 두 가지 위대한 원칙을 가지고 출범하였습니다. 교회와 국가를 법에 의해서 완전하게 분리시킴으로써, 종교와 국가가 서로 간섭하거나 핍박하지 못하게 하였습니다. 미국의 건국자들인 청교도들은 종교적인 박해를 피하고, 양심의 자유를 찾기 위해서 신대륙을 찾아온 사람들이었기 때문에 종교가 국가의 권력을 빌려서 신앙의 자유를 구속하는 것을 매우 반대하였던 사람들이었습니다.

1754년, 감리교회의 창시자이며, 위대한 부흥 설교자였던 요한 웨슬리는 요한계시록 13장에 나오는 첫 번째 짐승을 교황권이라고 해석한 다음, 두 번째 짐승에 대하여 설명하면서 다음과 같은 영감적인 기록을 남겼습니다. "또 다른 짐승은 이제 곧 나타날 것이지만, 아직 나타나지는 않았다. 왜냐하면, 두 번째 짐승은 마흔 두 달의 끝에 나타날 것이기 때문입니다."(New Testament with Explanatory Notes, pp. 427). 여기서, 우리는 요한 웨슬리가 곧 나타날 한 국가를 기대하고 있었다는 사실을 알 수 있습니다. 역사를 통하여 볼 때, 오직 미국만이 요한 웨슬리가 기다리던 국가의 조건들을 만족시킬 수 있습니다.

미국의 예언에 대한 연구를 여기서 중단해서는 안 됩니다. 요한계시록 13장 11절뿐만 아니라 12절도 미국에 대한 예언의 계속입니다. "내가 보매 또 다른 짐승이 땅에서 올라오니 새끼 양(Lamb) 같이 두 뿔이 있고 용처럼 말하더라. 저가 먼저 나온 짐승의 모든 권세를 그 앞에서 행하고 땅과 땅에 거하는 자들로 처음 짐승에게 경배하게 하니 곧 죽게 되었던 상처가 나은 자니라"(계 13:11,12). 12절은 미국의 모습이 어린 양 같은 모습에서 용처럼 말하는 모습으로 변할 때가 있다는 것을 예언하고 있습니다. 상상하기 어려운 일이지만, 하나님의 예언은 미국이 사람들에게 첫 번째 복합 짐승(교황권)에게 경배할 것을 강요하는 세력으로 둔갑하게 될 것이라고 말하고 있습니다.

"짐승 앞에서 받은바 이적을 행함으로 땅에 거하는 자들을 미혹하며 땅에 거하는 자들에게 이르기를 칼에 상하였다가 살아난 짐승을 위하여 우상을 만들라 하더라. 저가 권세를 받아 그 짐승의 우상에게 생기를 주어 그 짐승의 우상으로 말하게 하고 또 짐승의 우상에게 경배하지 아니하는 자는 몇이든지 다 죽이게 하더라. 저가 모든 자 곧 작은 자나 큰 자나 부자나 빈궁한 자나 자유 한 자나 종들로 그 오른손에나 이마에 표를 받게 하고 누구든지 이 표를 가진 자 외에는 매매를 못하게 하니 이 표는 곧 짐승의 이름이나 그 이름의 수라"(계 13:14-17).

한 국가는 법을 통하여 말합니다. 미국이 종교적인 법을 통하여 사람들에게 박해를 가하는 장면을 상상할 수 있습니까? 또한, 미국이 사람들에게 어떤 특정한 방식의 경배를 강요하는 것을 상상할 수 있습니까? 물론, 상상할 수 없습니다. 그러나 하나님의 예언은 미국의 그러한 변신에 대해서 분명하게 말하고 있습니다. 미국은 짐승의 우상(Image) 즉, 교황권을 닮은 어떤 세력을 만들 것입니다. 중세기 때에 교황권이 국가의 권력을 등에 업고서 막강한 세력을 행사했던 것처럼, 오늘날에도 교회와 국가가 연합하면 종교적인 법을 강요할 수 있는데, 바로 이러한 모습은 교황권을 매우 흡사하게 닮은 모습이 됩니다.

요한계시록에 오해할 수 없는 언어로 예언된 것처럼, 미국은 마침내 짐승의 표를 강요하게 될 것입니다. 그런데 이것은 무엇을 의미합니까? 하나님의 말씀을 근거로 해서 보면, 거짓 안식일이 짐승의 세력에 의해서 세워진다는 것을 말합니다. 성경이 말하는 안식일을 지키는 대신에 일요일을 준수하는 것은 교황권의 권위에 충성을 바치는 표가 됩니다. 결국, 미국은 일요일 예배를 강요하는 세력이 될 것입니다. 예언은 바로 이것을 말하고 있는데, 지금 현재 미국의 정부와 종교계에서는 이러한 모습이 점차적으로 이루어지고 있습니다. 미국의 건국 당시에만 해도 미국에서 카톨릭의 영향은 거의 찾아볼 수 없었습니다. 청교도들은 카톨릭의 핍박을 피해서 조국과 재산을 버리고 신대륙인 미국을 찾았던 사람들이었기 때문에 카톨릭교회는 그들에게 있어서 저주의 대상이었습니다.

그러던 미국이 레이건 대통령 때에는 바티칸에 대사를 보내게 되었으며, 구소련과 동구 공산권의 몰락 과정에서 교황권과 극비리에 동맹하였던 것이 타임지에 대서특필 되었을 정도로 변하고 있습니다. 미국에서 카톨릭 교인수는 어떤 단일 기독교 교단의 교인수보다 압도적으로 많아졌으며, 이에 따라서 미국 의회의원 가운데 카톨릭 신자가 가장 많은 의석수를 차지하게 되었습니다. 또한, 미국에서 범죄가 크게 범람함에 따라서, 미국 정부는 국민을 지도하고 교육하는 면에서 종교의 영향력을 크게 필요로 하게 되었습니다. 물론, 이것은 좋은 의도에서 시작된 일이지만, 종교와 국가 권력의 연합을 이룩하는 데에 결정적인 동기가 될 것입니다.

오늘날, 미국의 국회의원과 대통령 출마자들은 〈크리스천 콜리션〉이라고 불리는 기독교 정치 단체가 각 교파의 교회들을 통하여 국민에게 미치는 막강한 영향력을 이용하려고 애쓰고 있습니다. 1994년 국회의원 선거에서, 크리스천 콜리션이 지원했던 거의 모든 의원이 상, 하원 선거에서 낙승을 거두었던 사실이 신문과 방송에서 크게 보도되었습니다. 이처럼 카톨릭교회와 개신교회의 종교 단체들이 정치에 미치는 영향력이 날로 증가하고 있는 모습은, 미국의 변신에 대한 요한계시록의 예언의 성취가 지금 현재 이루어지고 있음을 말해주고 있습니다.

특히나 2016년 트럼프 대통령의 당선은 범 기독교 연합 노선을 주창한 후보에 대한 크리스천 콜리션의 적극적인 지지에 의해 미국의 대통령아 탄생할 수 있으며 어떠한 영향력을 행사할 수 있는지를 보여줍니다. 도널드 트럼프는 미국 대통령이 되면서 "미국을 다시 위대하게 만들 것이다!(MAKE AMERICA GREAT AGAIN!)"라고 말하는데, 바로 그 방법은 기독교를 정치에 끌어들이는 것이라고 주장합니다. 트럼프가 기독교를 정치에 끌어들이는 일의 결과는 심히 두렵지 않을 수 없습니다. 트럼프는 다음과 같이 말했습니다.

트럼프 : "나의 정권은 천주교도들과 함께 서서 그리스도인으로서 그리고 미국인으로서 우리가 공유하는 가치관을 추구할 것입니다. 왜냐하면 여기 미국에서는, 우린 정부가 아닌 하나님을 섬기기 때문입니다. 그리고 물론 우리는 다시 미국을 위대하게 만들 것입니다!"

"저는 성실한 기독교인이며 복음주의파를 이끌고 있습니다. 제가 여러분에게 한가지 말씀드리겠습니다. 기독교가 이 나라에서 사라져가고 있습니다. 부서지고 있습니다. 그리고 저는 이 일이 일어나도록 가만히 있지 않을 것입니다. … 저는 기독교가 더 강력한 영향력을 행사하길 원한다고 했습니다. 우린 존슨 수정헌법을 폐지할 것입니다. 공화당에 대한 민주주의와 공화당에 대한 권력을 생각해보십시오. 그 권력의 힘은 굉장합니다. 그래서 우리는 이 헌법 문제를 해결할 것입니다. 그리고 그 권력의 힘을 되찾을 것입니다.. "

기독교가 정치적으로 더 강력한 영향력을 행사하길 원한다는 트럼프의 발언은 계시록 13장 15절이 예언한 "짐승의 우상에게 생기를 주어"야 한다는 주장과 동일하다는 사실을 우리는 깨달아야 합니다. 그리고 짐승의 우상이 생기를 받게 되면, 즉 정치와 교회가 연합된 체제가 힘을 발휘하며 정치에 강력한 영향력을 행사하게 되면, 필연적으로 종교적인 법을 제정하게 되는 것입니다. 도널드 트럼프가 선거 유세에서 말했듯이, 미국의 주요한 교회들과 천주교가 하나로 뭉치면, 민주당과 공화당보다도 더 막강한 힘을 발휘하게 됩니다.

우리는 미국이 일요일 예배를 강요하게 될 것이라는 요한계시록의 예언을 믿어야 합니다. 성경에 나오는 모든 예언은 그 예언이 당대에 사는 사람들의 눈앞에서 성취되는 순간까지는 아무도 그것을 실감하거나 느낄 수 없습니다. 하나님의 말씀에 대한 지식과 믿음을 통하여 우리는 그 예언이 성취될 것이라는 확신을 가져야 합니다. 일요일 예배에 대한 기초가 이미 놓여 있습니다. 모든 국가에서, 일요일은 휴일로서 법제화되어 있습니다. 그러므로 안식일 준수자들은 경제적으로 어려움을 겪고 있습니다. 종교의 영향력이 강한 미국 남부에서는 일요일에 상점 문을 열지 못하게 하는 법을 구체화하는 움직임이 있으며, 죠지아 주 같은 곳에서는 일요일에 술을 팔지 못하는 법이 시행되고 있습니다. 요한계시록 13장 17절에는 짐승의 표가 매우 강압적인 경제적인 제재와 함께 강요된다는 사실을 말해주고 있습니다. "누구든지 이 표를 가진 자 외에는 매매를 못하게 하니"

2. 일요일 휴업령이 다가오고 있다!

지금까지, 미국의 대법원은 일요일에 휴업해야 한다는 법령이 합법적이고 공정한 법이라는 견해를 나타내 왔습니다. 이러한 대법원의 견해는 모든 주에서 일요일 휴업령을 제정할 수 있는 문호를 열어놓는 것입니다. 물론, 이러한 견해는 개인의 자유가 국가에 의해서 침해당하게 되는 것을 인정하는 것이지만, 대다수의 국민과 국가의 유익을 위해서는 소수가 양보해야 한다는 논리로서 일요일 휴업령이 제정될 수 있는 것입니다(월간지 살아남는 이들 63호 참조). 더욱이 도덕과 범죄가 날로 악해져 가는 현 상태에서, 일요일 휴업령은 청소년과 국민의 발걸음을 교회로 옮길 수 있게 만드는 좋은 방법이라고 생각하게 될 것입니다. 일요일 휴업령은 처음에는 매우 유연하고 탄력성 있게 시행될 것이지만, 점차 강력한 성격을 드러낼 것입니다.

이 점을 반드시 기억하십시오. 예언에 따라서 일요일 휴업령은 미국에 의해서 주도될 것입니다. 결국 안식일에 대한 쟁점은 미국뿐만 아니라 온 세계의 주목을 받게 될 것입니다. 모든 사람은 일요일 예배와 토요일 예배 중에서 하나를 택하게 될 것입니다. 짐승의 표는 하나님의 계명이 분명하게 기록되어 있는 안식일을 범하기로 선택하는 자들에게 찍혀질 것입니다. 일요일 예배를 지지함으로써 교황권에 대한 충성을 표시하게 되며, 하나님의 창조와 권위를 상징하는 일곱 번째 날인 안식일에 대한 거절을 표시하게 됩니다.

3. 결정해야 할 시간

어떤 사람은 이러한 질문을 할 것입니다. "그런데 이것이 나와 무슨 상관이 있습니까?" 이것은 매우 중요한 질문이지만, 이 질문에 대한 답변은 더욱더 중요한 것입니다. 우리는 성경에 나오는 마지막 예언의 성취 직전에 살고 있습니다. 안식일 준수의 문제에는 나와 여러분의 영생이 걸려 있을 뿐 아니라, 하나님과 사탄의 최후의 대쟁투에서 누가 사람들의 인정과 순종을 받는가에 대한 문제도 걸려 있는 것입니다. 안식일에 대한 문제는 생활의 편리함과 불편함을 초월하는 문제입니다. 우리는 하나님 자신이 직접 기록한 십계명에 관한 문제를 다루고 있다는 점을 기억해야 합니다. 고의적이고 계획적으로 죄를 범하는 사람은 구원받지 못합니다. 마지막 시대에 안식일은 하나님께 드리는 우리의 순종과 사랑을 시험하는 테스트가 됩니다. "이러므로 사람이 선을 행할 줄 알고도 행치 아니하면 죄니라"(약 4:17).

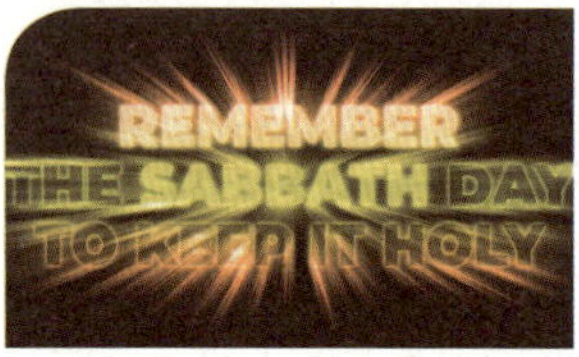

사탄은 마지막 시대의 대 쟁투를 위해서, 수세기 전부터 준비해 왔습니다. 사탄은 교황권을 통하여 중세 시대에 이미 "때와 법을 변개" 시킴으로써, 온 세상을 깊은 기만 가운데로 몰고 갔습니다. 그러나 하나님께서는 예언을 통하여 사탄의 그러한 계획을 폭로하셨으며, 미국의 출현과 변신에 대한 예언을 주셔서, 하나님의 성도들로 하여금 피할 길을 예비하여 주셨습니다. 지금 온 세상은 두 개의 깃발 아래로 나누어지고 있습니다.

역사를 통하여 사탄과 그리스도 사이에 벌어졌던 대 쟁투가 이제는 그 마지막 국면에 접어들고 있습니다. 종교통합 운동에 의해서, 모든 교단이 진리를 타협하면서 하나로 뭉쳐지고 있습니다. 이렇게 뭉쳐지고 있는 교단들 사이에서는 하나님의 거룩한 안식일에 대한 불순종이 대수롭지 않은 문제처럼 간주하고 있습니다. 그러나 또 한 무리가 다른 깃발 아래로 몰려들고 있는데, 그들은 "하나님의 계명과 예수의 믿음을 지키는 자들"로서 구별되고 있습니다(계 14:12).

시험이 심각해지면 질수록, 각 사람은 하나님의 명령과 사람의 전통 중에서 하나를 선택해야만 합니다. 하나님의 안식일을 지킴으로써 하나님의 인을 받든지, 짐승이 만들어 놓은 거짓 안식일을 지킴으로써 짐승의 표를 받든 지를 결정해야만 합니다. 요한계시록이 제시하고 있는 마지막 투쟁은 짐승의 표를 받을 자들과 하나님의 계명을 지키는 자들 사이에서 벌어질 것이라는 사실을 잊지 마십시오. 지금은 이 문제를 깊이 생각하고 결정해야 할 때입니다.

그의 계명을 지키는 자들은 복이 있나니 이는 저희가 생명나무에 나아가며 문을 통하여 성에 들어갈 권세를 얻으려 함이로다(계 22:14, KJV)

성경공부
성경의 예언

5장

세상을 움직이는 비밀조직

마지막 때 사탄의 군대에 줄을 서는 어둠의 세력의 정체는?

서론 세상을 움직이는 비밀 조직

오늘날 세상에 수많은 음모론이 난무하고 있다. 그중 프리메이슨, 일루미나티와 같은 비밀 결사에 대한 관심이 고조되고 있는데 아마 가장 큰 이유는 오늘날 대중매체에 난무하는 그들의 심볼리즘이 아닐까 한다. 최근 몇 년간 연예계는 사탄 숭배에 심취된 것이 아닌가 싶을 정도로 오컬트 심볼리즘으로 도배되고 있다.

■ 바포멧과 매우 친근한 연예계. 바포멧은 중세기의 템플 기사단이 숭배하던 양성을 가진 염소신인데, 그는 사탄을 상징한다.

■ 연예계 속에서 폭발하고 있는 오컬트 전시안.

■ 심지어 어린이 만화 채널 니켈로디언에도 피라미드 전시안이 등장한다.

이것이 무엇을 의미할까? 이러한 현상들을 그저 음모론으로 여겨야 할 것인가? 인기를 위해 이러한 오컬트 심볼리즘으로 연예인들은 무장하는 것일까? 아니면… 좀 더 강력한 배후의 세력이 그렇게 하도록 지시하는 것일까?

이제 제법 오래전의 일이 되어 많은 사람의 기억 속에서 잊혀진 샌디훅 초등학교 총기 난사 사건 직후, 미국 라디오 방송국들의 재생목록에서 "Die Young(젊어서 죽자)"이란 곡이 제외되어야 했었다. 왜냐하면, 그 곡의 가사에 "우린 젊어서 죽을 거야(We're gonna die young)"가 계속해서 반복되었기 때문이었다. 참고로 그 곡의 뮤직비디오에는 온갖 오컬트 상징이 가득 담겨있으며, 그 곡을 부른 Ke$ha(케샤)는 샌디훅 슈팅 사건 직후, 트위터에서 본인은 그 노래의 가사를 부르고 싶지 않았지만 부르도록 강요받았다고 밝혔다. 물론 그 트윗은 얼마 후에 삭제되었지만 말이다.

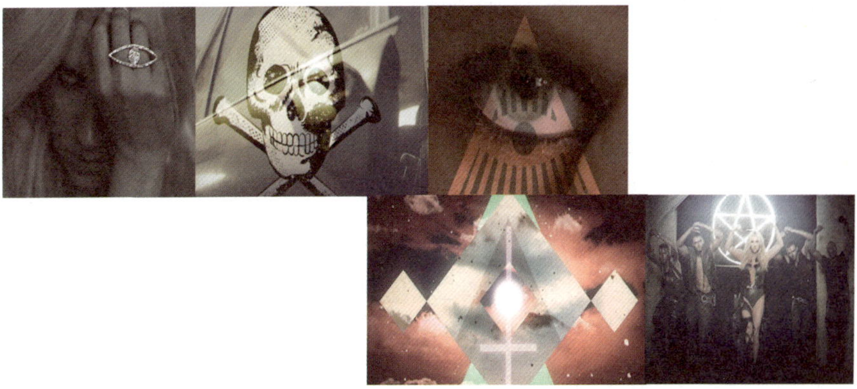

전시안 반지를 끼고 한쪽 눈을 가리면서 전시안을 만들며 시작하는 "Die Young" 뮤직비디오에는 해골단의 상징인 해골과 뼈, 피라미드의 꼭짓점이 상승하는 영상, 사탄교의 상징인 거꾸로 된 십자가, 피라미드와 전시안, 바포멧의 상징인 오망성이 나온다. 또한, 굉장히 역겨운 행위들로 가득 차 있으며 가사는 "즐기며 젊게 죽자!"라는 사상을 담고 있다. 누가 이런 사상을 부리도록 연예인들에게 강요하고 있을까?

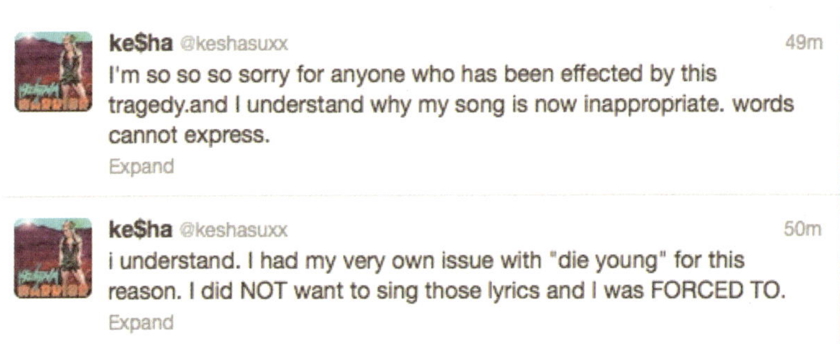

ke$ha @keshasuxx 49m
I'm so so so sorry for anyone who has been effected by this tragedy.and I understand why my song is now inappropriate. words cannot express.
Expand

ke$ha @keshasuxx 50m
i understand. I had my very own issue with "die young" for this reason. I did NOT want to sing those lyrics and I was FORCED TO.
Expand

케샤는 자신도 "Die Young"의 가사를 부르고 싶지 않았지만 강요당했다고 트위터에서 밝혔다.

그저 우연히 오컬트가 대중 매체를 통해 퍼지고 있는 것일까? 아니면, 철저한 계획에 따라 활동하는 오컬트 비밀 결사들의 활동으로 생기는 것일까? 참고로, 연예계뿐만 아니라 정계에서도 굉장히 오랫동안 많은 사람이 굉장히 강력한 한 비밀스러운 세력에 대하여 경고했다. 그중에서 특별히 오늘날 미국의 경제를 망하게 하고 있는 주범인 FRB를 존재하게 한 연방준비법에 서명한 미국의 28대 대통령 우드로우 윌슨은 다음과 같이 말하였다.

> 내가 정계에 들어온 이후 줄곧 여러 사람의 견해들이 내게 개인적으로 전달되었다. 미국 상업과 생산업 분야의 가장 큰 거물들은 누군가를, 무엇인가를 두려워하고 있다. 그들은 매우 조직적이며, 교묘하며, 조심스럽고, 맞물려 있으며, 완성되어 있으며, 만연한 하나의 세력을 알고 있는데, 그들은 그것을 비난할 때 조용하게 하는 것이 좋을 것이다.
>
> *- 미국 28대 대통령, 우드로우 윌슨*

정말로 세상의 거물들이 두려워하는 온 세상을 지배하는 비밀스러운 세력이 있는 것일까? 더 나아가 오늘날 음모론의 중심에 있는 세계 단일 정부 설립 계획은 진실일까? 아니면 그저 음모론일 뿐일까? 한 책은 다음과 같은 서문으로 시작한다.

> 세상에서 음모론을 믿는 자들은 오직 그것을 연구해본 자들이다. "정계에서는 어떤 것도 우연히 일어나지 않는다; 만약 어떤 일이 생긴다면 그것은 계획된 것이다."라고 프랭클린 D. 루스벨트 대통령이 말했을 때 그는 과장된 표현을 썼는지도 모른다. 조지타운 대학교에서 빌 클린턴이 가장 존경하던 교수 캐롤 퀴글리가 그의 저서 비극과 희망 (1996) 에서 (a) 대중은 이미 세계 정복을 목표로 하는 작지만 강력한 그룹의 주관 아래 있고 (b) 퀴글리 자신도 그 그룹의 소속되어 있다고 담대히 공인하였을 때 그도 과장된 표현을 했는지도 모른다. … 정말로 세상을 주관하고 있는 작은 그룹이 있다. 그러나 우리는 이것을 음모론이라 할 수 없다. 왜냐하면, 이 그룹은 자신을 상징들과 신조들과 기념물들을 통해 신원을 밝히고 있기 때문이다.

참 흥미로운 서문이다. 퀴글리가 속한 세계를 지배하는 강력한 그룹은 누구일까? 많은 사람이 세상을 주관하고 있는 세력에 대하여 역사 속에서 밝혀왔는데, 그 세력은 과거부터 지금까지 온 세상에 상징들과 조각들과 기념물들을 통해 그들이 세상을 주관하고 있음을 밝혀왔다. 그들은 오늘날 과거보다 더 노골적으로 미디어를 통해 그들의 존재를 대중에게 광고하고 있다. 오늘은 음모론의 중심에 있는 세상을 움직이는 비밀 조직들에 대하여 살펴보는 시간을 가져보도록 하자.

제1부 프리메이슨의 역사

오컬트의 역사는 굉장히 길다. 인류가 타락한 후부터 지금까지 이어져 내려왔다고 해도 과언이 아닌데, 그것은 불순종의 역사이기 때문이다. 우리는 역사적 건물과 기념비, 오래된 책과 오늘날 대중매체 속에서도 오컬트 심볼리즘을 많이 보게 된다. 그런데 오늘날 특별히 오컬트 세력으로 가장 많이 유명세를 타고 있는 비밀 결사 프리메이슨 그들은 누구일까?

흥미롭게도 프리메이슨들은 그들의 기원을 에녹에게 혹은 바벨탑을 건설한 니므롯에게 두고 있다고 밝힌다. 오컬트 세계는 성경의 기록을 부인하지 않는다. 다만 그들은 그것을 뒤집어서 영지주의적으로 해석하고 있을 뿐이다. 먼저 그들의 주장 중 하나를 살펴보도록 하자.

"에녹….. 그의 이름은 히브리어로 INITIATE (착수, 전수, 계몽자) 또는 INITIATOR (개시인, 전수자)라는 뜻을 가졌다. 화강암, 청동 혹은 놋쇠로 만든 그가 세운 기둥들의 전설은 아마도 상징적일 것이다. 홍수를 견디어낸 청동 기둥은 합법적 후계자인 메이슨들(석공들)이 이어받은 신비들을 상징하는데 - 그들은 시작부터 그 신비의 관리인과 저장고였으며, 그것은 세상의 대부분이 모르며, 시대 속에서 끊임없는 유전의 흐름으로 이어져 온 위대한 철학과 종교적 진리와 도식과 상징과 그리고 우화 속에 구현된 것이다."

- 모랄스 앤 도그마 / Pg. 210

■ 프리메이슨은 약 1,000만 명으로 이루어진 세계 동포주의, 인도주의, 개인주의, 합리주의, 자유주의 이념을 바탕으로 상호 친선, 사회사업, 박애 사업을 벌이는 세계적인 민간단체라고 자신들을 광고하는데… 진실은?

■ 워싱턴에 있는 "House of the Temple(신전의 집)"- 33도 프리메이슨 대의회 건물에 위치한 '알버트 파이크'실. 알버트 파이크는 프리메이슨 핵심층에게는 신과 같은 존재이며 그의 저서 '모랄스 앤 도그마'는 프리메이슨의 성서라고도 볼 수 있다.

■ 모랄스 앤 도그마, 저자 알버트 파이크

"모랄스 앤 도그마"는 33도 프리메이슨 알버트 파이크가 1871년에 쓴 책으로서 프리메이슨 핵심층 즉 30도에서 33도 프리메이슨을 위한 프리메이슨 성서라고 할 수 있다. 그런데 이 책에서 그는 흥미롭게도 대홍수가 있었음을 인정하고 있으며 또한 그들이 전수받은 신비스런 지식이 에녹으로부터 이어져 온 것이라 밝혔다. 과연 어느 에녹일까? 그들은 이 에녹이 아담의 7대손이며 하나님과 동행한 에녹이라고 주장하는데, 이 에녹이 정말로 하나님과 동행한 에녹일까? 참고로, 그들은 유전의 흐름으로 그들의 신비주의 지식을 전수받았다고 한다. 여러분은 혹시 오늘날 유전을 자랑하는 세상에 굉장히 만연한 한 종교에 대하여 알고 있는가? 이 점에 대하여는 뒤에서 더 살펴보기로 하고 다시 본론으로 돌아가자.

알버트 파이크가 설립자 중에 속하는 스코틀랜드파 프리메이슨들은 그들의 시작을 B.C. 3760년에 두고 있는데,[3] 성경학자 J. 어셔의 성경 연대기에 의하면 하나님과 동행한 아담의 7대손 에녹은 B.C. 3382년에 탄생하였다. 즉 프리메이슨의 조상 에녹은 하나님과 동행한 에녹보다 378년이나 더 앞서 탄생한 것이다. 그렇다면 프리메이슨들의 조상 에녹은 과연 누구일까? 혹시 인류 역사상 첫 살인자 가인의 아들 에녹은 아닐까? 알버트 파이크의 다음 발언이 이 점에 대해 우리에게 큰 힌트를 준다고 생각한다.

"루시퍼는 빛과 선의 하나님으로서 인류를 위해 어둠과 악의 하나님인 아도나이와 싸우고 있다."[4]

– 알버트 파이크

보다시피 오컬트 영지주의 사상은 선과 악이 뒤집혀있다. 그들은 아도나이 하나님 즉 성경의 주 여호와 하나님이 악이고 그들이 섬기고 있는 신 "루시퍼"가 선이라고 주장하는데, 더 나아가 파이크는 다음과 같이 기록하고 있다.

■ 프리메이슨의 선조들이 주관한 사업인 바벨탑. 니므롯은 현대 메이슨들의 아버지이다.

"루시퍼, 빛을 가진 자! 기이하고 신비한 이름이 어둠의 영에 주어졌다니! 루시퍼, 아침의 아들! 그가 빛을 가진 자인가? 그리고 그의 견딜 수 없는 밝은 빛으로 연약하거나 감각적이거나 이기적인 영혼들을 눈멀게 하는가? 의심의 여지가 없다!"

– 모랄스 앤 도그마 / Pg. 321

프리메이슨이 이어받은 오컬트 지식의 시작은 아담의 7대손 에녹보다 378년이나 앞서 있고, 그들은 여호와 하나님이 아닌 루시퍼를 선의 하나님으로 여기고 있다. 그러므로 그들이 외부인들과 낮은 계급들을 기만하고 그들의 비밀을 숨기기 위해 어떤 말을 하든 간에, 그들의 선조는 실은 인류 역사상 첫 살인자 가인의 아들인 에녹이라고밖에는 볼 수 없다. 그런데 흥미롭게도 가인은 인류 역사상 처음으로 도시를 건설하였고 그 도시의 이름을 자기 아들의 이름을 따라 '에녹'이라 불렀다. 오늘날 자신들을 메이슨 즉 석조 건축물들을 건축하던 석공들의 후예들이라 부르고 있는 그들은 바로 인류 역사상 처음으로 도시를 건설한 가인의 아들 에녹의 후예라는 의미이다.

그들이 어떤 존재인지는 대홍수 후부터 시작하는 인류의 역사에서 더욱 분명해진다. 대홍수 후에 인류의 역사는 노아의 세 아들로부터 다시 시작하게 되는데, 그중 함의 손자 니므롯이 하나님을 크게 대적하여 일어나 인류는 또다시 하나님께 크게 반역하기 시작한다. 그런데 여기서 흥미로운 점은 홍수 후 다시금 오컬트의 계보를 시작하는 니므롯 또한 도시의 건설자였다는 점이다.

"구스가 또 니므롯을 낳았으니 그는 세상에 처음 영걸이라 그가 여호와 앞에서 특이한 사냥꾼이 되었으므로 … 그의 나라는 시날 땅의 바벨과 에렉과 악갓과 갈레에서 시작되었으며 그가 그 땅에서 앗수르로 나아가 니느웨와 르호보딜과 갈라와 및 니느웨와 갈라 사이의 레센(이는 큰 성이라)을 건축하였으며" (창 10:8-12).

그는 홍수 후 처음으로 왕국을 건설하였고 많은 도시를 건설하였다. 또한, 그의 주도 아래 불순종의 자녀는 시날 땅에 바벨탑을 건설하였는데, 유대 역사가 플라비우스 요세푸스는 다음과 같이 니므롯에 대하여 기록하였다.

"사람들이 하나님을 모욕하고 경멸하도록 이끈 것은 니므롯이었다. 그는 노아의 아들 함의 손자였다. 그는 대담하고 강한 힘의 소유자였다. 그는 사람들이 누리는 행복이 하나님에게서 오는 것이 아니며 하나님께 감사하지 말도록 사람들을 설득하였다. 동시에 그는 사람이 자기 자신의 용기를 믿음으로 그들이 행복을 찾을 수 있다고 사람들을 설득하였다. 그는 자기의 힘에 사람들이 지속적으로 의존하도록 만들지 않고서는 그들이 하나님 경외하는 것을 막을 수 없다는 것을 깨닫고 그의 정부를 천천히 독재정부로 변화시켰다. 또한, 그는 다시 하나님께서 세상을 물에 담그실까 봐 하나님께 복수하겠다고 하였다. 그는 물이 닿지 못할 높은 탑을 건설하여 그렇게 할 것이었다. 그리고 그는 자기 조상을 멸하신 하나님께 복수할 것이었다."

- 플라비우스 요세푸스

니므롯의 정신에서 두 가지 중요한 사실을 발견하였을 것이다. 첫째, 그는 사람들이 하나님께 감사하지 않고 그분을 신뢰하지 않고 자기 자신만을 신뢰하도록 설득하였다. 오늘날 이런 똑같은 정신을 가진 종교들이 이 세상에 만연하다는 사실을 아는가? 이 세상에 실은 두 종류의 종교 밖에는 존재하지 않는다. 자신의 죄됨과 무력함을 시인하고 창조주 하나님께 도움을 구하는 참 종교와 스스로 선하게 될 수 있다고 믿는 거짓 종교이다. 둘째, 니므롯은 자신을 신뢰하는 종교를 퍼뜨리는 데 그치지 않고 사람들이 하나님이 아닌 정부에 의존하게 함으로 사람들을 하나님에게서 떠나도록 만들었다. 그런데 오늘날에도 사탄은 똑같은 방법을 통하여 사람들이 하나님께 감사하고 그분만을 신뢰하는 신앙에서 멀어지도록 만들고 있다는 사실을 아는가?

본론으로 돌아가서, 프리메이슨 퀴즈 북에는 "니므롯은 누구였는가?"라는 질문이 등장한다.

Q : "니므롯은 누구였는가?
A : 그는 구스의 아들이다. 오래된 헌법에는 그가 석공예(Masonry – 프리메이슨 공예)의 아버지였다고 언급하며, 성서에는 많은 도시의 건축가였다고 한다."

즉, 니므롯은 현대 프리메이슨의 아버지이며 많은 도시의 건축가였는데, 프리메이슨 백과사전은 더욱 흥미로운 내용을 우리에게 알리고 있다.

"석공예(Masonry – 프리메이슨 공예)에서 바벨은 의심 없이 프리메이슨 사업을 상징하며 초기 해석가들은 그 사실에서 충분히 이득을 얻었다. 그들은 시험받고 검증된 마스터 메이슨(석공)처럼 '하나의 언어와 하나의 말'을 가지고 동쪽에서 서쪽으로 이동한 사람들을 기억하였다. 그들이 시날 땅에 도착했을 때 그곳에서 노아의 후손들로 거주했고 처음으로 메이슨이라는 이름의 특징을 가졌었다. 그곳에서 그들은 혼란의 높은 탑(바벨탑)을 건설했다. ... 악에서 선이 나온다. 그러나, (1) 언어의 혼란은 '말하지 않고 대화하는 고대 메이슨들의 방법을' 고안하게 했다."

– *프리메이슨 백과사전* Vol.I) Pg. 61.

흥미로운 인용문이다. 그들은 바벨탑이 선조들의 사업이었다고 밝히는데, 이 인용문에는 흥미롭게도 "악에서 선이 나온다"는 내용이 나온다. 이것은 그들의 신조를 분명히 밝히는데 이어지는 내용에서 그 뜻이 무엇인지 분명해질 것이라 믿는다.

바벨에서 그들은 높은 탑을 쌓음으로 하나님을 대항하는 하나의 정부 체계를 유지하려고 했었다. 만약 그 일이 계속 허용되었다면 인류는 그곳에서 자멸하게 되었을 것이지만, 다행히 하나님께서 개입하시어 언어를 혼잡게 하셨고 인류를 온 지면에 흩으셨다. 그래서 인류는 오늘날까지 4천 년 이상 은혜의 시간을 선물로 받게 되었다. 그러나 인류에게 희망을 준 이 사건은 세계 단일 정부를 세우려던 고대 오컬트 세력에게는 큰 재앙이었다. 그들의 계획은 언어의 혼란으로 좌절되었고, 그래서 다시는 하나님께 방해를 받지 않겠다고 "말하지 않고 대화하는 방법" 즉 상징들을 통하여 대화하는 방법을 고안하게 되었다.

많은 사람은 이렇게 생각한다. "그들의 상징들이 온 세상에 넘치고 있다. 너무 과장하지 마라. 별일 아니다."라고… 맞다. 그들의 상징들이 온 세상에 넘쳐나고 있다. 너무나 많이 퍼져있다! 그러나 우리는 그것을 무시하여야 할 것인가? 아니면 그것이 우리에게 무엇을 말해주고 있는지 깊이 생각해보아야 할 것인가? 그것이 "자신을 상징들과 신조들과 기념물들을 통해 신원을 밝히고"[8] 있는 한 세력이 있다는 것에 대한 분명한 증거가 아닐까?

■ 바포멧을 상징하는 뒤집힌 오망성들과 완성되지 않은 바벨탑이 등장하는 유럽 연합 포스터 –
"유럽: 많은 방언, 하나의 목소리".
"이번에는 성공할 것"이라며 그들의 계획을 상징적으로 만민에게 공포하고 있다. 누가 이 연합의 배후에 있을까?

■ 네덜란드 화가 피터르 브뤼헐이 그린 '바벨탑'과 미완성의 바벨탑 형상을 나타내는 유럽 국회 건물. 누가 이 모든 일의 배후에 있는지에 대해서 깊이 고민할 필요가 없다. 가인의 정신, 니므롯의 정신 즉 하나님께 반역하는 루시퍼의 정신으로 고무된 불순종의 자녀들은 다시금 전 세계를 그들의 왕국으로 삼고 또다시 바벨탑을 건설하고 있다.

■ 마술과 마법은 해리 포터 시리즈를 통하여 어린이들의 마음속으로 너무나 쉽게 침투하고 있다.

■ 전 세계적으로 해리 포터는 수많은 어린이와 청소년 그리고 심지어 어른들까지 사로잡고 있다.

■ 카발라를 신봉하는 할리우드 연예인 중에는 바브라 스트라이샌드, 믹 재거, 브리티니 스피어스, 데미 무어, 위노나 라이더, 마돈나가 있다. 여러분은 할리우드에서 어떤 사상들이 나오고 있는지 아는가?

■ 카발라, 영지주의, 뉴에이지, 프리메이슨들의 오컬트 신학에서 인간은 완벽하게 되어 결국에는 신이 된다고 가르치고 있다. 즉 창세기 3장에서 뱀이 하와를 유혹하며 "너희가 결코 죽지 아니하고 너희 눈이 밝아 하나님과 같이 될 것"이라는 거짓말을 반복하고 있다.

■ 또한, 디즈니 만화영화들을 통해 마술, 마법 그리고 강신술이 아이들에게 매력적으로 다가오고 있다. 그저 만화영화라고 생각하는가? 그렇다면 디즈니영화 속에 어떤 사상들이 등장하는지 직접 연구해보라. 참고로, 월트 디즈니는 프리메이슨 유스 그룹 데몰레이 출신이다.

제2부 근현대 역사 속의 비밀 조직

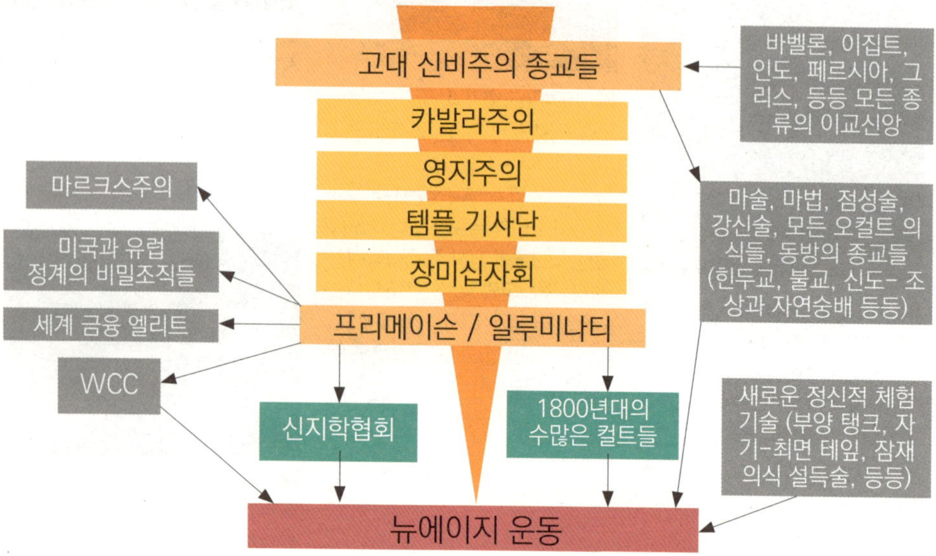

인디애나주 주 정부에서 유럽과 중동 통상 전문가로서 세계 곳곳을 다니며 일하던 '게리 H. 카'가 그의 저서 "En Route to Global Occupation (세계 점유의 길에서)"에서 밝힌 자료. 오늘날 수많은 그리스도인에게 놀라운 사실은 WCC가 프리메이슨의 주관 아래 있다는 사실일 것이다.

1부에서 우리는 프리메이슨들이 오늘날 고대 오컬트 세력의 계보를 잇고 있음을 보았는데, 그들은 공식적으로는 16세기에 유럽에서 조직된 비밀 결사이다. 그들이 존재하기 전에 장미십자회가 있었고, 장미십자회가 있기 전에 템플 기사단, 영지주의자들, 카발라 학자들 (히브리 신비주의 철학), 그리고 그 시작에는 고대 신비주의 종교들이 있다.

물론 프리메이슨이 등장하였다고 전에 있었던 오컬트 단체들이 사라지게 된 것은 아니다. 장미십자회는 현존하고 있으며, 영지주의 해석들은 영화들 속에 굉장히 만연하다. 또한, 히브리 신비주의 카발라는 할리우드에서 인기를 얻고 있고, 템플 기사단은 오늘날 말타 기사단과 콜럼버스 기사단같이 다른 모습으로 존재하고 있다. 고대 신비주의 종교 또한 여러 가지로 모습을 바꾸었는데 특별히 뉴에이지 운동으로 대중에게 거부감 없이 다가가고 있으며, 마술과 마법, 강신술과 심령술은 각종 매개체를 통해 대중들에게 매우 가까이 다가왔다.

근현대에 들어와서 오컬트 세력이 집중적으로 관심을 보인 지역은 바로 미대륙이다. 그들은 왜 미대륙에 지대한 관심을 가지고 활동하였을까? 그 이유는 그들이 미국을 신아틀란티스를 실현할 장소로 보았기 때문이다. 고대 아틀란티스는 플라톤의 대화록에 의하면 풍부한 천연자원과 고도로 발달한 과학과 문명을 가졌었고 모든 인간의 필요를 채워줄 수 있는 제국이었다고 한다. 그런데 갑작스러운 대지진과 대홍수로 순식간에 물속에 잠겨 버렸다고 한다. 흥미롭지 않은가? 대홍수로 멸망한 고도로 발달한 문명? 어딘가에서 많이 들어본 이야기 같지 않은가? 그렇다. 그들은 너무 악하여 멸망당한 대홍수 이전의 세상을 말하고 있는 것인데, 흥미롭게도 프리메이슨의 가장 위대한 철학자로서 존경을 받고 있는 33도 프리메이슨 철학자 오컬티스트 맨리 P. 홀은 아틀란티스가 실존하였고 온 세상을 다스리던 제국이었다고 밝혔다. 더 나아가 그는 그것이 언젠가는 다시 재건될 운명이라 밝혔고 '비밀 조직들은 지난 3,000년 이상을 줄곧 깨달음을 얻은 국가들의 민주주의를 이룩하기 위하여 열심히 예비지식을 수집하였다.'고 말하였다.[9] 이것을 다르게 말하면 대홍수 이후로 지금까지 그들은 신아틀란티스를 이루기 위하여 일해왔다는 뜻이다.

이 신아틀란티스의 계획을 세워 그것을 이루기 위해 미대륙으로 프리메이슨들을 보낸 사람이 바로 "아는 것이 힘"이라는 명언으로 유명한 영국의 장미십자회 수장 프랜시스 베이컨경이다. 이 사실에 대해 맨리 P. 홀은 "많은 미국의 건국자들이 메이슨이었을 뿐 아니라 유럽에 존재하는 비밀스럽고 위엄있는 조직의 도움을 받았다. … 프랜시스 베이컨이 설계한 프로그램에 따라 신아틀란티스는 잘 형성되어갔다."고 기록하였다.[11] 우리는 미국에서 오컬트 세력의 활발한 활동에 대하여 미국의 수도인 워싱턴 D.C. 만 살펴보아도 너무나 분명히 깨닫게 된다.

그러나 역시 미국 역사 속에서 비밀 조직들에 속한 유력 인사들을 살펴보면 우리는 더욱 놀라게 된다. 미국의 초대 조지 워싱턴으로 시작하여 역대 대통령 중에 프리메이슨으로 확인된 대통령만 최소 14명이다. 그 외에도 프리메이슨 유스 그룹 데몰레이 출신 빌 클린턴, 두 명의 대통령이 탄생한 부시 일가는 일루미나티 미국 지부인 예일대의 비밀 결사 해골단에 속해 있는 것으로 유명하고, 해골단은 수많은 정,재계의 강력한 유명인사를 배출한 것으로 또한 유명하다. 이뿐 아니라 허버트 후버 이후의 공화당 대통령은 모두 보헤미안 그로브 숲에서 벌거벗고 부엉이를 숭배하는 고위급 남성만을 위한 오컬트 클럽 보헤미안 클럽에 속해있다고 한다.

■ 역사 속에서 수많은 미국의 대통령이 프리메이슨이었다. 조지 워싱턴, 제임스 무어, 앤드루 잭슨, 제임스 녹스 포크, 제임스 뷰캐넌, 앤드루 존슨, 제임스 아브람 가필드, 윌리엄 매킨리, 테오도어 루스벨트, 윌리엄 하워드 태프트, 워런 가말리엘 하딩, 프랭클린 루스벨트, 헤리 S. 트루먼, 제럴드 포드[14]

■ 일루미나티 미국 지부 해골단 소속의 부시 일가와 해골단의 상징. 어디서 많이 본 상징 아닌가? 맞다. 바로 해적의 상징이다. 그런데 그 밑에 등장하는 322는 무엇을 의미할까? 혹시 "여호와 하나님이 가라사대 보라 이 사람이 선악을 아는 일에 우리 중 하나같이 되었으니"(창 3:22).를 의미하는 것은 아닐까?

■ 또한, 유명한 해골단 회원에는 윌리엄 하워드 태프트(대통령), 정치가이자 미국의 철도왕 E. H. 해리먼의 아들 윌리엄 A. 해리먼, 타임지의 창간자 헨리 루스, 상원의원 존 케리 이외에도 수많은 정재계의 거물이 있다.[15]

■ A. 1967년 올빼미 숲에서 보헤미안 그로버(Grover)들이 만나고 있는 모습 사진에 37대 대통령 리처드 닉슨과 40대 대통령 로널드 레이건이 보인다. 닉슨과 레이건 외에도 마더 존스 1981년 8월호 볼륨 6 p. 28에 의하면 제럴드 포드, 헨리 키신저, 조지 부시, 등 수많은 유력 인사가 보헤미안 클럽에 속해있다고 한다. B. 슈라이너 모자를 쓰고 있는 FBI의 첫 수장 J. 후버

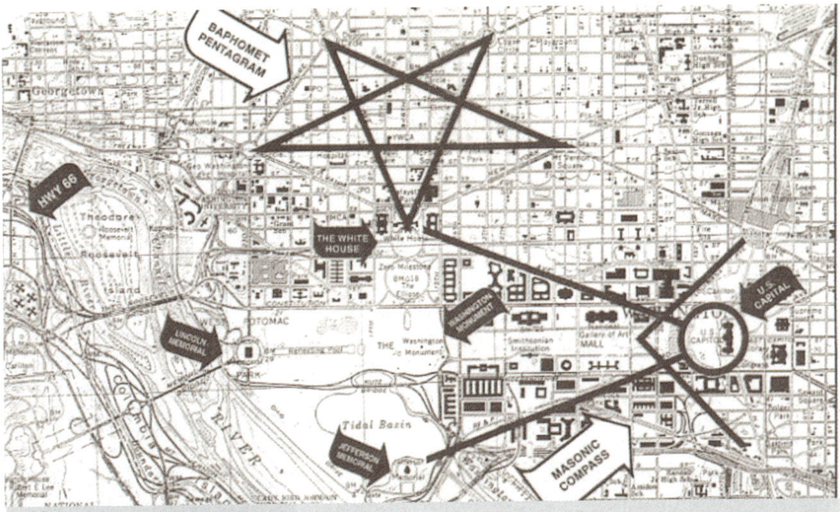

■ 워싱턴 D.C. 의 도로 계획 속에 백악관을 한 점으로 가진 바포멧을 상징하는 오망성과 국회의사당 옆에 프리메이슨의 상징인 컴퍼스와 직각자가 있다는 사실은 얼마나 흥미로운가? 그런데 정말 흥미로운 점은 염소신 바포멧의 입의 위치에 백악관이 있다는 점이다. 백악관은 누구의 입의 역할을 하는 것일까? 참고로, 사탄은 요한계시록에서 용으로 표현되고 있다. 그렇다면 미국은 용을 대신해서 용처럼 말하는 존재는 아닐까?

■ 신세계의 보스턴, 뉴욕, 볼티모어, 필라델피아, 워싱턴 D.C. 를 일직선으로 오차 없이 통과하는 레이 라인(Ley line)은 또한 고대 오컬트의 아이콘 스톤헨지를 통과하고 있다. 레이 라인은 오컬트에서 강력한 에너지가 흐르고 있다고 여겨지는 선이다. 이것이 엄청난 우연일까? 아니면 계획된 것일까?

■ 미국 국회 의사당을 Capitol(카피톨)이라 부르는데 카피톨은 로마의 신 주피터의 신전을 부르는 이름이다. 또한, 미국의 상징 독수리도 주티터의 상징이다. 더 흥미로운 점은 국회 의사당 꼭대기의 동상 밑에 'E PLURIBUS UNUM(이 플루리부스 우늠)' = '여럿에서 하나로'이라는 문구가 기록되어 있고 그 밑에는 파시즘의 상징인 파시아(창이나 도끼에 묶은 여러 개의 막대기)가 있다. 이것이 과연 무엇을 의미할까?

■ 오컬트에서 중요한 '하나님의 경도'라고 불리기도 하는 서쪽 77번째 자오선에 위치한 워싱턴 D.C. 오컬트 세력은 워싱턴 D.C. 의 위치를 고르는데 매우 영향력을 발휘하였는데, 더욱 흥미로운 점은 워싱턴 D.C. 가 본래는 메릴랜드 주의 로마라는 이름을 가졌었다는 점이다.

또한, FBI의 첫 번째 수장 J. 후버 또한 프리메이슨 슈라이너였으며, 미국 정보국의 아버지라 불리며 CIA의 전신인 OSS의 수장이었던 W. 도노반은 말타 기사단의 소속이다.[18] 그리고 흥미롭게도 CIA를 천 조각 내고 오늘날 미국과 세계 경제를 망하게 하고 있는 주범인 FRB를 없애버리겠다고 하던 존 F. 케네디 대통령도 콜럼버스 기사단의 소속이었다.[19] 물론 그는 오컬트 세력에게 반역해서 암살당했지만 말이다. 그의 암살 사건은 거대한 음모가 있다는 사실을 밝힌 사건 중 하나인데, 쑹훙빙은 그의 저서 '화폐전쟁'에서 다음과 같은 사실을 밝히고 있다.

> "현대사를 통틀어 케네디 대통령 암살 사건만큼 노골적으로 민주정치를 짓밟은 예는 없을 것이다. 케네디 암살 후 불과 3년 만에 18명의 결정적 증인이 연이어 사망했다. 그중 여섯 명이 총에 맞아 죽었고, 세 명은 자동차 사고로 사망했으며, 두 명은 자살, 한 명은 목이 잘리고, 한 명은 목이 졸려 죽었다. 그리고 다섯 명은 자연사했다. 영국의 한 수학자는 〈선데이 타임스〉에 기고한 글에서 이런 우연이 발생할 확률은 10경분의 1이라고 했다."
>
> *– 화폐전쟁 Pg. 260*

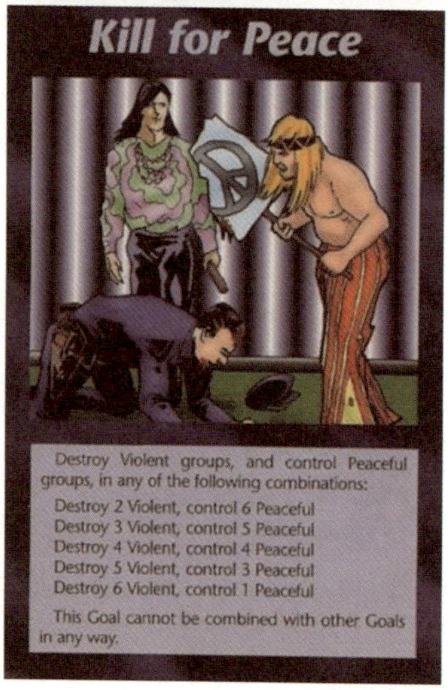

■ *"오바마. 예스! 우리는 살인할 수 있다! 원하는 누구든, 어디든, 언제든. 그리고 누구도 우리를 막을 수 없다." – 오바마를 풍자하는 포스터. 역사상 인구가 적은 곳에서 기독교 국가로 출발하여 온 세상을 용처럼 주관하는 국가는 오로지 미국 밖에는 존재하지 않는데, "평화를 위해 죽인다."라는 일루미나티 카드 게임의 카드처럼 테러 분자들을 퇴치함으로 평화를 유지한다는 명목 아래 미국은 오늘날 재판도 없이 온 세상에서 마음대로 살인을 하고 있다.*

프리메이슨과 다른 비밀 조직들은 신세계질서를 위하여 미국의 건국 초기부터 활발히 활동하였는데 특별히 과거 미국 역사에서 독립 혁명과[20] 남북 전쟁은 그들의 영향으로 생긴 일이었다. 오늘날에도 정,재계의 수많은 유명인사가 프리메이슨이거나, 해골단, 보헤미안 클럽, 말타 기사단, 등등 비밀 결사에 속해 있다.

물론 어떤 사람들은 다음과 같이 말할지도 모른다. "미국 대부분의 주요 인물이 비밀 결사에 속해있었고 지금도 속해있는 게 우리와 무슨 상관이 있습니까?"라고 말이다. 그런데 과거에 프리메이슨들의 영향력을 널리 알린 사건이 하나 있었으니 바로 19세기 윌리엄 모건 사건이다. 캡틴 윌리엄 모건은 프리메이슨 첫 3단계에 대하여 폭로하는 책을 기록하였는데, 그 사실에 분노한 프리메이슨들은 그를 납치하여 살해하였다. 후에 대중에게 이 사실이 밝혀지자 대중은 범죄자들에 대하여 공정한 처벌을 요구하였다. 그런데 현실에서 정의를 실현하기란 불가능하였다.[21] 당시 상황에 대하여 본래 프리메이슨이었다가 탈퇴한 장로교 목사 찰스 G. 피니는 다음과 같이 기록하였다.

"사람들은 법정, 보안관들, 목격자들, 배심원들과 아무것도 할 수 없음을 깨닫게 되었고 그들의 모든 노력은 당시에 완전히 무력하였다."
– 찰스 G. 피니

정의가 실현되기란 불가능하다는 사실을 당시 대중은 깨닫게 되었는데, 그 여파가 어마어마했기 때문에 미국의 7대 대통령을 지낸 존 퀸시 애덤스가 이끄는 안티 프리메이슨 당이 출범하게 하였고, 존 퀸시 애덤스는 다음과 같이 말하기도 하였다.

"나는 프리메이슨 조직이 최악이 아니라면 도덕적 그리고 정치적 악 중에 하나라고 양심적으로 믿는다."
– 미국 6대 대통령, 존 퀸시 애덤스

그뿐 아니라, 프리메이슨에 대하여 공식적인 조사들이 진행되기도 하였는데, 그 결과는 다음과 같다.

"프리메이슨은 어떤 존재인가? 굉장히 강력하다! 그것은 높은 고위층, 부유층, 각 기관의 능력 있고 권세 있고 권세를 가졌다가 잃은 자들로 구성되어 있는데 중요한 권력이 있는 거의 모든 곳에는 그들이 존재하고 있다." *– 1829년 뉴욕주 상원의원회*

"(프리메이슨은) 우리 정부 안에 존재하는 분명하고 독립적인 정부이며 비밀스러운 방법들 때문에 땅의 법령들이 닿지 않는다." *– 1834년에 매사추세츠 합동 위원회*

인용문들에서 읽듯이 과거에 프리메이슨은 미국에서 강력한 권세를 가졌었다. 그런데 그들이 과연 오늘날에는 더 적은 영향력을 가지게 되었을까? 그들이 계획하고 실행하는 신세계질서가 어떤 것인지 깨닫게 된다면 아무도 "나하고 무슨 상관있습니까?"라고 말할 수 없을 것이다. 왜냐하면, 미국을 통해 완성되는 신세계질서는 전 세계를 지배할 것이기 때문이다.

특별히 그리스도인은 미국이 건국부터 지금까지 비밀 결사에 속한 지도층이 있다는 것에 경각심을 가져야 한다. 왜냐하면, 첫째 이 비밀 결사들은 하나님을 대적하는 오컬트 신앙을 가지고 있기 때문이고, 둘째 이 비밀 조직들이 좌지우지하고 있는 미국은 오늘날 세계를 지배하는 슈퍼 파워이기 때문인데, 그들의 목적인 신아틀란티스/신세계질서는 하나님과 하나님의 백성을 대적하는 것이 될 것이기 때문이다. 그리스도인은 특별히 미국에서 벌어지는 일들에 깊은 관심을 기울여야 할 것이다.

■ 콜럼버스 기사단에서 높은 계급까지 올라갔었다는 존 F. 케네디 대통령 (맨 오른쪽– 상의 안에 콜럼버스 기사단 띠를 두르고 있다). 그런데 몰타 십자를 배경으로 가진 콜럼버스 기사단의 문양에는 파시즘의 상징인 파시아가 등장한다. 왜일까?

오늘날 미국은 테러와의 전쟁이라는 구호를 외치며 전 세계 어디든 마음대로 들어가는 권세를 가지고 있다. 의심의 여지 없이 미국은 오늘날 세상을 주관하는 권세를 가지고 있다.

오늘날 온 세상을 주관하며 세상을 (혹자는 제3차 세계대전을 유발하여 온 세상을 중세 암흑시대로 되돌려 갈 것이라는[26]) 경제 위기로 몰아가는 일에 너무나 큰 역할을 하는 미국이 성경 예언에 등장하지 않는다면 이상하지 않겠는가? 그렇다. 미국은 분명히 성경 예언에 등장하고 있다. 그것도 기독교계 밖에서도 너무나 유명한 "짐승의 표"의 환란과 관련되어 말이다.

> 내가 보매 또 다른 짐승이 땅에서 올라오니
> 새끼 양 같이 두 뿔이 있고 용처럼 말하더라 (계 13:11).

물론 여기서 등장하는 새끼 양 같은 짐승이 왜 미국인지 이해하기 위해서는 성경의 다른 곳들에 등장하는 예언 해석을 위한 열쇠를 얻어야 한다. 먼저, 짐승은 성경 예언에서 국가를 상징한다. 다니엘서 7장에는 네 짐승이 등장하는데, 이 예언을 연구하면 요한계시록 13장을 해석할 수 있는 중요한 힌트를 얻을 수 있다.

■ 다니엘서 7장에 등장하는 네 짐승은 바벨론, 메데-페르시아, 그리스, 로마이다.

"그 네 큰 짐승은 네 왕이라 세상에 일어날 것이로되 … 모신 자가 이처럼 이르되 넷째 짐승은 곧 땅의 넷째 나라인데 이는 모든 나라보다 달라서 천하를 삼키고 밟아 부숴뜨릴 것이며(단 7:17, 23)."

여기에 등장하는 네 큰 짐승은 네 국가를 의미한다. 이 짐승들은 다니엘서 2장에 등장하는 네 국가를 짐승들로 표현한 것인데, 네 번째 국가에 대한 내용이 2장과 7장에서 동일하며, 2장은 첫 번째 국가가 바벨론이라는 사실을 우리에게 분명히 밝히고 있다. 그렇기에 성경적으로 또한 역사적으로 이 네 짐승은 바벨론, 메데-페르시아, 그리스, 로마를 예언한 것이란 사실을 양심적으로 역사와 성경을 연구하는 사람은 깨닫게 된다. 그런데 흥미롭게도 다니엘서 7장에 등장하는 짐승들과 계시록 13장에 등장하는 첫 번째 짐승은 '바다'에서 올라오고 있다.

"다니엘이 진술하여 가로되 내가 밤에 이상을 보았는데 하늘의 네 바람이 큰 바다로 몰려 불더니 큰 짐승 넷이 바다에서 나왔는데 그 모양이 각각 다르니" (단 7:2, 3).

"내가 보니 바다에서 한 짐승이 나오는데 뿔이 열이요 머리가 일곱이라 그 뿔에는 열 면류관이 있고 그 머리들에는 참람한 이름들이 있더라" (계 13:1).

성경 예언에서 짐승이 바다에서 나오는 것은 무엇일까? 요한계시록 17장을 살펴보면 많은 물 위에 앉은 음녀가 등장하는데, 사도 요한에게 이 예언을 설명해주던 천사는 이 음녀가 앉은 물에 관하여 다음과 같이 설명하고 있다.

"또 천사가 내게 말하되 네가 본 바 음녀의 앉은 물은 백성과
무리와 열국과 방언들이니라" (계 17:15).

그렇다. 물은 '백성과 무리와 열국과 방언들' 즉 많은 사람을 의미한다. 그러므로 짐승이 바다에서 나왔다고 하는 것은 인구가 매우 밀집된 곳에서 탄생하는 국가를 의미하는 것이다. 그렇다면, 반대로 "짐승이 땅에서 올라"온다는 뜻은 인구가 별로 없는 곳에서 탄생하는 국가를 의미하게 되는 것이다. 그런데 이 땅에서 올라오는 짐승은 또한 새끼 양 같이 생겼다고 요한계시록 13장은 예언하고 있다. 그렇다면 새끼 양은 무엇을 상징할까?

"이튿날 요한이 예수께서 자기에게 나아오심을 보고 가로되 보라
세상 죄를 지고 가는 하나님의 어린 양이로다" (요 1:29).

우리가 잘 알듯이 새끼 양은 성경에서 예수 그리스도를 상징하는 용어이다. 그러므로 한 국가가 새끼 양 같다고 표현한다면 그 말은 그 국가가 기독교의 정신을 가졌음을 의미하는 것이다. 그러므로 결론을 내리자면 요한계시록 13장에 등장하는 땅에서 올라오는 새끼 양 같은 짐승은 인구가 별로 없는 곳에서 기독교의 정신을 가지고 탄생하는 국가를 의미하는 것이다. 그런데 인류 역사상 그 특징을 가진 국가는 미국을 제외하고는 없다!

"저가 먼저 나온 짐승의 모든 권세를 그 앞에서 행하고 땅과 땅에 거하는 자들로 처음 짐승에게 경배하게 하니 곧 죽게 되었던 상처가 나은 자니라 … 땅에 거하는 자들을 미혹하며 땅에 거하는 자들에게 이르기를 칼에 상하였다가 살아난 짐승을 위하여 우상(image)을 만들라 하더라 저가 권세를 받아 그 짐승의 우상(image)에게 생기를 주어 그 짐승의 우상(image)으로 말하게 하고 또 짐승의 우상(image)에게 경배하지 아니하는 자는 몇이든지 다 죽이게 하더라 저가 모든 자 곧 작은 자나 큰 자나 부자나 빈궁한 자나 자유한 자나 종들로 그 오른손에나 이마에 표를 받게 하고" (계 13:12-16).

그런데 더욱 흥미로운 점은 요한계시록 13장은 이 새끼 양 같은 짐승이 입을 열면 용처럼 말하게 될 것이며, 온 세상을 지배하는 세력이 될 것이고, 죽게 된 것처럼 보이는 상처가 나은 첫 번째 짐승을 위하여 "짐승의 표"를 온 세상에 강요하는 세력으로서 예언되었다는 사실이다. 오늘날 우리는 온 세상을 지배하는 권세를 가진 미국을 보고 있다. 인구가 별로 없는 곳에서 기독교의 정신으로 출발하여 온 세상을 지배하는 권세를 가지게 된 국가는 미국 외에는 역사상 존재하지 않는다. 이것은 너무나 분명한 사실이며 오컬트 비밀 조직들이 미국을 용처럼 말하게 될 국가로서 준비해왔다는 사실 또한 너무나 명백하다.

제3부 비밀조직들의 배후 - I

2부에서 우리는 오컬트 비밀 조직들이 미국을 사용하여 신세계질서를 이루려 한다는 사실을 살펴보았고, 특별히 성경에서 미국이 첫 번째 짐승을 위하여 "짐승의 표"를 온 세상에 강요할 것을 예언하고 있음을 알았다. 그렇다면, 미국은 어느 짐승 즉 어느 국가를 위하여 "짐승의 표"를 내리게 되는 것일까? 비밀 조직들은 어느 국가를 위하여 일하고 있는 것일까? 또는, 그들의 배후에 다른 세력이 있는 것일까?

미국의 3대 대통령 토머스 제퍼슨, 7대 대통령 앤드루 잭슨(프리메이슨), 미국 건국의 아버지 중에 한사람인 벤자민 프랭클린(프리메이슨) 그리고 프랑스 혁명의 철학자 볼테르(프리메이슨[27])의 전기를 기록한 전기 작가 제임스 파튼(James Parton)은 다음과 같은 사실을 우리에게 알리고 있다.

"프리메이슨의 계보를 올라가 가장 정상에 이르러 세계 프리메이슨의 우두머리가 누군지 살펴보면 당신은 예수회의 끔찍한 수장과 프리메이슨의 우두머리가 같은 사람이란 사실을 발견할 것이다!"

여러 프리메이슨의 전기를 기록한 파튼은 프리메이슨들에 대하여 잘 알고 있었을 것 같다. 그런데 오컬트의 계보를 이어오고 있는 프리메이슨의 우두머리라는 예수회란 어떤 존재일까? 예수회는 16세기에 이그나티우스 로욜라가 창설한 로마 천주교회의 결사로서 종교개혁을 무마하기 위한 반종교개혁의 일환으로서 탄생하였는데, 창설자 로욜라는 다음과 같이 기록한 것으로 알려졌다.

"오, 교회가 내가 보는 흰색이 검다고 정한다면 나는 그렇게 믿을 것이다."

– 이그나티우스 로욜라

흥미롭지 않은가? 종교개혁은 "오직 성경"을 외치면서 출발하였고, 반종교개혁은 "오직 교회"를 외치며 종교개혁을 무마하기 위하여 출발한 것이다. 아벨은 "오직 말씀"에 순종하며 하나님을 경배하였고 가인은 "자신의 방법"으로 하나님을 경배하였다는 사실을 우리는 잘 알고 있다. 예수회는 어느 쪽에 속한다고 생각하는가?

시작이야 어찌 되었든, 오늘날 예수회는 대외적으로 각국에 많은 교육기관을 설립하고 많은 선행을 하는 단체로서 사람들에게 다가가고 있다. 또한, 2013년에 새로운 교황으로 선출된 교황 프란치스코도 예수회 출신으로서 외관상으로 매우 겸손한 생활을 하는 것으로 유명하다. 과연 파튼이 실수한 것일까? 모스 부호의 발명가로서 유명한 사무엘 모스의 발언을 한번 살펴보자.

"그런데 이 요원들은 누구인가? 이들은 대부분 예수회인데, 이들은 (로마) 교회의 조직으로서 교활한 이중성과 완전히 도덕적 원칙을 상실한 것으로 세계적으로 유명하다; 이 조직은 기만술을 예술로 승화시켜 심지어 천주교 국가들에서도 그리고 이탈리아 본국에서도 이들을 감당할 수 없어서 사람들은 이 조직의 탄압을 해야 하였다."

– 사무엘 모스

그들이 **"교활한 이중성과 완전히 도덕적 원칙을 상실"**했다고 표현한 사무엘 모스도 실수한 것일까? 다른 인용문을 더 살펴보도록 하자.

"예수회의 목적은 무엇인가? 그들에 의하면 그들은 오직 하나님의 더 큰 영광을 위한다고 한다, 그러나 모든 사실을 종합해보면 그들의 목적은 오로지 세계 통치권이란 사실을 알게 될 것이다. 그들은 교황에게 꼭 필요한 존재가 되었고, 교황은 그들이 없이는 존재할 수 없다. 왜냐하면, 천주교는 그들과 동일시되기 때문이다. 그들은 통치자들에게 꼭 필요한 존재들이 되었고 그들의 손으로 혁명들을 일으킨다. 그렇게 함으로써 어떤 이름을 가지고 있던지 세상을 지배하는 자들은 그들이다."

– 19세기 신학자, 루이지 산치스

우리는 굉장한 내용을 읽었다. 우리가 지금까지 읽은 인용문들을 종합하여 보면 반종교개혁을 위해 탄생한 예수회는 오늘날 외부적으로는 오컬트의 세력의 선봉에 있는 프리메이슨들의 머리인데, 그들은 세계 통치라는 목적을 가지고 여러 국가에서 교활한 이중성과 도덕성을 상실한 악랄한 행동들을 하며 혁명들을 일으켰다는 것이다. 그런데 그 행위가 너무 악하였기 때문에 천주교 국가도, 이탈리아도 심지어 천주교회에서도 그들의 탄압이 필요했다고 역사는 기록하고 있다.

참고로, 예수회의 설립자 로욜라는 다음과 같이 말했다.

"마지막으로, 모두 교활한 방법을 동원하여 모든 세상의 통치자, 상류층, 관료를 지배하여 우리의 손짓에 움직이게 하라. 우리의 이점과 이익을 위하여 그들의 가장 가까운 친지들이나 친구들까지도 희생하도록 만들라." *– 예수회 창설자, 이그나티우스 로욜라*

그렇다. 정말 끔찍하지 않은가? 목적을 이룰 수만 있다면 그들에게 방법은 중요하지 않은 것이다. 실제로 예수회에서 계급이 올라갈 때 행하는 의식에서 상관은 다음과 같이 말한다고 한다.

■ 역사상 처음으로 예수회 출신의 교황이 된 프란치스코 교황은 아르헨티나에서 대중교통을 이용하는 겸손한 삶을 산 것으로 유명하다. 그런데 교황청에서 얼마 떨어지지 않은 곳에 전임 교황을 만나러 갈 때는 헬리콥터를 타고 다녀왔다고 한다.

■ 사진이 천 단어보다 낫다고 하지 않던가? 참고로 나치 보안 대장 월터 쉘른버그는 나치 첩보부 SS에 대해 "SS는 하인리히 힘러가 예수회의 원칙에 따라 조직하였다. 첩보부의 법칙들과 영적 훈련들은 이그나티우스 로욜라가 만든 모델에 기초한 것으로 힘러는 그것을 조심스럽게 복제했다. 그들에게는 철저한 복종이 최고의 법이었는데 모든 명령은 무조건 실행되어야 하였다."고 말하였다.[39] 힘러는 그의 가족들을 통해 예수회와 가깝게 관여되었는데, 히틀러는 힘러가 "그들을 (나치를) 위한 이그나티우스 로욜라"라고 말했다.

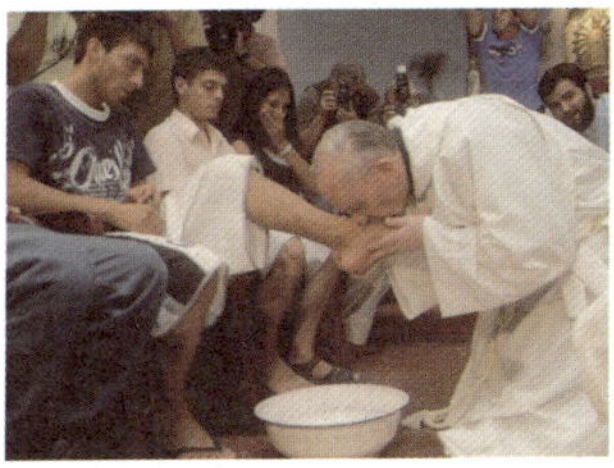

■ 얼마 전에 12명의 젊은이의 발을 씻기며 겸손함을 나타낸 프란치스코 교황. 자세히 보면 그는 안에 아직도 검은 옷을 입고 있다. 왜 그럴까?

■ 쿠바에서 혁명을 일으켜 공산독재 정권을 세운 피델 카스트로 또한 예수회 교육을 받았다.[41] 그런데 카스트로가 무슨 모습을 취하고 있는 걸까? 교황 요한 바오로 2세도? 영국의 총리 토니 블레어의 부인 셰리 블레어도? 뭔가 의미가 있을 것 같은데…?

■ 우상 숭배하지 말라는 분명한 하나님의 요구를 무시하고 있는 천주교회.

■ "그 죽게 되었던 상처가 나으매 온 땅이 이상히 여겨 짐승을 따르고" (계 13:3). 오바마, 푸틴, 엘리자베스 여왕, 유럽 연합 의장, 세계은행 김용 총재, 타이완 대통령 (악수 자세가 심상치 않은데?). 이들은 왜 교황을 만나러 갔을까?

"너는 교활하게 질투와 증오의 씨앗을 평화로운 지역 간에, 주(州)들 간에 심어서 피가 흐르도록 선동하고, 서로 전쟁하도록 선동하는 방법과 독립적이며 번영하고 문화 예술과 과학이 발달하였고 평화의 복을 누리는 국가들에서 혁명들과 내전을 일으키는 방법을 배웠다. 전투원들과 같은 편을 취하고 비밀리에 반대편에서 활동하고 있을 너의 형제 예수회 당원과 협조하고 그러나 공개적으로는 그를 적대시하여; 평화 협정의 조항들이 결국 (로마) 교회에만 이득이 되게 하라. 즉 결과가 우리의 수단을 정당화한다."

내용에서 읽듯이 그들의 신조는 **"결과가 수단을 정당화한다"**이다. 이것은 또한 안소니 서튼에 의하면 일루미나티의 원칙이기도 한데,[34] 일루미나티는 1773년에 교황 클레멘트 14세가 예수회 해산 명령을 내렸을 때 예수회가 비밀리에 지하에서 활동하기 위하여 만든 비밀 조직이다. 이 사실에 대하여 '예수회의 역사'의 저자 니콜리니는 다음과 같이 말한다.

"교황 클레멘트 14세에 의해 예수회가 1773년부터 1814년까지 해산된 동안, (예수회) 리키 장군은 그의 병사 아담 바이스하우프트와 함께 일루미나티를 만들었다. 바이스하우프트는 현대 공산주의의 아버지이며 그는 그의 자코뱅당과 함께 프랑스 혁명을 지휘하였다. 수년 후에 예수회 장군 레도차우스키는 그의 볼셰비키와 함께 1789년의 대격변(프랑스 혁명)과 똑같은 러시아 혁명을 1917년에 지휘하였다." *- 예수회의 역사 Pg. 356, 357*

참 놀라운 내용이다. 예수회는 여러 국가에서 그들의 목적을 위해 많은 전쟁과 혁명을 일으켰는데, 어떤 때는 프리메이슨을 이용하여(미국 혁명), 어떤 때는 스스로 앞에 나서서(미국 남북 전쟁) 또는 새로운 비밀 조직을 결성하여 이런 악행들을 벌인 것이다. 특별히 한 저자는 니콜리니가 주장한 프랑스 혁명과 러시아 혁명의 유사점을 이렇게 비교하였다.

두 혁명 모두:

1. 공산주의 프리메이슨 철학자 볼테르와 마르크스의 글에 기초하였다. 예수회가 파라과이의 레둑시운들(Jesuit Reductions - 예수회의 원주민 보호촌)에서 공산주의를 완성하지 않았던가?
2. 국가의 교회를 제거하였다.
3. 군주제를 끝냈다. 부르봉 왕조와 로마노프 왕조는 예수회의 적이 아니었던가? 두 왕조 모두 예수회를 그들의 국가에서 쫓아내지 않았던가?
4. 공화국의 형태를 보였지만 전제 군주를 가진 예수회 공화국을 만들었다.

5. 무신론을 국가의 종교로서 내세웠다. 그들의 행위를 증거로서 보면 예수회는 진정한 무신론자들이 아닌가?

6. 엄중한 비밀경찰을 통해 공포 정치를 하였다.

7. 군사 독재자를 출연시켰고 그들은 예수회의 적들을 처단했다. 예수회가 그들이 공개적으로 쫓겨난 프랑스와 러시아에서 나폴레옹과 스탈린을 통해 그 국가들을 속이고 이득을 얻지 않았는가? *'바티칸 암살자들' Pg. 397의 내용*

보다시피 두 혁명의 어마어마한 유사성은 예수회의 활동을 분명히 증거한다. 그런데 특별히 일루미나티 프랑스 혁명의 지휘자 아담 바이스하우프트가 7살 때부터 예수회 학교에서 교육을 받아 예수회 대학을 졸업하고 법학 교수가 되었다는 사실은 주목할만한데,[37] 그 이유는 오늘날 수많은 전 세계의 정치인과 대통령과 지도자가 전 세계에 흩어져 있는 예수회 학교들과 대학들에서 수학하였기 때문이다. 물론 예수회 학교들과 대학에서 수학하였다고 무조건 예수회의 산하에 있게 되는 것은 아니지만, 특별히 우익 독재자들이 예수회 교육을 받았거나 천주교도들이었다는 사실은 우리에게 중요한 사실을 알려준다. 이 점에 대하여 '히틀러의 교황'의 저자 존 콘웰은 다음과 같이 기록한다.

"실질적으로 그 시대의 모든 우익 독재자는 모태 카톨릭교도이거나 카톨릭교도로 성장하였다 – 특히 히틀러, 프랑코, 페탱, 무솔리니, 파벨리치, 티소 (카톨릭 신부였던)가 그렇다."
- 히틀러의 교황 Pg. 280

또 다른 저자는 다음과 같은 발언을 하고 있다.

"공산주의든 나치든 전체주의 운동이 일어나면 예수회 신부가 그 지도자의 고문역에서 발견된다. 쿠바의 카스트로 고문은 알만도 로렌테 신부였다."

굉장한 주장들이 아닌가? "과거와 현재 수많은 독재자가 어떻게 예수회의 명령 아래 일하였고 또한 어떻게 일하고 있는가?"를 이야기하려면 수많은 페이지가 필요할 것이다. 그러나 언제나 요점은 그들이 수단과 방법을 가리지 않고 그들의 목적을 위해 일하고 있다는 사실이다. 그들은 필요하다면 서로 싸우기도 하고, 필요하다면 내부의 적을 척결하기 위해 같은 편을 치기도 한다. 그 실례로 교황 클레멘트 14세가 예수회 해산 명령을 내리자 예수회는 프랑스 혁명군을 보내 교황권에 죽게 된 것처럼 보이는 상처(계 13:3)를 1798년에 입히기도 하였다. 물론 천주교와 예수회가 동일시되고 교황권이 그들의 얼굴이기 때문에 다시 부활시켜야 했지만 말이다.

예수회는 교황권을 공격하며 동시에 천주교 내부에 예수회를 반대하던 적들을 모두 척결할 수 있었고, 동시에 종교개혁의 영향으로 적그리스도로 지목받던 교황권은 그들을 악의 세력으로 지목하던 화살을 오늘날 악의 세력으로서 음모론의 중심에 있는 프리메이슨과 일루미나티에게 향하도록 할 수 있었다. 오늘날 교황권은 성경에 예언된 대로 다시 부활하여 온 세상의 기이히 여김을 받고 있다.

예수회의 진상을 믿기 어려워하는 사람들을 위해 인용문들을 몇 개 더 살펴보도록 하자.

"이들 중 많은 수가 집시들의 왕이나 할 수 있을 것 같이 화가, 출판인, 작가, 교사로 가장하고서 이곳에 벌 때 같이 몰려들고 있지 않은가? 만약 이 땅과 지옥에서 영원한 고통을 받기에 합당한 그룹이 있다면 그것은 로욜라의 조직(예수회)이다."

- 미국 2대 대통령, 존 애덤스

"이 [남북] 전쟁은 예수회의 사악한 영향력이 없었다면 일어나지 않았을 것이다. 이 땅에서 흘려진 숭고한 아들들의 피는 카톨릭의 책임이다. … 매일 우리 땅에 상륙하는 신부, 수녀, 수도승이 그들의 종교를 전파한다는 구실 아래 오지만 사실은 그들이 교황 나폴레옹 3세와 유럽의 다른 폭군들의 밀사로서 온다는 사실을 만약 개신교인들이 깨달을 수만 있다면 남북의 개신교인들은 신부들과 예수회를 몰아내는데 연합할 것이다. 그들은(예수회) 우리 기관들을 약화하고, 우리 국민들의 마음을 우리 헌법과 법률로부터 멀어지도록 하려 하며, 학교를 파괴하고, 그들이 아일랜드, 멕시코, 스페인 그리고 어디든 자유를 원하는 사람들이 있는 곳에서 그랬듯이 이곳도 무정부 상태로 만들기 위해 준비하고 있다."

- 미국 16대 대통령, 에이브러햄 링컨

이러한 과거 미국 대통령들의 발언들을 우리는 그냥 무시해야 할 것인가?

제4부 비밀조직들의 배후 - II

예수회는 굉장히 오래전부터 세상을 주관하기 위해 준비해왔는데 이미 1720년에 다음과 같은 기록이 있다.

"보시죠, 나의 주여, 이방에서– 이방에서 저는 파리뿐 아니라 중국, 중국뿐 아니라 전 세계를 주관하고 있는데 아무도 어떻게 하는지 모르고 있습니다."

– 1720년, 예수회 수장 탐브리니가 브랑카스 공작에게 보내는 편지에서

또한, 20세기에 들어 침례교 역사가 데이브 헌트는 다음과 같이 발언하였다.

"더 나아가서, 교황은 수천의 비밀 요원을 세계 곳곳에 가지고 있다. 그들은 예수회, 콜럼버스 기사단, 말타 기사단, 오푸스 데이, 그밖에 다른 집단들을 포함한다. 바티칸의 정보력과 현장에서 활동하는 자원력은 세계에서 누구에게도 뒤지지 않는다."

– 미국 침례교 역사가, 데이브 헌트

콜럼버스 기사단, 말타 기사단, 오푸스 데이, 프리메이슨, 일루미나티, 해골단, 등등 이러한 비밀 조직들은 모두 예수회 아래서 활동하고 있는 조직들이며 교황의 기사단이다. 그들은 세상을 지배하기 위하여 전 세계에 비밀 요원들을 가지고 있고, 각국의 정보국들이 그들의 손아귀에 있으며, 또한 오늘날 미국을 손에 쥐고 사용하고 있는데, 특별히 FRB를 사용하여 미국의 경제와 더 나아가 전 세계의 경제를 파탄으로 몰아가고 있다. 이 사실에 대하여 아이비리그 예일대 출신의 변호사로서 20년간 세계은행에서 근무한 캐런 후디스(Karen Hudes)씨는 다음과 같이 증언하고 있다. 참고로 그녀는 세계은행 근무 당시 전 세계에서 벌어지고 있는 부정부패에 대하여 내부고발하다가 세계은행에서 해고되었다.

"스위스 취리히 로잔공과대학에서 세계의 43,000개나 되는 모든 다국적 기업을 누가 소유하고 있는지 연구했다. 연구결과는 이 기업을 모두 사들인 폭력배들이 있음이 드러났다. … 언론에서는 이 내용을 읽을 수 없는데 그들이 언론사들도 소유하고 있기 때문이다. … FRB와 국제결제은행은 가장 큰 사기꾼들 예수회와 한패이다. … 각국에 세계은행 내부고발자 그룹이 있는데 우리는 역사상 가장 큰 폭력행위에 대해 밝히려고 한다. 바로 바티칸의 예수회다. … 나는 늘 CIA와 다른 정보국들이 문제라고 생각했다. 그러나 진실은 바티칸이 거대한 정보국을 가지고 있다는 사실이다. 다른 사기꾼 정보국들은 바티칸의 정보국 아래서 일하고 있다. 그들은 서로 싸우는 것처럼 연극을 하고 있다. … 대부분 미국 국세청 소득이 바티칸으로 간다는 사실을 모른다. … 우리가 영적 지도자들로서 믿고 있는 사람들이 실제로는 정반대의 악행을 하고 있다. 그들이 세계의 모든 첩보 기관을 주관하고 있으며 우리를 속이고 있다. 우리는 진지하게 이 문제를 해결해야만 한다."

- 캐런 후디스

온 세상은 서로 싸우고 있는 것처럼 보일지 모른다. 그러나 이 모든 것은 후디스씨의 말대로 그저 연극일 뿐이다. 꼭 소 떼를 도살장으로 몰아가듯이, 그들은 전쟁과 혁명과 경제 파탄을 일으키고 지휘하여 결국에는 사람들이 고대로부터 사탄의 오컬트 세력이 이루려 하던 신세계질서를 원하도록 세상을 이끌어 나가고 있다. 그들은 여러 방면에서 이것을 이루어 나가고 있는데, 그 원칙은 니므롯이 바벨에서 행한 것과 같다. 공립 교육체계, 미디어, 등등 다양한 방법을 통하여 대중이 자신의 지성과 자기 자신만을 신뢰하도록 세뇌 교육하고, 불안정한 세계정세를 만들어 대중이 정부에게 의존할 수밖에 없게끔 하는 것인데, 결국 끝에는 늘 그래 왔듯이 독재정부가 탄생하는 것이다. 그래서 우리는 곳곳에서 파시즘의 상징인 파시아를 보게 되는 것인데, 전 세계의 대부분의 사람은 진실을 눈앞에 보여줘도 믿지 못할 만큼 철저히 세뇌당해있는 것이 안타까운 현실이다.

그들이 독재정부를 원하고 있다는 사실은 분명한데, 특별한 이유가 있을까? 한 저자는 예수회가 특별히 무슨 목적을 가지고 프리메이슨을 조종하고 있는지 다음과 같이 기록하고 있다.

"진실은, 로마의 예수회가 개신교도들 사이에서 그들의 목적을 달성하기 위한 가장 훌륭하고 효과적인 도구로서 프리메이슨 조직을 완성했다는 사실이다."

- 위대한 계획 폭로되다 Pg. 302

그렇다. 프리메이슨은 예수회가 개신교도들을 없애기 위하여 완성한 예수회의 걸작품이다. 예수회는 사탄이 직접 사용하고 있는 비밀 조직들의 우두머리이며, 사탄과 그들의 궁극적인 목적은 가인이 아벨을 살해한 것처럼 오로지 진짜 그리스도교를 말살하는 것이다. 그들은 오로지 그 목적을 위하여 온 세상을 지배하려는 것인데, 과거 중세시대에 교황권과 예수회는 종교 재판을 통해 수많은 진실한 그리스도인들을 죽였다. 귀천을 불문하고 그들이 처단하지 못할 사람은 없었다. 그 사실에 대하여 요한계시록 13장은 첫 번째 짐승인 교황권에 대하여 "용이 자기의 능력과 보좌와 큰 권세를 그에게 주었더라 … 입을 벌려 하나님을 향하여 훼방하되 … 성도들과 싸워 이기게 되고 각 족속과 백성과 방언과 나라를 다스리는 권세를 받으니"라고 기록하고 있는데, 중세 암흑시대에 용에게 받은 권세로 성도를 죽이고 온 세상을 다스리던 세력이 바로 교황권이다.

■ 파시아가 여러 곳에 등장하는데, '자유의 모자'로서 프랑스 혁명 때 자코뱅 당이 사용한 '프리지아 모자' 또한 많은 곳에 등장한다. 특별히 미국군 문장에는 "이것을 우리가 방어한다."라는 문구가 뱀의 혀에 쓰여 있다. 흥미롭지 않은가?

■ 미 의회의 단 양옆에도 파시아가 있다. 위에는 "IN GOD WE TRUST" 즉 "하나님을 우리는 믿는다."라고 쓰여 있는데 어느 하나님일까? 성경의 여호와 하나님은 아닌 것 같다.

■ 오바마는 전임 교황 베네딕토 16세를 방문하였고 이번 교황 프란치스코도 방문하였다. 너무나 사이가 좋아 보이지 않는가? 참고로, 오바마는 얼마 전에 프란치스코 교황이 '굉장히 사려가 깊은 평화와 정의'의 사도라고 찬양하였다.

■ 콜로라도주의 문장에는 "NIL SINE NUMINE" 즉 "신 없이는 아무것도 아니다."라는 문구와 함께 파시아와 전시안이 등장한다. 어느 신을 말하는 것일까? 성경의 여호와 하나님은 아닌 것 같은데 말이다.

■ 메릴랜드 주의 로마라고 불리던 곳은 오늘날 워싱턴 D.C.이며 그곳에 위치한 미국 국회 의사당 Capitol(카피톨)은 로마의 성베드로 성당을 본뜨고 있다. 사실 성베드로는 본래 로마인들이 섬기던 주피터였다. 두 건물 모두 주피터의 신전이다. 이것이 바로 문자적으로 로마의 이미지를 세운 것이 아니라면 무엇일까?

■ 중세기 교황권의 핍박을 피해 미국으로 도망한 청교도들은 교황권을 적그리스도로 지목한 종교개혁가들의 후예들이었다. 그런데 바로 청교도들이 세운 미국이 그들을 핍박하던 적그리스도를 슈퍼스타 영웅으로서 맞이한 것이다.

■ 당신은 메가처치 운동의 아버지 노먼 빈센트 필이 33도 프리메이슨이며 슈라이너라는 사실을 아는가?[49] 그의 초상화가 33도 프리메이슨 대의회 건물에 걸려 있다.[50] 그가 로버트 슐러의 멘토였다.[51] 오늘날 메가처치 운동의 배후에 누가 있는가? 예수회가 있다는 뜻이다.

■ 프리메이슨이 조종하는 WCC는 왜 교황 아래로 집결하고 있을까? 그 이유는 하나밖에 없다. 그 배후에 예수회와 교황권이 있기 때문이다.

■ 레이건과 교황이 어떻게 공산주의를 무너뜨렸을까? 그것은 "거룩한 동맹"이 아니라 계획된 음모였다. 공산주의 러시아는 목적을 달성하여 사라지며 적그리스도라는 타이틀이 붙었었던 교황에게 영웅이라는 새로운 타이틀을 주었다.

과거 종교개혁가들은 교황권이 적그리스도란 중요한 진리를 깨달았기 때문에 로마 교회와 분리하였는데, 그들은 특별히 다니엘서 7장의 작은 뿔이 교황권이라는 사실을 깨달았다. 요한계시록 13장의 첫 번째 짐승이 교황권인지 다니엘서 7장과 비교하여 보도록 하자.

요한계시록 13장의 첫 번째 짐승	다니엘서 7장의 작은 뿔
5절: 또 짐승이 큰 말과 참람된 말하는 입을 받고	8절: 또 입이 있어 큰 말을 하였느니라 20절: 큰 말하는 입도 있고
6절: 입을 벌려 하나님을 향하여 훼방하되 그의 이름과 그의 장막 곧 하늘에 거하는 자들을 훼방하더라	25절: 그가 장차 말로 지극히 높으신 자를 대적하며 또 지극히 높으신 자의 성도를 괴롭게 할 것이며
7절: 성도들과 싸워 이기게 되고	21절: 성도들로 더불어 싸워 이기었더니
5절: 또 마흔두 달 일할 권세를 받으니라	25절: 성도는 그의 손에 붙인 바 되어 한 때와 두 때와 반 때를 지내리라

■ *한때와 두 때와 반 때는 3년 반을 의미하는 데 현대 성경에서는 3년 반이라고 번역이 되기도 한다.*
3.5년 = 42달

위의 요약된 표에서 보다시피 요한계시록 13장의 첫 번째 짐승은 다니엘서 7장의 작은 뿔과 같은 존재이다. 그런데 다니엘서 7장의 작은 뿔은 다음과 같은 특성들을 가졌다.

다니엘서 7장 작은 뿔의 특성들:

1. 로마가 열국으로 분열한 A.D. 476년 후에 등장하는 세력이다. (단 7:8)
2. 열국 중 세 뿔을 뽑으며 즉 세 국가 '헤룰리', '반달', '오스트로고스'를 멸망시킨 후에 등장하는 세력이다. (단 7:8) 참고로, 마지막으로 멸망당한 '오스트로고스'는 A.D. 538년에 멸망했다.
3. 이 세력은 정치적 힘을 가진 국가이면서 다른 뿔과 다르고, 특별히 지극히 높으신 자를 말로 대적한다. 즉, 이 세력은 종교적 특성도 가졌다. (단 7:24, 25)
4. 성도와 더불어 싸워서 이기고, 성도를 핍박하고 죽이는 세력이다. (단 7:21)

5. 성경에서 적그리스도의 세력을 언급하며 일곱 번이나 '3년 반' 혹은 '42달' 혹은 '1,260일'로서 등장하는 예언적 기간과 관련된 세력. 이것은 과거 종교개혁가들이 사용하던 성경에 기초한 년,일 원칙(민 14:34; 겔 4:6)을 사용하면 실제적으로는 1260년이 된다. 작은 뿔은 1260년간 성도를 죽이고 괴롭히고 세상을 통치하는 권세를 가졌던 세력이다. (단 7:25)

6. 때와 법을 변개하는 즉 십계명을 변개하는 세력이다. (단 7:25) 참고로 시간을 의미하는 때를 변개한다는 의미는 달력의 변개를 의미하기도 함. 우리가 오늘날 사용하는 달력은 교황 그레고리우스 13세가 1582년에 기존에 쓰이던 율리우스력을 수정한 태양력이다.

7. 예수께서 오실 때까지 존재하는 세력이다. (단 7:22, 26)

이 모든 특성을 모두 만족시킬 수 있는 유일한 존재는 지구 역사상 로마 천주교 교황권 밖에는 존재하지 않는데, 교황권이 스스로 자신이 적그리스도이며 십계명을 변개하였다고 공식 문서를 통해 온 세상에 광고하고 있다는 사실을 여러분은 아는가?

"교황은 너무 존엄하고 높으므로 단지 인간이 아니라, 하나님과 같은 존재로서 하나님의 대리자이다."

– 천주교회 백과사전에 기록된 "교황"에 대한 정의 (교황 레오 13세의 말 중에서 발췌)

"교황들은 이 지구 상에서 전능한 하나님의 자리를 대신한다."

– 1894년 6월 20일 교서 중에서

"교황은 단지 예수 그리스도의 대리자일 뿐만 아니라, 그는 육신의 베일 속에 감추어진 예수 그리스도 자신이다."

– 1895년 7월호, The Catholic National 지

"교황은 너무나 위엄이 있고 지고하므로 그는 단순한 사람이 아니라, 하나님인 동시에 하나님의 대리자이시다. 교황은 지상의 하나님이시며, 왕 중의 왕이시고, 최고의 권세를 가지고 계시다."

– Prompta Bibliotheca, vol. VI, p25–29

이러한 문서는 천주교회에 셀 수 없이 많은데, 교황은 자신이 그리스도의 대리자일 뿐 아니라 자신이 하나님이라고 공식 문서들을 통해서 광고하고 있다. 흥미롭게도 성경에서 '적그리스도(anti-christ)'할 때 '적' 즉 'anti-'는 '대신하다'라는 뜻이 있다. 그러므로 '지상에서 하나님의 자리를 대신한다'는 발언은 자신이 적그리스도라고 문자 그대로 광고하는 것이다.

"베드로와 그의 후계자(주: 교황을 뜻함)들은 교훈이나 금지에 관한 율법을 부가할 수 있는 권세를 가졌음과 아울러, 이러한 율법들로부터 면제해 주는 권세도 있고, 필요하다면 폐지하는 권세도 있다."

– *Pope, The Catholic Encyclopedia, vol. XII, 265, col. 2*

우리는 천주교회의 십계명과 성경의 십계명이 다르다는 사실을 잘 알고 있다. 특별히 천주교회의 십계명에는 우상 숭배를 금하는 계명이 빠져있다. 그뿐 아니라 그들은 하나님께서 그분을 경배하라고 하신 날을 바꾸었다.

"천주교회는 안식일을 주일 중 일곱째 날인 토요일에서 첫째 날인 일요일로 변경시킨 후, 십계명의 넷째 계명을 고쳐서 일요일을 주일로 지키라고 명하였다."

– *천주교 사전 4권, Pg. 153*

이러한 사실들에 대해 종교개혁의 선봉에 섰던 마틴 루터는 교황권에 대해 다음과 같이 기록하고 있다.

"바울이 데살로니가후서 2장 4절에 '하나님이나 숭배함을 받는 자 위에 뛰어나 자존하여 하나님 성전에 앉아 자기를 보여 하나님이라 하느니라.'고 기록하였던 그 존재가 여기에 있다. 적그리스도인 '불법의 사람 곧 멸망의 아들'이 있는데, … 그는 하나님의 법을 변경하였으며, 하나님의 계명 위에 자신이 만든 계명을 높였다. … 우리는 여기서 교황권이 진짜 적그리스도의 권좌에 앉아 있다는 사실을 확신하는 바이다."

– *The Prophetic Faith of Our Fathers, VOL. 2, Pg.291, 256*

그렇다. 과거 종교개혁가들은 성경에 기초하여 교황권이 적그리스도란 사실을 깨달았기 때문에 진리의 말씀에 순종하여 로마 천주교회와 분리하였다. 그들은 그들이 깨달은 진리를 위해 목숨을 걸었다. 그러나 오늘날 WCC를 통하여 로마 천주교회와 연합하고 있는 개신교회를 그들이 알게 된다면 얼마나 통탄할까!

오늘날까지도 이 땅에서 하나님의 행세를 하는 교황권의 전성기는 A.D. 538년 당시 로마의 유스티니아누스 황제가 로마 교회의 감독인 유세비우스를 온 세계 교회의 머리로 임명하면서 시작되었는데, 이것은 성경이 예언한 대로 정확히 1260년 뒤인 1798년에 (교황 클레멘트 14세가 해산한) 예수회의 영향력 아래 있던 프랑스 혁명군이 피우스 6세를 잡아가면서 수많은 성도를 죽인 교황권의 끔찍한 전성기를 마치게 된다. 수많은 참된 그리스도인을 이단으로 정죄하며 칼로 죽인 교황권이 성경이 예언한 대로 문자 그대로 자신의 칼에 죽임을 당하게 된 것이다 (계 13:10).

성경의 십계명	카톨릭 십계명 (천주교교리 제1권 제28절)
1. 너는 나 외에는 다른 신들을 네게 있게 말찌니라.	1. 하나이신 천주를 만유 위에 공경하여 높이고,.
2. 너를 위하여 새긴 우상을 만들지 말고... 그것들에게 절하지 말며, 그것들을 섬기지 말라.	2. 천주의 거룩하신 이름을 불러 헛 맹세를 발하지 말고,
3. 너는 너의 하나님 여호와의 이름을 망령되이 일컫지 말라.	3. 주일을 지키고,
4. 안식일을 기억하여 거룩히 지키라.	4. 부모를 효도하여 공경하고,
5. 네 부모를 공경하라.	5. 사람을 죽이지 말고,
6. 살인하지 말찌니라.	6. 사음을 행하지 말고,
7. 간음하지 말찌니라.	7. 도덕질을 말고,
8. 도적질하지 말찌니라.	8. 망령된 증참을 말고,
9. 네 이웃에 대하여 거짓 증거하지 말찌니라.	9. 남의 아내를 원치 말고,
10. 네 이웃의 아내나 ... 소유를 탐내지 말찌니라..	10. 남의 재물을 탐내지 말라.

■ 천주교(로마 카톨릭 교황권)는 하나님의 율법인 십계명을 변개하였다!

■ 문자적으로 요한계시록 17장의 "자주빛과 붉은빛 옷을 입고 금과 보석과 진주로 꾸미고 손에 금잔을 가진" 음녀가 자신임을 드러내는 로마교회는…

■전성기에 셀 수 없이 많은 성도를 불살라 죽이고 칼로 죽였다. 이제 그들은 미국을 통해서 같은 역사를 다시 시작하려 하고 있다.

■ 'NOVUS ORDO SECLORUM(노부스 오르도 세클로럼)' = '신세계질서'. 'ANNUIT COEPTIS(아누잇 코입티스)' = '그가 우리의 일을 승인한다'. 이것은 참고로 주피터에게 드리는 기도문에서 등장한다.
피라미드 바닥의 MDCCLXXVI를 합하면 1776이다. 1776년은 미국 건국년이기도 하지만 비밀 조직 '일루미나티'의 탄생년이기도 하다.

■ 'E PLURIBUS UNUM(이 플루리부스 우눔)' = '여럿에서 하나로'. 유럽 연합 포스터에 등장하는 '유럽: 많은 방언, 하나의 목소리'와 같은 말이라고 보아도 되겠다.

그런데 우리 앞에 성경이 예언한 대로 중세기 교황권의 전성기를 본뜬 우상 즉 이미지(image)를 만들고 있는 국가가 있으니 바로 땅에서 올라온 새끼 양 같은 짐승 미국이다. 미국은 시간이 지날수록 점점 더 중세 교황권이 가졌던 세상을 통치하는 권세를 행사하고 있는데, 그 이유는 예수회와 비밀 조직의 활동 때문이다. 이제 그들은 점점 더 노골적으로 교황권을 위해 일할 것이다. 그들이 세상을 지배하는 방법에서 점점 더 중세기 교황권을 닮아갈 것이다. 중세기처럼 국가와 교회가 연합할 것이고 국가가 로마교회를 위해 교황의 권위를 인정하지 않는 이단자들을 처단할 것이란 뜻이다.

"진실로 위대한 사람 교황 요한 바오로 2세를 존경하는 가장 좋은 방법은 그의 가르침을 심각하게 받드는 것이다. 그의 발언들을 경청하고 그의 발언들과 가르침들을 여기 미국에서 실행에 옮기는 것이다. 이것이 우리가 받아들여야 하는 도전이다."

– 2001년 3월 21일 미국의 대통령 조지 W. 부시[52]

부시 대통령이 이 발언을 한 지 이제 오래되었다. 그들은 분명히 천주교의 원칙들과 가르침을 미국에서 충실히 실행에 옮겨오고 있다. 오늘날 오바마는 계속해서 교황을 찬양하고 있는데, 그의 정권은 부시 정권보다 더욱 급속도로 미국을 용처럼 행동하도록 만들었다.

■ 모든 유명한 프리메이슨이 취하고 있는 '숨은 손' 자세를 취하고 있는 스탈린. 스탈린이 프리메이슨이었는지 아니었는지에 대해서는 의견이 매우 분분하다. 왜냐하면, 프리메이슨으로서 공식적인 기록이 남아있기 어려운 공산주의 국가를 그가 운영하였기 때문이다. 그러나 너무나 분명한 사실은 그가 예수회 교육을 받았다는 사실이다.

■프리메이슨 의복을 입고 있는 헤리 S. 트루먼 대통령. 그는 1945년 10월 19일에 명예 33도 프리메이슨이 되었다. 포츠담 회담의 공로를 인정받은 것일까?

■드루이드파 프리메이슨 알비온 본부소속 윈스턴 처칠 1908년 8월 15일

■위: 33도 프리메이슨의 상징인 두 머리의 독수리와 33도 프리메이슨의 모토인 'Ordo Ab Chao (오르도 압 카오)'

아래: 공식 문서에 등장하는 33도 프리메이슨의 모토

제5부 미리 계획된 혁명과 전쟁들

아마 "신세계질서"하면 가장 유명한 것이 미화 1달러라고 해도 과언이 아닐 것이다. 미화 1달러에는 가장 유명한 오컬트 상징인 전시안 피라미드가 등장하며 그 밑에는 "신세계질서"라는 문구가 라틴어로 등장한다. 이 사실은 오늘날 많은 사람에게 너무나 유명한 사실이 되었지만, 많은 경우 "신세계질서가 정확히 무엇인지?" 그리고 더 나아가서 "우리에게 어떻게 다가오고 있는지?"에 대해서는 잘 알지 못하고 있다.

신세계질서는 종교, 경제, 교육, 정치, 식량, 등등 사회의 모든 부분이 중앙에서 통제되는 것을 의미하는데, 이것은 오컬트 세력이 인류의 타락 이후로 지난 수천 년간 이루기 위해 노력해온 오래된 목적이다. 어떤 의미에서 이것은 거의 실현되어 있다고 생각할 수도 있다. 왜냐하면, 오늘날 모든 종교는 WCC를 통하여 하나로 통합되고 있고, 경제와 교육은 말할 필요도 없고, 정치와 식량 또한 세계화되어 전 세계가 하나가 되고 있다. 또한, 영어는 세계의 공용어로써 널리 사용된 지 오래 되었다. 언어뿐 아니라 온 세상이 울고 웃으며 즐기는 소재들 즉 문화가 세계화가 되어가고 있다는 점에서 온 세상이 하나로 연합하고 있음을 우리는 깨닫게 된다.

■ 전시안, 피라미드 외에도 올빼미, 13개의 별, 13개의 화살, 13개의 잎사귀, 9개의 꼬리 깃털, 등등 수많은 오컬트 상징들이 미화 1달러 곳곳에 숨겨져 있다.

그런데 오컬트 세력은 어떻게 그들이 원하는 신세계질서를 이루려 하고 있을까? 이 점에 대하여 프리메이슨의 최고 계급인 33도 프리메이슨의 모토인 **"오르도 압 카오(ORDO AB CHAO)"** 즉 **"혼돈 속에서 질서를 이룬다."**에서 우리는 힌트를 얻는다.

"혼돈 속에서 질서를 이룬다." 과연 무엇을 의미할까? 우리는 이미 예수회와 일루미나티의 원칙이 "결과가 수단을 정당화한다."라는 사실을 보았는데, 그들이 혁명들과 전쟁들을 일

"할렘 쉐이크"와 "강남 스타일"과 "젠틀맨" 같은 소재에 전 세계가 열광하는 모습을 보며 우리는 이제 온 세상이 점점 같은 사상을 가지고 연합하고 있다는 사실을 깨닫게 된다.

으키며, 그들이 원하는 결과를 이루기 위해 양편에서 싸운다는 사실을 간략하게 살펴보았다. 이제 그들이 어떻게 대중이 신세계질서를 환영하도록 만들 것인지 살펴보도록 하자.

1871년 알버트 파이크는 당시 일루미나티의 수장 쥐세페 마찌니에게 한 편지를 보냈다. 흥미롭게도 그 편지에는 신세계질서를 이룩하는 데 필요한 3대 세계대전에 대하여 자세하게 묘사되어 있었는데, 그 내용은 다음과 같다.

"제1차 세계대전은 일루미나티가 러시아에서 황제의 권세를 없애고 러시아를 무신론 공산주의 요새로서 만들기 위해 일어나야 한다. 일루미나티 요원들에 의해 생겨나는 영국과 독일 제국 간에 분기가 이 전쟁을 조성하는 데 사용될 것이다. 이 전쟁의 끝에 공산주의가 설립될 것이고, 그것은 다른 정부들을 파괴하며 종교의 영향력을 약화하기 위해 사용될 것이다."

역사를 아는 사람은 제1차 세계대전이 영국 중심의 연합과 독일, 오스트리아 연합이 양 진영의 중심이 되어 싸운 전쟁이었고 그 결과로서 러시아의 왕권이 사라지고 무신론 공산주의 러시아가 생기게 됐음을 잘 알 것이다.

"제2차 세계대전은 파시스트들과 정치적 시온주의자들 사이의 분기를 기회로 조성해야 한다. 이 전쟁은 나치즘을 파괴하고 정치적 시온주의가 충분한 힘을 얻어서 팔레스타인에 이스라엘 국가를 세우게 되어야 한다. 제2차 세계대전 동안 세계적으로 공산주의 충분히 힘을 얻어 기독교 국가들과 균형을 이루어야 하며, 마지막 사회적 재앙을 일으키기 위해 우리에게 필요할 때까지 자제되고 견제받아야 한다."

제2차 세계대전 또한 파이크의 편지의 내용처럼 이루어졌다. 이 전쟁의 결과로서 시온주의는 힘을 얻어 팔레스타인에 이스라엘을 건국되게 되었고, 일본의 전쟁 활동의 결과로서 중국에 공산주의의 물결이 흘러들어 가 장악하게 되었다. 또한, 전쟁 후 1945년 7월부터 8월까지 포츠담에서 미국의 트루먼 대통령, 영국의 처칠 수상, 소련의 스탈린이 만나 회담을 한 결과로서 유럽의 많은 부분이 러시아에 거저 주어진 바 되며 공산주의 러시아가 절대 권력으로 부상하도록 만들었다. 이 점에 대해 역사가들은 어떻게 상대적 약세였던 러시아가 그렇게 강성하게 될 수 있었는지, 그리고 왜 유럽의 많은 부분이 러시아에 넘어갔는지 알 수가 없었다. 그러나 역사책들이 알려주지 않는 비밀 조직들의 활동을 연구하면 이것이 어떻게 이루어진 일인지 우리는 분명히 보게 된다.

포츠담에서 프리메이슨 지도자들이 만나 회담을 가진 결과 프리메이슨의 계획대로 모든 일이 진행되었는데, 이 사실에 대하여 우리는 특별히 교과서들이 알려주지 않는 자금의 출처에서 어둠의 세력 활동을 더욱 분명히 보게 된다. 이 점에 대하여 안소니 서튼은 다음과 같이 우리에게 밝히고 있다.

"혁명은 언제나 독재국가를 대항하여 정치적 또는 경제적 빈곤층이 일으키는 즉흥적인 사건으로 기록되어있다. 서방의 교과서에서 당신은 혁명이 자금이 필요하다는 사실을 절대로 찾을 수 없을 것이며, 그 자금의 출처가 대부분 월가로 이어진다는 사실을 볼 수 없을 것이다."

- 미국의 비밀스러운 건국 Pg. 96

그는 또한 다음과 같은 정보를 우리에게 공개하고 있다.

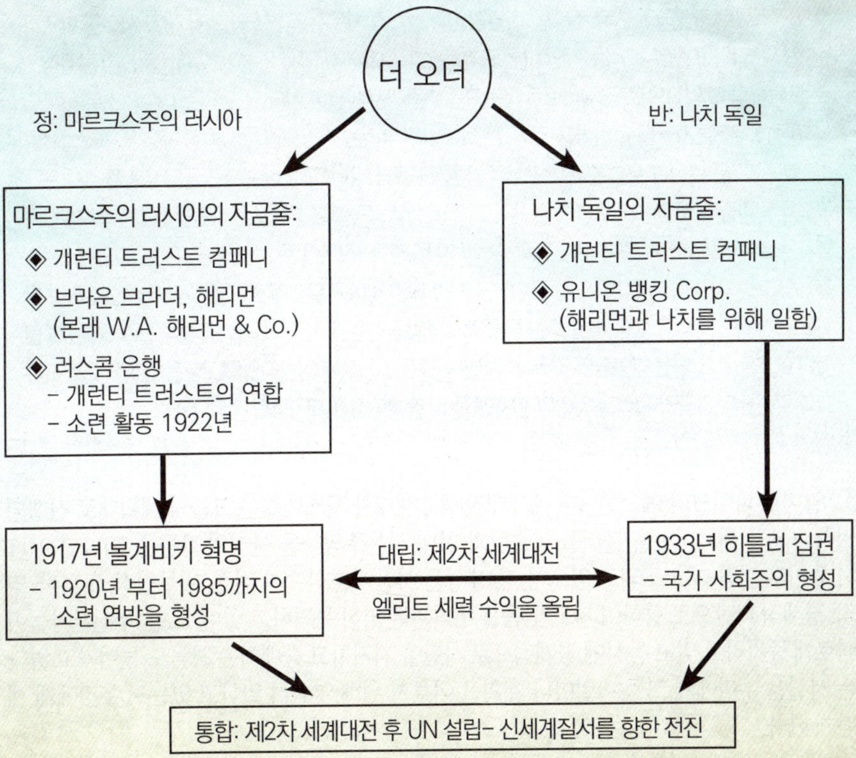

전 일루미나티 요원 Svali의 증언에 의하면 일루미나티는 정치인들뿐 아니라 전 세계의 은행가들을 포함하고 있는데, 여기에 등장하는 해리먼은 우리가 2부에서 본 윌리엄 A. 해리먼이다. 그는 굉장히 활발한 활동을 한 해골단 회원 중 하나이다.

위의 표에서 '더 오더'는 미국의 일루미나티를 의미한다. 그들은 마르크스주의의 러시아를 한편에 세우고, 반대편에는 나치 독일을 세움으로 서로 대립하게 하여 그들이 원하는 결과를 창출하였다. 그들에게 이 과정에서 얼마나 많은 무고한 사람이 죽고 고통을 당하였는가는 중요하지 않다. 그들에게는 그저 결과만 중요할 뿐인데, 그들의 활동은 자금의 출처를 살펴보면 너무나 분명히 드러난다.

그런데 흥미롭게도 그들이 계획한 대로 강력하여진 공산주의는 냉전의 공포로 온 세상을 떨게 할 정도로 강력하게 되었지만, 그들의 계획 속에서 달성할 일을 모두 달성하자 쉽게 무너지고 말았다. 바로 교황 요한 바오로 2세를 슈퍼스타로 만들고서 말이다.

"제3차 세계대전은 일루미나티 요원들이 시온주의자들과 이슬람권 지도자들 사이에 생성하는 분기를 기회로 조성해야 한다. 전쟁은 이슬람권과 정치적 시온주의(이스라엘 국가)가 서로를 파괴하는 형식이 되어야 한다. 그러는 동안 다른 국가들은 이 문제에 대해서 의견이 갈려서 완전히 물질적으로, 도덕적으로, 영적으로, 경제적으로 파탄되는 수준까지 싸워야 한다. ... 우리는 니힐리스트(허무주의자)들과 무신론자들을 풀어놓을 것이고, 그로 인해 우리는 가공할만한 사회적 재앙을 불러일으킬 것인데, 그것은 완전한 무신론과 야만성의 근원과 최고의 피비린내 나는 소란들의 영향들에서 오는 공포를 국가들이 분명하게 보여줄 것이다. 그래서 방방곡곡에서 국민들은 자신들을 소수의 세계 혁명가들로부터 보호하기 위해 문명 파괴자들과 기독교에 빠진 수많은 사람을 몰살시킬 것인데, 그 순간부터 그들의 영들은 방향을 잃은 채 이상을 찾아 헤맬 것이고 무엇에게 그들의 경배 심을 주어야 할지 모르게 될 것이다. 그때에야 순수한 루시퍼 교리의 진정한 빛이 전 세계에 공개적으로 드러나게 될 것이고 그들은 그 빛을 받아들일 것이다. 이 빛이 드러나게 될 때 일반적인 복고운동의 결과로서 기독교와 무신론의 파괴가 일어날 것이며 동시에 둘 다 정복당하고 제거당할 것이다."[61]

알버트 파이크가 예고한 3대 세계대전 중 1차, 2차 세계대전은 그들의 계획대로 진행되었다. 제3차 세계대전을 불러올 이슬람과 현대 시온주의자들 사이의 갈등은 2011년 9/11 사태 이후 점점 더 고조되고 있으며, 온 세상은 시간이 흐를수록 점점 더 물질적, 도덕적, 영적, 경제적 파탄으로 향하여 가고 있음을 우리는 분명히 목격하고 있다. 또한, 무신론자들이 빠르게 증가하고 있고 동시에 공개적으로 사탄을 지지하고 숭배하는 자들도 늘어가고 있다는 사실은 우리에게 그들이 얼마나 계획을 이루기 위해 열심히 일하고 있는지 우리에게 깨닫게 한다.

제6부 세상을 바꾼 9.11

2001년 9.11 사태는 온 세상을 바꾸게 한 사건이었다. 가장 개인적인 레벨에서는 공항 경비가 엄중하게 되었고, 또 테러를 방지한다는 명목하에 개개인의 사생활이 도청당하는 일은 너무나 당연한 일이 되었다. 또한, 9/11 사태 이후 미국은 "테러와의 전쟁"을 선포하며 여러 국가와 전쟁을 벌이기 시작하게 되었다. 그런데 9/11 사태와 그 전에 있었던 오클라호마 폭탄 테러 사건은 석연치 않은 점들이 한두 가지가 아니다. 잠시 간략하게 몇 가지 이상한 점들을 살펴보도록 하자.

"Anti-terror" legislation
The next year, months before the Oklahoma City bombing took place, Biden introduced another bill called the Omnibus Counterterrorism Act of 1995.

■ 2008년에 보도된 CNET 뉴스 내용: "다음 해에 오클라호마 씨티 폭탄 테러가 있기 수개월 전에, 바이든은 '1995년 일괄 테러 방지 법안'으로 불리는 법안을 소개하였다."

■세계 무역 센터를 들이박은 비행기 두 대는 블랙 박스가 파괴되었다지만 엄청난 잔해를 남겼다. 그러나 미국 국방성을 들이박은 비행기는 블랙박스도 파괴되었지만 동시에 현장에 전혀 잔해가 남아있지 않다. 어떻게 된 걸까?

오클라호마 폭탄 테러가 있기 수개월 전에 이미 '일괄 테러 방지 법안'이 소개되었다. 그런데 그때까지만 해도 미국을 향한 테러가 전혀 없었기에 테러 방지 법안을 통과시킬 명분이 전혀 없었다. 그런데 갑자기 어린아이들과 여자들이 많이 희생된 오클라호마 연방 청사 폭탄 테러가 발생하였다.

이 사건은 미국 역사 속에서 일어난 진실을 요구하는 굉장히 이상한 사건 중에 하나라는 사실인데, 이 사건에서 무엇보다 가장 흥미로운 점은 사건이 발생한 후 5일 만에 대테러 법안이 통과되었다는 것이다. 물론 이때 통과된 법안은 미국 대통령이 헌법을 무시할 수 있는 권한을 허용하기는 하였으나 미국이 마음대로 어느 국가든 들어갈 수 있는 권한을 주지는 못하였다. 그러한 권한을 얻기 위해서는 펄 하버와 같은 사건이 필요하였는데 9/11 사태가 꼭 그런 사태였다.

참고로 9.11 사태가 있은 지 얼마 후, 당시 미국의 대통령 부시는 2001년 11월 10일에 있었던 UN 총회에서 다음과 같이 말하였다.

"우리는 테러에 대하여 진실을 말해야 한다. 9월 11일에 대한 터무니 없는 음모론들을 허용해서는 안 된다. 음모론들은 범죄자들 즉 테러리스트들로부터 책임을 옮기려는 악의적인 거짓말이다."

- *George W. Bush* 대통령

왜 그가 이렇게 말하게 되었을까? 그 이유는 많은 미국민이 무엇인가 굉장히 잘못되었다고 믿기 시작하며 음모론들을 진실로 받았기 때문이었다.

오클라호마 폭탄 테러 사건에 대한 사실들:

1. 국영 방송은 연방청사 건물 안에서 3개의 폭탄을 발견하였고, 첫 번째 폭탄이 폭발하였다고 발표.

2. 후에 발표된 공식 리포트는 범인이 트럭에 가득 실은 폭탄을 터뜨렸다고 발표.

3. 목격자들은 전날 이 트럭을 보았다고 하는데, 트럭이 폭발한 위치에 폭발에 합당한 크레이터가 없음.

4. 트럭에 실은 폭탄이 건물 밖에서 폭발하였다면 건물은 안쪽을 향하여 폭발하여야 하는데 건물은 바깥쪽을 향하여 폭발. 이 사실은 안쪽에서 폭발한 폭탄 때문으로 보도한 국영 방송의 보도와 일치.

5. 트럭에 실린 폭탄 때문이었다면 트럭의 잔해가 남아야 하지만 잔해가 현장에 전혀 남아있지 않았음.

6. 트럭의 잔해라고 후에 발견된 뒤차축은 몇 블럭이나 떨어진 곳에서 발견되었는데, 뒤차축에 차량 인식 번호(VIN)가 찍혀 있었기에 폭발물을 실은 트럭의 부품이었다고 증명이 되었다고 함. 그러나 미국에서 만들어진 차 중에 어떤 차도 뒤차축에 인식 번호가 찍혀있지 않으며, 범인이 트럭을 빌린 회사 또한 뒤차축에는 인식번호가 없다고 증언. 뒤차축에는 본래 부품 번호만 찍혀 있을 뿐이라, 특정 차량의 것으로 추정할 수 없음.

7. 시간이 흐를수록 이 폭발의 진상에 대한 의문은 계속 커졌는데, 당시 범인으로 지목된 티모티 맥베이의 변호사는 재판을 위해 피고 측 변호팀이 현장을 조사할 시간을 요구하였지만, 그의 요구는 무시되었고 건물은 안전상의 이유로 철거됨.

9.11 세계 무역 센터 테러 사건에 대한 사실들:

1. CBS 방송은 뉴욕시 소방국으로부터 두 번째 폭발물의 가능성에 대해서 들은 내용을 보도하였는데, 한 소방관이 한 남성을 구조하려던 중 또 다른 폭발을 들었고 그의 생각에는 건물 안에 폭탄이 설치되었던 것 같다고 증언했다.

2. 빌딩에서 탈출한 목격자들은 방송에서 비행기가 빌딩을 쳤고 불에 타기 시작했는데, 그 후 45분이 지난 후에 두 번째 폭발이 크게 "쾅 쾅 쾅" 세 번에 걸쳐서 있었고 그 후에 건물이 붕괴하기 시작하였다고 증언했다.

3. 건물 철거 전문가들은 건물을 철거할 때 일어나는 상황과 똑같다고 증언했다.

4. 세계 무역 센터 옆의 건물들은 대부분 손상이 적었음. 그런데 아무것도 치지 않은 길 건너편의 '빌딩 7'만 트윈 타워가 비행기에 맞은 후 8시간 뒤에 완벽하게 붕괴함. 그러나 그것에 대해서는 별로 보도되지 않았다.

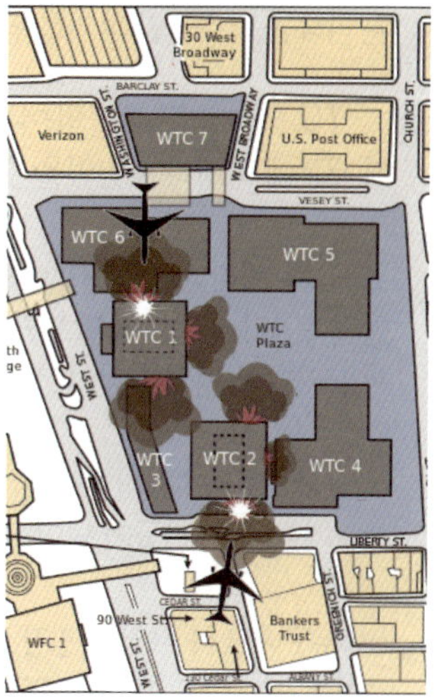

■트윈 타워 □ 세계 무역 센터를 둘러쌓고 있던 건물들은 대부분 적은 손상을 입었다. 그러나 길 건너 '빌딩 7'만 완벽하게 붕괴하였다. 굉장히 이상한 일이 아닌가?

5. 보통은 CIA가 '빌딩 7'에 있었어야 하지만, 트윈 타워가 비행기에 맞았을 때 빌딩을 버리고 나왔다고 한다.

6. 이 모든 일이 진행되는 동안, 사건 당일 미국의 정부는 25명의 테러리스트를 범인으로 지목. 어마어마한 수사력이라고 밖에는…

7. 모든 것을 주도한 테러리스트는 '아타'라는 남자였는데, 그들은 아타가 택시에 흘리고 간 자료들 때문에 그가 범인인 줄 알았다고 한다. 어떤 테러리스트가 그런 실수를 할까?

8. 흥미롭게도, 그들은 아타의 자살 유서를 그의 짐가방에서 발견하였다고 한다. 그런데 비행기가 폭발하였는데, 그 짐가방을 어떻게 발견하였을까? 그 짐가방만 실수로 비행기에 실어지지 않았기 때문이라고 한다. 굉장한 우연으로 발생한 운 좋은 일이다. 그런데 자살하는 사람이 유서를 왜 폭발할 비행기에 실어질 짐가방에 넣었으며, 또 하필 그 짐가방만 비행기에 실어지지 않은 것일까?

9. 비행기들은 엄청난 정확도로 트윈 타워를 때렸는데, 폭발로 비행기의 블랙박스들은 완전 파괴를 당하였다. 다른 잔해들은 많이 살아남았지만 이러한 충격들을 견디도록 디자인된 티타늄 박스들만 파괴를 당하였다.

10. 테러리스트들의 이름이 발표되었을 때 아랍 국가들은 그중에 다섯 명이 잘 살아있기 때문에 비행기에 있었을 수 없었다고 발표하였다.

11. 테러리스트들이 아랍인이란 사실은 비행기에서 불타다 남은 여권이 떨어진 것을 발견하였기 때문이라 발표되었다. 그런데 블랙박스들이 손상되고 빌딩이 붕괴하는 사건에서 불타다만 여권을 찾아서 범인을 지목하다니 이 수사팀은 굉장히 운이 좋은 것 같다.

12. 사건이 있기 3일 전 항공사 주식이 전에 없었던 엄청난 판매량을 보였다. 그러므로 누군가는 이 사건들이 벌어질 것을 알았다는 것 외에 또 무엇을 의미할 수 있을까?

누구나 9.11 사건이 굉장히 이상한 사건이라는 사실에는 동의할 것이다. 그러나 이 사실 중에 무엇보다도 가장 주목할만한 점은 건물들이 붕괴한 이유이다. 국영 방송에서 목격자들은 비행기 충돌 후 45분 뒤에 두 번째 폭발이 있었음을 증언하였지만, 공식 발표에는 두 번째 폭발을 부인하고 있다. 그렇다면 건물을 붕괴하도록 만든 두 번째 폭발은 무엇이었을까?

고층 건물 철거 전문가들이 포함된 '9.11 진실을 위한 건축가들과 엔지니어들(AE911)'이란 단체의 주장은 주목할만하다.

> *"… 9월 11일에 무너진 세 개의 빌딩에 대한 공식 발표는 '비행기 연료 화재가 트윈 타워를 약하게 만들었고 결국 무너지게 되었고, WTC '빌딩 7'은 사무실 내 화재 때문에 약해져서 무너졌다'였지만, 그 발표처럼 무너지는 것은 물리적으로 불가능하다는 충분한 과학적 증거가 우리에게 있다. 역사 속에서 고층 건물이 화재 때문에 무너졌다는 기록은 9.11 사태 외에는 전무후무하다. 그럼에도 그들은 우리에게 세 개의 빌딩들이 기본적인 물리 법칙들을 무시하고 굉장히 극적인 모습으로 화재 때문에 완전히 무너졌다고 말하고 있다. … 9.11에 무너진 세 번째 타워인 WTC '빌딩 7'은 트윈 타워 옆에 위치한 47층의 고층 건물로서 IRS(국세청), NSA(국가 안보국), CIA가 상주하던 건물이다. … 이것은 비행기가 치지 않았지만 9월 11일 오후 5시 20분에 완벽한 대칭으로 그것도 건물터 안에서 7초 만에 완전히 붕괴하였다. … 가장 핵심은 WTC '빌딩 7'이 붕괴할 때 자유 낙하 가속을 하였고 트윈 타워도 자유 낙하 가속에 가깝게 붕괴하였다는 것이다. 전문 건축가, 엔지니어, 건물 철거 전문가들은 건물이 자유 낙하 가속으로 붕괴하는 방법은 통제된 철거 외에는 없다고 이해하고 있다. … 그러므로 다른 이성적인 가능성이 없다."*

아… 얼마나 이상한 사건인가? 물리학적으로 불가능한 사실을 주장하는 정부 보고서와 다른 잔해들은 폭발에 살아남을 때 이러한 충격을 견디도록 디자인된 블랙박스들은 모두 파괴되었다니 말이다. 이것은 굉장히 이상한 일인데, 더 주목할만한 사실은 이 사건이 있은 지 얼마 후 9월 29일 캐나다의 총리는 '래리 킹 라이브'에 출현하여 다음과 같이 말하였다는 점이다.

"그러나 저는 이 모든 일에서 어떤 좋은 것이 나오기를 바라고 있습니다. 왜냐하면, 저는 부시 대통령과 함께 다른 (세계) 리더들과 대화를 하고 있기 때문이죠. 세계적으로 거대한 연합이 이루어지고 있으며, 어젯밤 UN에서 우리 모두에게 유익할 신세계질서를 세계에 설립할 위대한 결의안이 통과되었습니다."

– 2001년 9월 29일 캐나다의 총리, 장 크레티앙

이 모든 재앙에서 **"좋은 것 = 신세계질서"**가 나오기를 바란다고 말하고 있다. 이것은 **'혼돈 속에서 질서를'** – **'오르도 압 카오'**를 의미하고 있는 것이라고 풀이할 수밖에는 없다. 1부에서 바벨탑에 대해 설명하는 프리메이슨 백과사전에 "악에서 선이 나온다."라는 말이 나왔다는 사실을 기억하는가? 그들은 그들이 선이라고 생각하는 것을 이루기 위해 수단과 방법을 가리지 않고 있다. 참고로, 이 사건 후 전 상원의원 게리 하트는 다음과 같이 말하였다.

"미국의 대통령은 그의 아버지가 내 생각에는 단 한 번 사용하고는 사용하지 않은 단어인 '신세계질서'를 위한 기회로서 이 재앙을 사용할 가능성이 있다."

– 2001년 9월 14일 전 상원의원, 게리 하트[6]

많은 추측을 할 수 있겠지만, 9/11이라는 대재앙이 과연 오컬트 세력의 '신세계질서'를 향한 행보였는지 아니었는지에 대한 분명한 척도는 9/11 사태 이후 새로 제정된 법들이라고 생각된다.

- *미국 애국법: 2001년 10월 26일에 통과. 이 법은 테러리스트로 예상되는 외국인을 공개적인 법정 재판도 없이 무기한 구금할 수 있게끔 허용.*

- *미국 국토 안보법: 2002년 11월 25일에 통과. 이 법은 여러 개의 연방 기관들을 하나의 국토 안보국으로 만듦. 감시 정보를 중앙화 함으로 테러의 위협을 더 효과적으로 대처할 수 있다고 주장.*

- 군사위원회법: 2006년 10월 18일 통과. “테러와의 전쟁”이라는 빌미로 인권을 제재할 수 있게 됨.

- 국내 테러리즘 방지법: 2007년 10월 23일 통과. “폭력적인 과격화” 의 정의를 더욱 넓힘.

굉장한 법들이 9.11 사태 이후 제정되었다. 그 이후 미국은 점점 더 공격적으로 변하여 오늘날에는 무인공격기로 재판도 없이 테러범으로 추정되는 사람들을 사살하는 상황까지 오게 되었다. 더는 “유죄 판결받기까지 무죄”가 아니다. 미국은 사전에서 그들이 가진 테러리즘과 정의에 대한 뜻을 바꿔야 하지 않을까 생각한다. 왜냐하면, 오늘날 그들은 새끼 양 같은 짐승 즉 기독교 국가로 출발한 미국이 용처럼 말하게 될 것이라는 예언을 성취하고 있는 테러리스트이기 때문이다.

THE DAILY OKLAHOMAN

MORNING OF TERROR

City Struggles With Shock of Deadly Bombing

Small Children Victims In Day-Care Center

Scores Killed In Bomb Blast; State Stunned

Fresh Day in City Turns Into New-Found Horror

■ 1995년 4월 19일, 미국 오클라호마 주 오클라호마시티에 있는 알프레드 P. 뮤러 연방정부청사 (Alfred P. Murrah Federal Building)에서 일어난 폭탄 테러 사건

■세계 무역 센터를 들이박은 비행기 두 대는 블랙 박스가 파괴되었다지만 엄청난 잔해를 남겼다. 그러나 미국 국방성을 들이박은 비행기는 블랙박스도 파괴되었지만 동시에 현장에 전혀 잔해가 남아있지 않다. 어떻게 된 걸까?

■“파시즘이 미국에 올 때 그것은 ‘독일제’라는 레이블이 없을 것이다; 그것에 나치 만자가 없을 것이다; 그것은 파시즘이라 불리지 않을 것이다; 물론 그것은 ‘아메리카니즘(Americanism)’이라 불릴 것이다.” - 1938년 9월 11일 감리교 목사 H. E. Luccock

■재판 없이 사살하는 ‘드론’ 무인공격기 공격 과연 테러리즘과 싸우는 방편일까? 아니면 그 자체가 테러일까?

“이것은(신세계질서는) 큰 발상이다. 신세계질서 즉 서로 다른 국가들이 공통의 목적을 위해 하나로 끌어당겨 지는... 오직 미국만이 이것을 이룰 수 있는 도덕적 표준과 방도를 가지고 있다.”

– 조지 부시 대통령

LA 타임즈, 1991년 2월 18일

■즉 미국만이 오컬트 계획을 실행하여 짐승의 표를 온 세상에 강요하는 세력이 될 수 있다는 의미이다. 그들은 그들이 성경의 예언을 성취하고 있다는 사실을 알고 있을까?

제7부 마치면서

이 세상의 끝이 다가오고 있다. 각 시대 속에서 이어져 온 **"뱀의 후손 - 불순종의 자녀들"**과 **"여자의 남은 무리 - 하나님의 참 백성"** 사이의 전쟁은 이제 마지막 클라이맥스를 향해 달려가고 있다. 오늘 우리가 살펴보았듯이 오컬트 비밀 조직들이 이루려 하고 있는 신세계질서는 사실 불순종 역사의 시작부터 불순종의 자녀들이 이루려 계속해서 노력해온 것이다. 그들은 가인이 아벨을 살해한 똑같은 정신으로 오늘날에도 하나님의 참 백성을 제거하기 위해 열심히 일하고 있다. 왜냐하면, 그들 사이에 적개심이 있기 때문이다 (창 3:15).

이제 조만간 미국을 통해 신세계질서가 이루어지면, 미국이 교황권을 위하여 '짐승의 표'를 온 세상에 강요하는 '짐승의 표'의 환란으로 이어질 것이다. 이러한 때에 하나님의 참 백성은 어떠한 존재들이 되어야 하겠는가? 하나님의 말씀에 기초하지 아니하고 인간의 유전대로 이교와 기독교를 혼합한 바벨론 배도의 어미 천주교회에 WCC를 통해 연합하며 진리를 땅에 던져야 하겠는가?

루터는 황제 앞에서 진리를 옹호하며 "제가 여기 있나이다. 저는 이 외에 아무것도 할 수 없습니다. 하나님이여, 나를 도우소서!"라고 선언하였다. 마지막 시대에 하나님께서는 진리를 위해 루터처럼 모든 것을 바칠 수 있는 성도를 기다리고 계신다.

아니면 마틴 루터와 같이 "*오직 성경*"을 주장하며 배도의 물결에 참여하는 다수와 연합하기보다는 홀로라도 하나님을 위해 굳건히 서서 모든 민족과 방언과 백성을 향하여 "하늘과 땅과 바다와 물들의 근원을 만드신 창조주 하나님을 올바로 경배하고 바벨론의 죄악에 참여하지 말라."고 온 세상에 마지막 자비의 경고를 외칠 것인가?

비밀 조직들이 이루려는 신세계질서 즉 온 세상의 연합은 인류 역사상 하나님을 가장 크게 대적하는 인류 최후의 배도가 될 것이고, 그 결과로 온 인류의 은혜의 시간이 마치게 될 것이다. 이 위기의 때에 하나님께서는 한 백성을 기다리고 계신다.

"… 만일 누구든지 짐승과 그의 우상에게 경배하고 이마에나 손에 표를 받으면 그도 하나님의 진노의 포도주를 마시리니 그 진노의 잔에 섞인 것이 없이 부은 포도주라 거룩한 천사들 앞과 어린 양 앞에서 불과 유황으로 고난을 받으리니 그 고난의 연기가 세세토록 올라가리로다 짐승과 그의 우상에게 경배하고 그 이름의 표를 받는 자는 누구든지 밤낮 쉼을 얻지 못하리라 성도들의 인내가 여기 있나니 저희는 하나님의 계명과 예수 믿음을 지키는 자니라" (계 14:9-12).

그렇다. 하나님께서 기다리시는 성도는 정말로 하나님이 어떠한 분이신지, 하나님의 사랑을 충만히 깨달아 그 사랑에 감동되어, 주님의 은혜로 온전히 계명에 순종하는 마음을 받아 즐거이 순종하는 자들이다.

교황권이 기독교에 들여온 모든 오류를 떠나 "오직 성경"으로 돌아가야 한다. 종교개혁은 아직 끝나지 않았다.

하나님께서는 앞으로 있을 큰 환란을 성도의 인내로 진리를 굳건히 옹호하는, 하나님의 계명과 예수 믿음을 지키며 하나님께 영광을 돌릴 마지막 성도를 기다리고 계신다. 인류 역사상 가장 큰 특권인 마지막 성도 중에 속하게 되는 여러분이 되기를 간절히 기도하는 바이다.

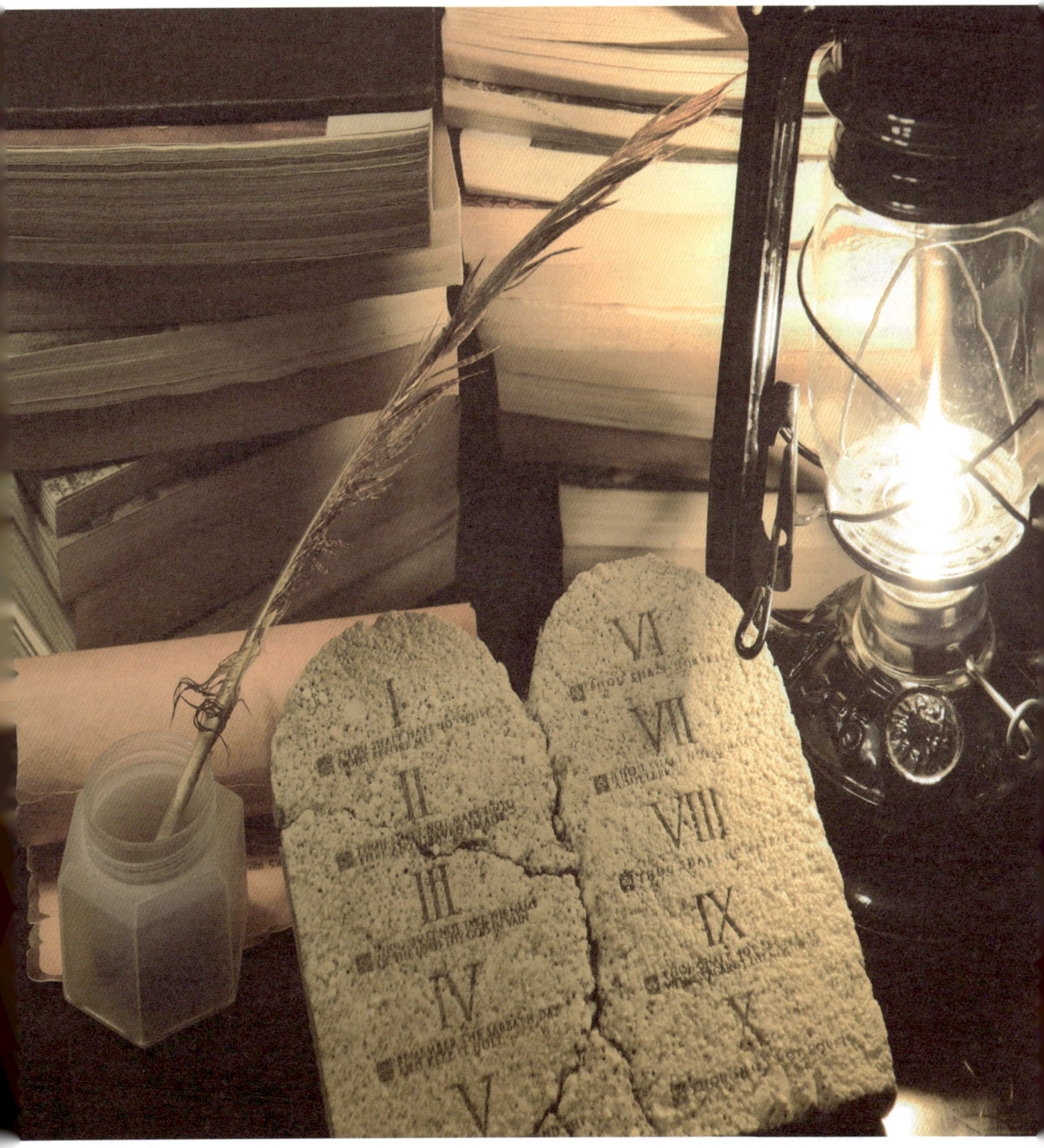

■ "우리가 하나님을 사랑하고 그의 계명들을 지킬 때에 이로써 우리가 하나님의 자녀 사랑하는 줄을 아느니라 하나님을 사랑하는 것은 이것이니 우리가 그의 계명들을 지키는 것이라 그의 계명들은 무거운 것이 아니로다"(요일 5:2, 3). 우리는 하나님의 사랑을 깨달아 성령의 은혜로 거듭날 때 그분의 계명을 지키는 일이 즐거운 일임을 경험하게 된다.

05 소셜 네트워크
SNS & Network

네이버 카페 Naver Cafe

그리스도인
www.kingsm.net

진리의 말씀을 사모하고 그 말씀대로 살길
원하는 사람들을 위한 온라인 카페

카카오스토리 Kakao Story

11HN기독교방송

팟빵 • 팟캐스트

Podbbang
•
Podcast

11HN 검색하기
컴퓨터와 스마트폰에 MP3를 듣고 다운받을 수 있습니다.

06 11HN 선교센터
11HN Global Ministry

www.11hn.net ✉ 11hnnet@gmail.com

한국 ☎1544-0091/010-9543-0091
미국 ☎1-917-935-9006
캐나다 ☎1-778-385-0691
일본 ☎81-050-1141-2318
인도네시아 ☎(62) 812-1026-3892

보내주시는 후원과 기도에 진심으로 감사드립니다!

후원 계좌 (예금주 : 열한시)

농협 301-0019-4151-11	국민 611601-04-222007	신한 100-025-300569
우리 1005-601-482208	우체국 700245-01-002423	하나 630-006815-376

후원 자동이체 서비스

스마트폰에 [네이버 앱]을 설치하신 후, [QR 코드] 검색하시면 아래와 같이 [렌즈] 인식검색이 보입니다.

음성 음악 렌즈 어라운드

[렌즈]를 누르시고, 오른쪽에 있는 QR코드 이미지를 찍으면 [후원 자동이체 서비스]페이지로 이동합니다.

11HN 네트워크

미국 후원 계좌
Pay to order : **11HN SOSTV Inc**
보내실곳: **4640 Glen Level Dr, Sugar Hill, GA 30518**
11HN SOSTV의 Tax ID No는 82-4291717 이며, 세금 공제 혜택을 받으실 수 있습니다.

11HN 선교센터로 연락하세요. 참 신앙과 새로운 영적경험이 열립니다.
TEL. 1544-0091, 010-9543-0091 E-mail: 11hnnet@gmail.com 카톡 ID: 11HN